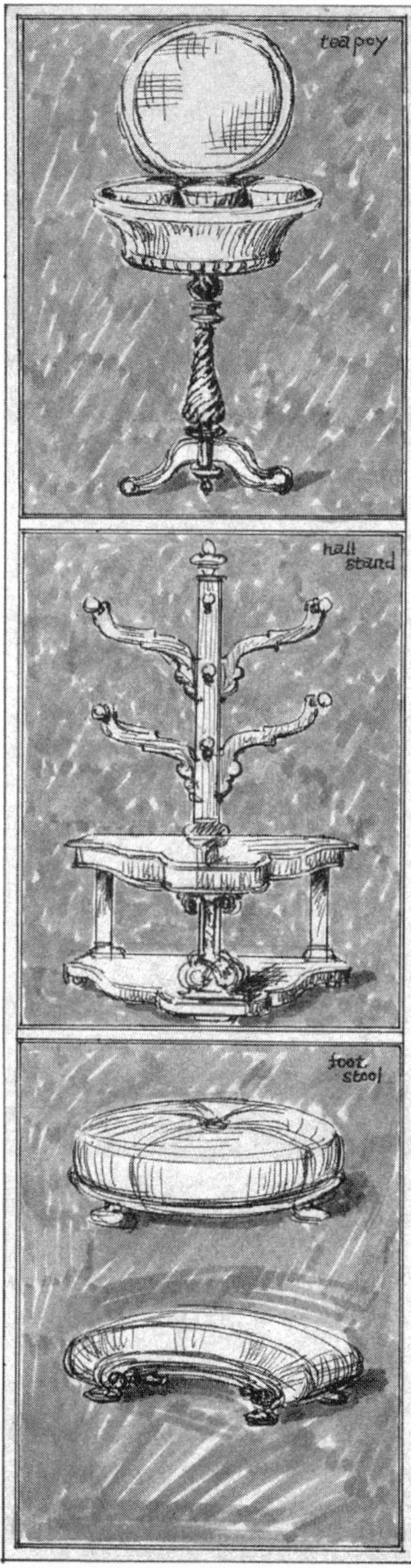

インテリアの散歩道

稲田　愿

技報堂出版

まえがき

最初にふれておきたいことは、本書の内容と各項目の成り立ちについてである。実は、この本のほぼ全体は数年前から、〝インテリアタイムス〟という業界新聞に「インテリアの散歩道」として、計四十一回（ほぼ一月に一度のピッチ）に渡って、連載させていただいた記事をベースにして、まとめたものである。内容的には主に、過去から現代に至るまでの、私達の生活の器でもある建築から室内（インテリア）までと、その中に入っている家具・什器などをあつかっているのだが、各項目ごとに、各回の前後のつながりはなくて、一項目ごとにまとめたという体裁になっている。全体としては、私達をとり巻く生活環境などがどの様な変化・進展をくり返して現代にまで至っているのかの文化史的な視点に立ちながら、今後のインテリア・デザインなどを進めてゆくに当たっての考え方に何かの新しい視点が得られないかという心持ちで全体を構成してきたつもりである。永年に渡る私自身の実務の仕事の中で、たえず起こってきた疑問や〝まよい〟に遭遇するたびに、折々のメモをまとめたようなものも含まれているので、インテリア関係の本の中ではめずらしい項目も含まれている。

私自身もそうであったが、実務の仕事につかれている方々にとっては、通史的な「デザイン史」などは、読み通すだけの時間はなかなか取りにくく、いつの間にか本棚の中に入ってしまいがちである。その点からいうと本書は、基本的に、各項、一回ごとに完結したテーマであるので、電車の中などで、その都度、興味のありそうなテーマを選んで、どのページを開いても良いという点で読みやすいと思っている。それぞれが、ばらばらの内容のようにも思えるかも知れないが、私としては、全体に読み通せば、一つの「インテリアの文化史」の内容を提示したいと常に心がけて書きためてきたつもりである。本来であれば、百回まで、続けようと、考えていたが、諸般の事情で、四十一回で連載が中断することになり、残念である。いつの日にか、二冊目を出版できて、補完することができればと思っている。

目次

テーマ1 家具レイアウト異文化比較

はじめに

　私はインテリア・デザインの実務についてから早くも半世紀を迎えようとしている。この世に生を受けたのが1940（昭和15）年で、まさに日本が太平洋戦争に突入する時点であった。工業都市・日立市の中心部で生まれたので、はげしい戦争の記憶は今だに頭の中をよぎる。戦後の焼野原から、日本が、よくここまでたどりついたものだなと……という実感でいっぱいである。

　その後、先進国に「追いつけ、追い越せ」で高度成長を続けてきたが、その反面「見返り」に、多くの貴重な文化、遺産なども失いつつある。洋式化した住宅や街の商店などは、今や、パリ、ロンドン、ニューヨークなどにも、一見、引けをとらぬようにも思われるが、こうした現状が、真の意味で私たち日本人に適合した姿なのだろうか？

　私にはどうも、結婚式の晴れ着のようなもので、日常生活に根ざしたものではないような気がしてならない。肝心の日常生活とはもっと質実で、外見を飾らない質素なものであるはずである。おきまりの応接セットなどを並べてみても、日常の家庭生活に対応できるとは、全く思えない。

　「インテリア・デザイン」はちょこっと専門学校に通ったり、コーディネーターの試験に通れば、すぐにもできそうに思われやすいのだが、その程度なら、趣味人の主婦が自宅の改装をする方が、まだましかも知れない。要は、何をどう考えて、どうまとめるかが問題であって、有資格者か無資格者かが問われている訳ではない。一級建築士で住宅設計すらできない人も、私はたくさん存じ上げている。こういう人たちに資格を与えてしまう、日本の制度自体に、私は異議をとなえたい気持ちでいる。

こんなことをしているから、世界の〃モノワライ〃になってしまう。

この本では、今まであまり考えたこともなかったような問題点、疑問点、考慮点などを提示しながら、皆さんと共に考え、共に悩み、討議して参りたいと思う。これが結果的に、日本のインテリア業界の「視点」を向上させ、先進国にひけをとらないような「根深い土壌」をつくってゆけたら、私の望外の喜びである。第一テーマでは、「家具のレイアウト（配置）」について触れてみよう。

時々、このような家具レイアウトの日本と欧米の違いで、「欧米では、入口を見返るように家具を配置する」と言う人もいる。私の判断では、この言は半分当たっているが、半分は正しくない言と考えている。ヨーロッパ中世など、戦乱のはげしかった時代には、**図-2**のように、入口を見返るように、奥の壁にピッタリ背を接して食事などをしていた。テーブルの前は、サービスのためと、前方が良く見えるように、誰も座らなかった。こうしていれば、いつ敵に侵入されても、それなりに応戦ができたのである。こうしたこと

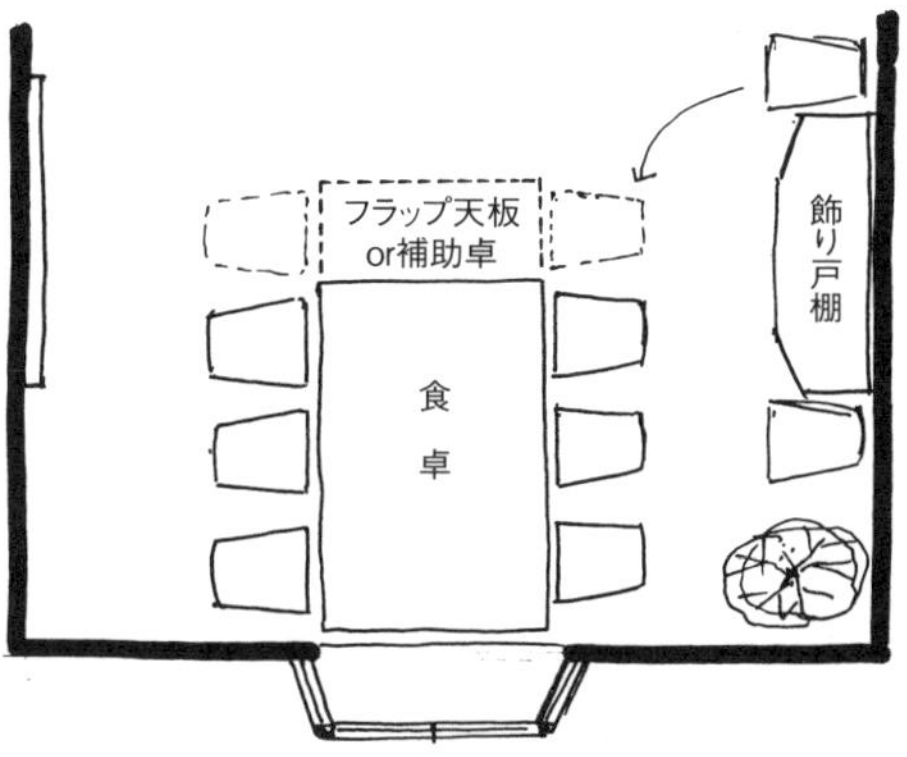

図－1　現代日本の住居

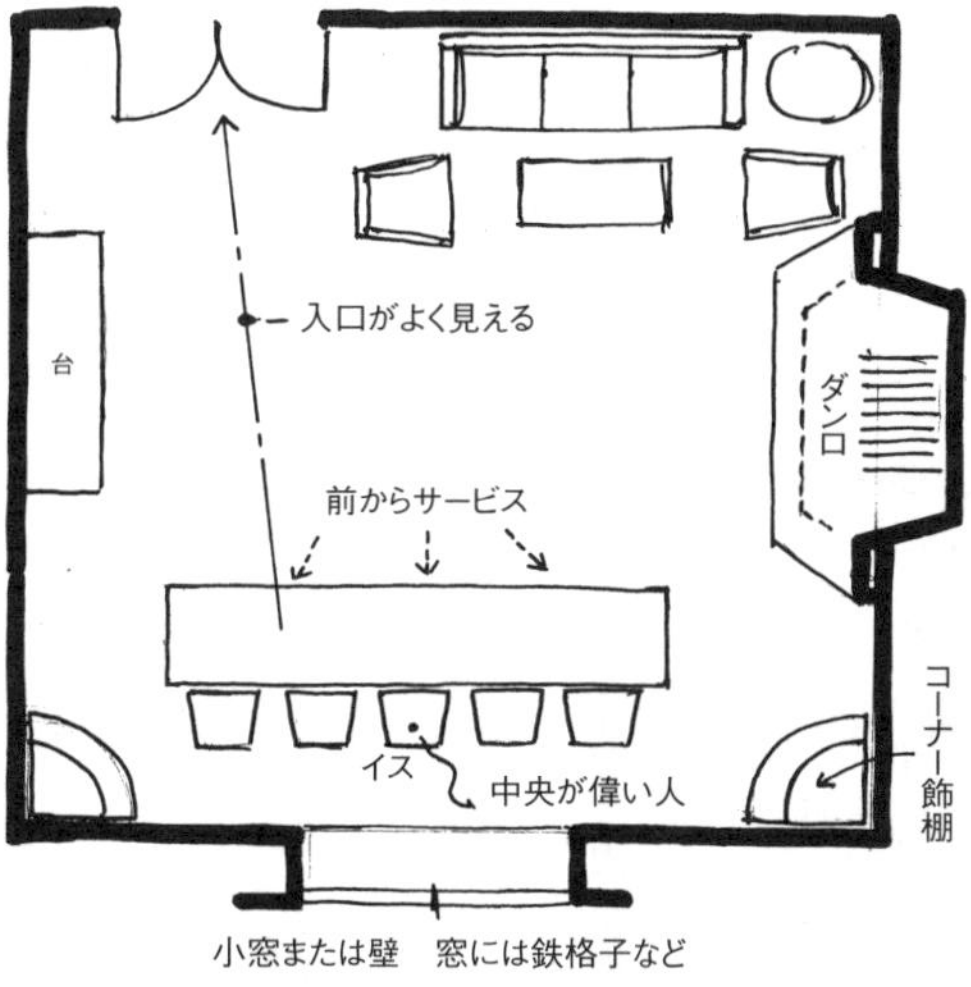

図－2　中世ヨーロッパの住居

は、その後（平和な時代）も、極論すれば、今日に至るまで永く欧米の伝統となった。しかし、今日的にこの問題をながめてみると、「入口を見返る」というのではなく、部屋に居る何人かの人どうしの「対話のコレスポンデンス」を生むためのレイアウトだと考えられるのである。

図－1は、よくある日本の住居の食卓のレイアウトだが、窓辺の眺めなどを尊重している。欧米では、**図－3**のように、ソファーなどが窓を背にすることは実に多いのである。

〈ホテル客室での例〉

私自身のハワイのホテル設計の体験も含めて、ホテルの客室の「家具レイアウト」に関する、日・米などの基本的な相違点などを整理してみよう。示した図（平面）は実例ではなく、私が話しやすくモデル化したものである。

〈一般的傾向〉

■欧米の場合（図－3参照）

基本的に言えることは、それぞれの家具と、その家具を使う人間の向きが、何となく、部屋の中心部に視線が向かっているような気がしている。この点は、ホテル以外の例も含め、かなりの実例に当てはめてみたが、たいていの場合、その考えが当てはまるのである。**図－3**のソファーなども、窓を逆に背にしている。

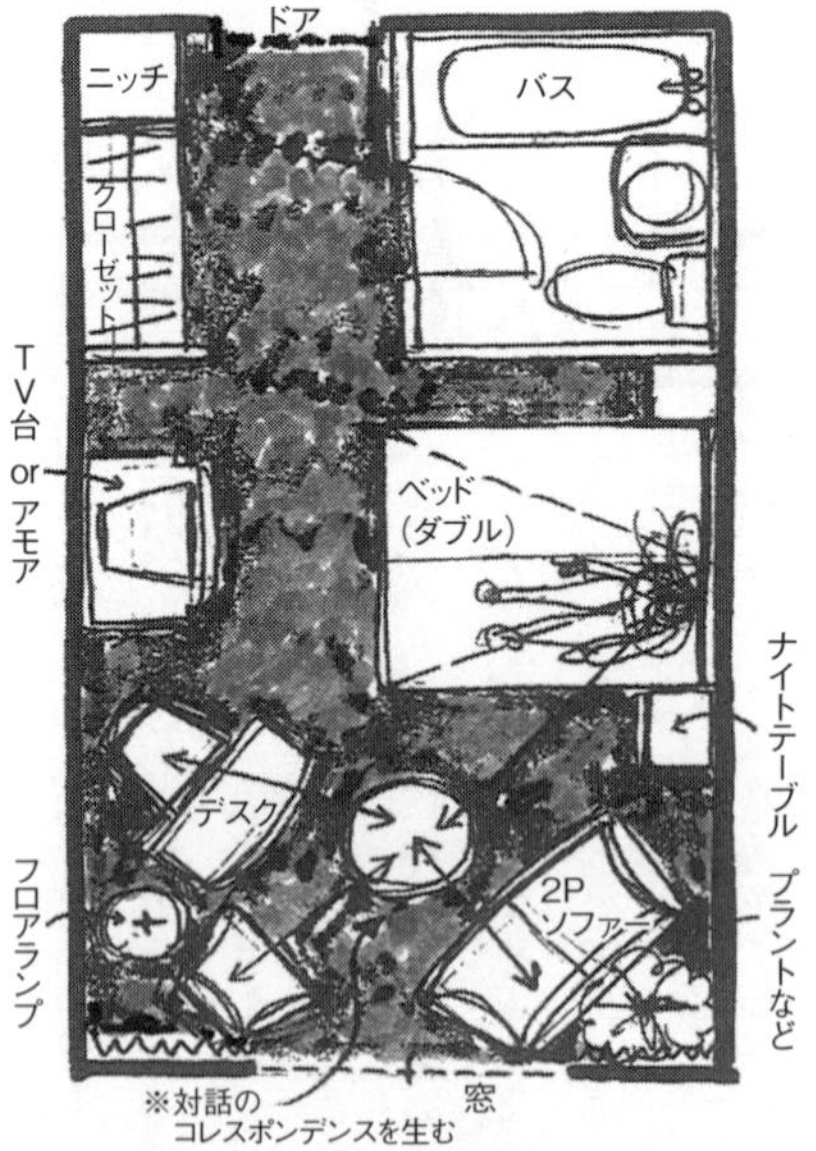

図－3　欧米型

■日本の場合（図－4参照）

多くの家具は壁にピッタリ添う形で収まり、机などはたいてい壁に向かって座る。窓辺の三点セットも、温泉旅館と同じように、半ば対座しながら、外を眺めるような配置が多い。

図－5

図－6

図－5、6　欧米の住居（Weidenfeld & Nicolson London刊、『TENTYIETH-CENTURY DECORATION THE DOMESTIC INTERIOR FROM 1900 TO THE PRESENT DAY』（STEPHEN CALLOWAY著）より引用）

欧米の場合、多くの事例を調べてみても、王宮にせよ住居にせよ、すべての家具はほぼ間違いなく「部屋の中心」を向いているということができよう。これには、その昔、戦乱の時代に壁を背にしていることは、まず後ろから攻撃されることはなく、身の安全が半分保証されていたという、長い伝統に基づいているということもできる。他の見方をすれば、自分一人が勝手な方向（例えば、壁に向かう）を向いて唯我独尊ではなく、部屋に居る全ての人と顔を見合わせて話し合うという、協調精神に基づいているとも言える。床面に施されたパターンや漆喰などの天井パターンなどを見渡しても、この部屋に「中心」を設けて、全ての人が“いろり”を囲むように中心を目指すのである。シャンデリア（図－6）は「中心」のシンボルであったと言えよう。だから、これにはお金を惜しまず、クリスタルガラスなどが用いられた。

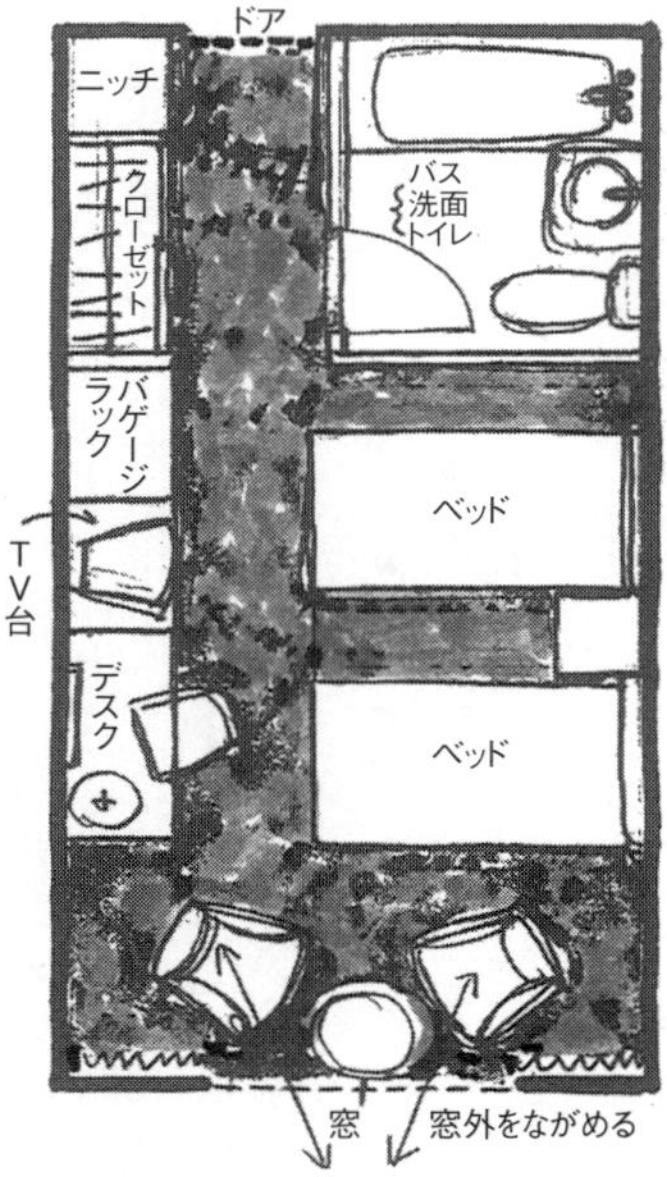

図－4　日本型

図－7　日本型——窓辺は窓辺、内は内

家のあちらこちらに、スポット的に居心地の良さそうなコーナー（コージー・コーナー）を設けてゆくのが日本流の基本とも言える。窓に背を向けるのではなく、窓外の景色の中に我が身を投ずるのである。気候・風土のなせるわざと言うこともできる。庭木の植え方も、これらを見越して植えてある。

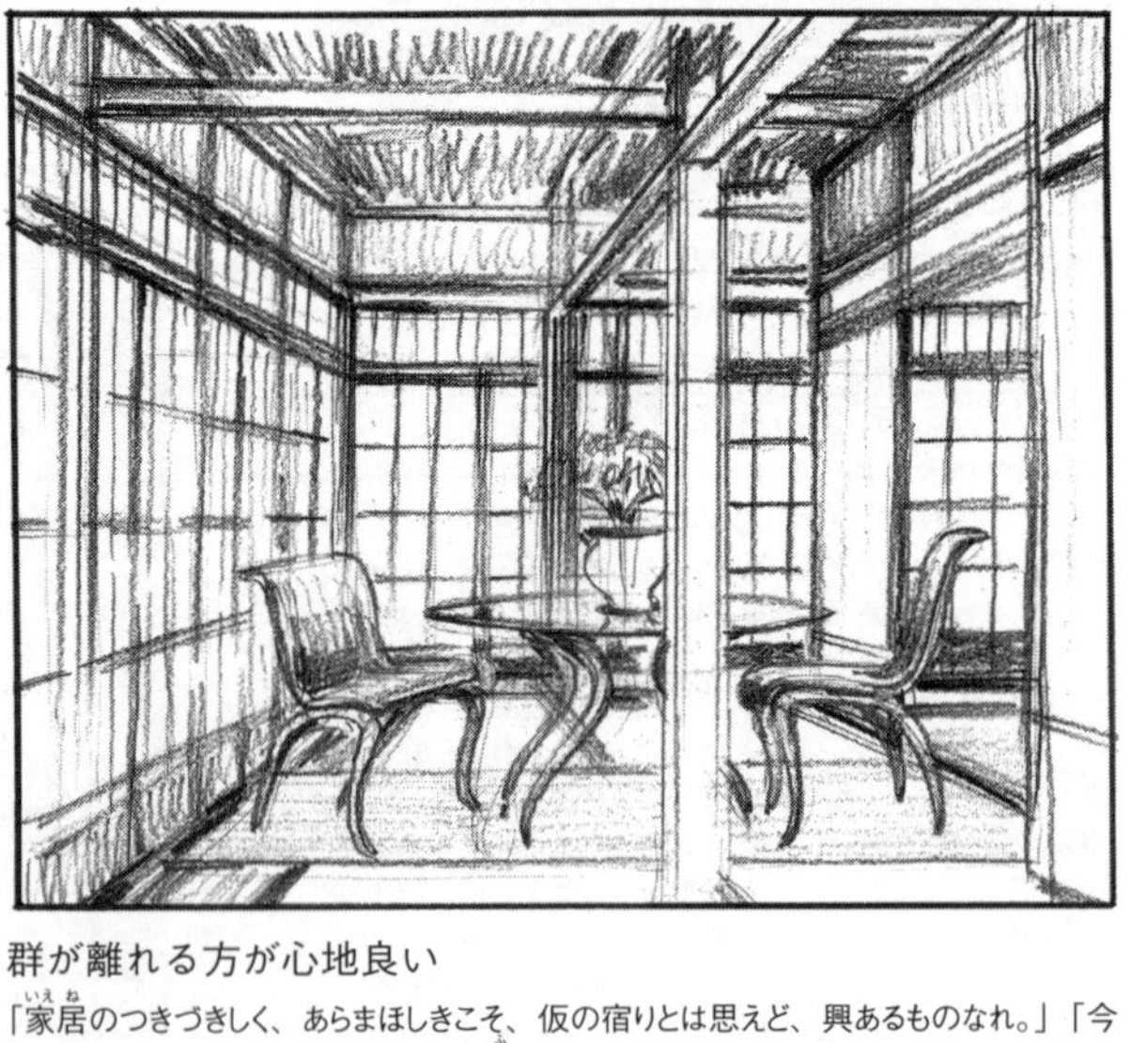

群が離れる方が心地良い

「家居《いえね》のつきづきしく、あらまほしきこそ、仮の宿りとは思えど、興あるものなれ。」「今めかしく、きらゝらかならねど、木立もの古《ふ》りて、わざとならぬ庭の草も心あるさまに、簀子・透垣のたよりをかしく、うちある調度も昔覚えてやすらかなるこそ、心にくしと見ゆれ。」

図－8　西洋の求心性 V.S. 日本の遠心性　　三三五五

テーマ 2 木についてのお話

木はインテリアにも建物にも大昔から多用され重宝がられてきた。古代エジプト時代の家具にも用いられていたし、当の日本でも家具といえば木製であった。それでは、なぜ木が多く用いられたのであろうか。

なんと言っても木は重量（比重）も軽く、加工も容易で、仕上がりが美しく、肌ざわりも良いので、家具のように人体に近く使用されるものには最適の材料であった。そして強度も、それなりに持ち合わせていた。

木は腐りやすいと言いながら、法隆寺などは、千二百年以上も生き永らえてきた。世界を見渡しても、千年以上の木造建築が存在しているのは、日本だけである。お隣の中国にも存在しない。しかし、日本では、腐った部分などは、たえず修繕がなされるし、伊勢神宮などは「式年遷宮」といって、二十年ごとに一から建て替えるという、世界でも珍しい方法を、なんと持統天皇の代（七世紀）から、千三百年にわたって続けてきているのだから驚きである。今年の２０１３年で、第六十二回目の建て替えが行われた。私も一度、伊勢神宮を拝見して、そのデザインのすばらしさと、日本の木工技術には目を見張った。誰が、こんなすばらしい設計をしたのかわからないが、全くすごいことである。その昔、西行法師が、初めて伊勢をたずねた時のうたに、「何事の　おわしますかは　知らねども　ただかたじけなさに　涙こぼるる」というのがあるが、おそらく、すべての人がいだく感情のように思われる。

日本は紀（樹）の国とも言われ、良質の美材（木材）を生産する国でもあり、今、わが国の国産材と外材（輸入木材）の供給量の比率は、外材八〇パーセント国産材二〇パーセントとなっていて、外材が圧倒的に多い。だから「山からとれる木材より、海からとれる木材の方が安い」

と言われてしまう。九州の屋久島には、推定樹齢が四千〜六千年と目されている「縄文杉」と呼ばれている木が生存しているが、日本でもこんな木は数本しかない。

　私の学校の大先輩で木工研究家の秋岡芳夫氏は次のように言っている。

「木は人間くさい素材だ。木の板は石や鉄とちがって、一枚一枚、あばれたり、狂ったりするくせがある。生きているからだろう。山での育ちの違いによるのだろう。その木の、それぞれのくせは、経木程に薄くして力をそいでしまうか、おがくずくらいに砕いてしまうか、またほぐして繊維にしてしまわなければ無くならない。繊維にしたものを漉けば紙となり、おがくずをまた固めればチップボードになり、経木のような単板を張り合わせれば合板となる。だが紙やチップボードや合板は、もはや木ではない。木はくせがあってこそ木なので、くせのある木のそのくせをうまく読んで狂わない箱を組み、軒先の整った塔を組むことこそが木工で、狂わない合板や反らないチップボードでテレビの箱などをつくるのは木工とは言わない。」

　次に、私たちがよく噛み締めて読むべき一文がある。日本一の名棟梁（寺工）だった、西岡常一さんの宮大工、家伝書の一部である。現代の私たちが深く味わうべき内容と思われる。

西岡家家伝書（の一部）

塔組みは、木組み
木組みは、木のくせ組み
木のくせを組むには、人を組め
人組みは、人の心組み

人間でも、「無くて七くせ」とも言い、くせのない人間は「おもしろくない」とも感じたりするが、こうしたことを「木の世界」と照らし合わせると良く理解もできる。

　人の世で「不肖の子」ほどかわいいと言うように、狂ったり、あばれたりする木ほど、愛着があり、それがうまくコントロールできた時の喜びはひとしおで、職人達はそうした「木の性質」を克服する為にも技術を磨いてきた。

　今、世界中で入手できる材料というのは大半のものが資源的に有限のものなのだが、唯一、「木材」だけは再生産が可能である。そうした意味でも我々は「木」についてもっともっと勉強して、世界中の「木材」を有効利用してゆかなければならない。木は神様がこの世に授けてくれた、神聖で貴重な素材と言えよう。こんな貴重な材料で家具や、インテリアや建築をつくるので、心して、デザインしたり製作したりしてゆかなければ罰が当たるというものである。

屋久島の縄文杉

図－1　「縄文杉」世界一長命の木、5～6千年前から生きている。胸高直径 6m

黒田辰秋　拭漆欅飾棚（昭和20年代末）
（縦42.0cm 横130.0cm 高99.5cm）

薬箪笥（江戸　文部省史料館）

メンパ（曲物　秋田経済大学雪国民俗博物館）

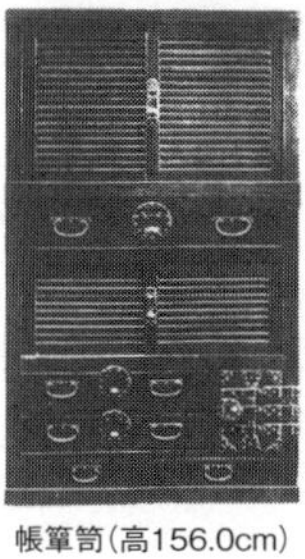

帳箪笥（高156.0cm）

竹内碧外　欅書棚（昭和7年）
（縦40.0cm 横172.0cm 高102.0cm）

衣装箪笥（高104.0cm）

図－2　日本の「木工の家具」――木は人の心をなごませる

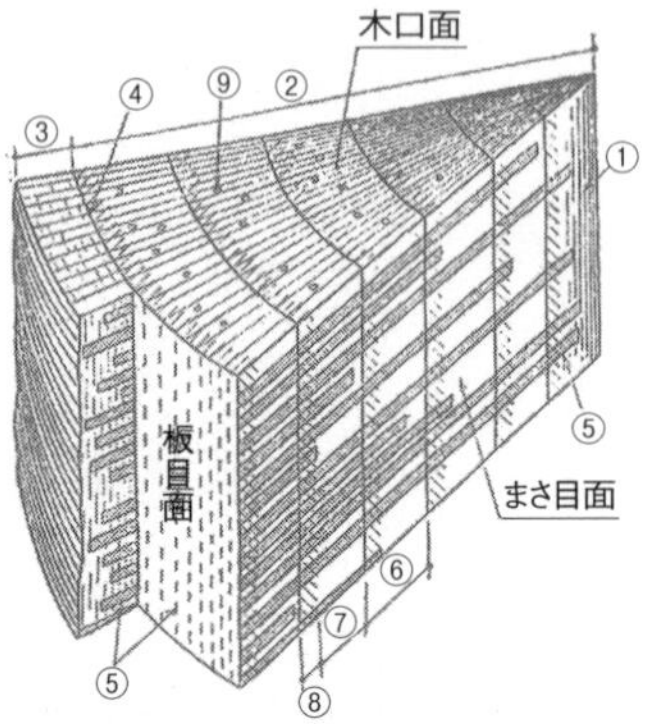

① 随　② 木部(材)　③ 樹皮　④ 形成層
⑤ 放射組織　⑥ 年輪　⑦ 春材　⑧ 夏材
⑨ 樹脂道

木材の外観構造

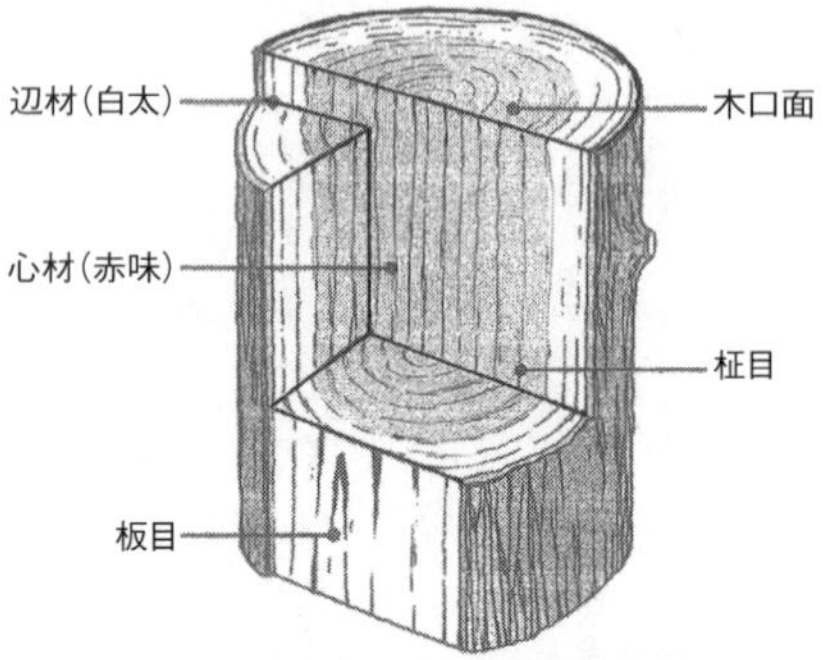

日本人は、柾目にこだわるが欧米人は日本人程に柾目にこだわらない。むしろ、板目の方が自然材であると感じるようだ。国民性の違いである。

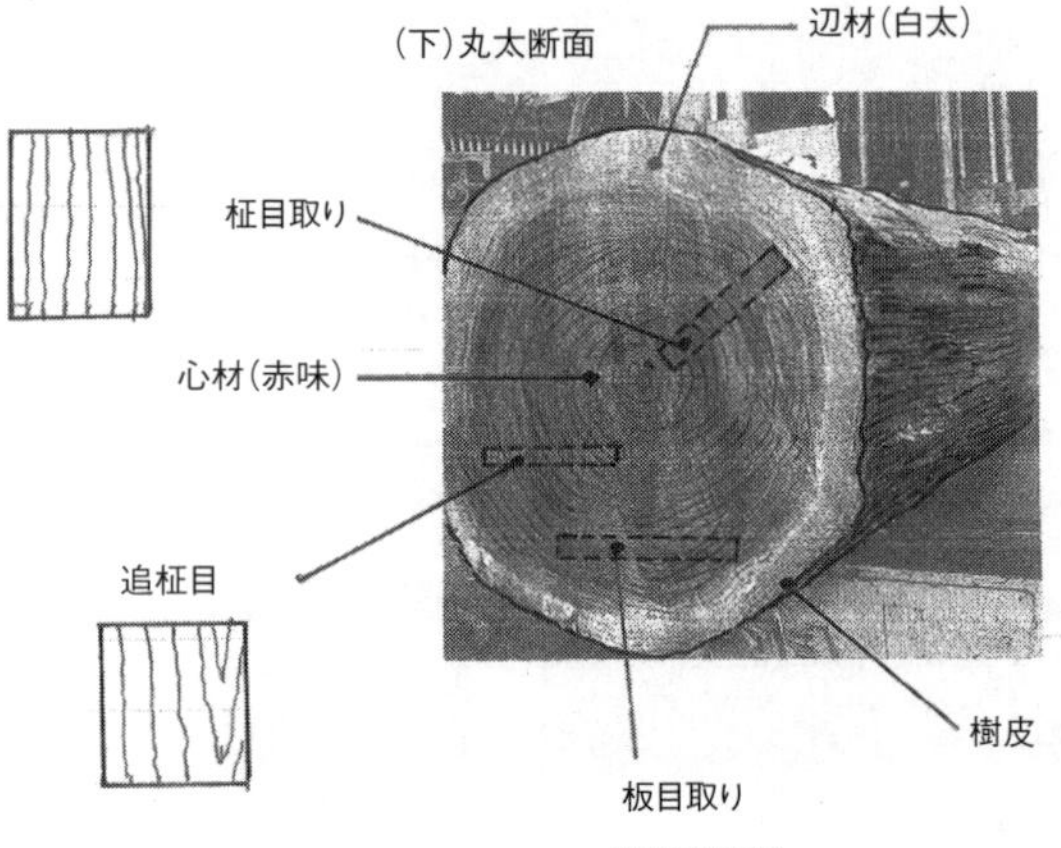

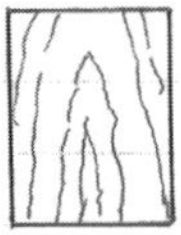

赤身《あかみ》と白太《しらた》

樹木は外側に年輪を重ねて成長を続けている。一定の時間が経過すると、内側の古い部分から活動がとまり、導管に残った水分や養分が変色する。この色の濃い部分を「心材(しんざい)」といい、赤身と呼ばれる。

また、樹木の成長において、最も活動が盛んで樹皮に近い白色の部分を「辺材(へんざい)」といい、白太と呼ばれる。水分を多く含んでいるため、材料時は虫食いや狂いに注意が必要である。木材では白太が少ないものが良材。生立時はこの部分が年数を経て赤身へと変化する。

図－3　木材の製材

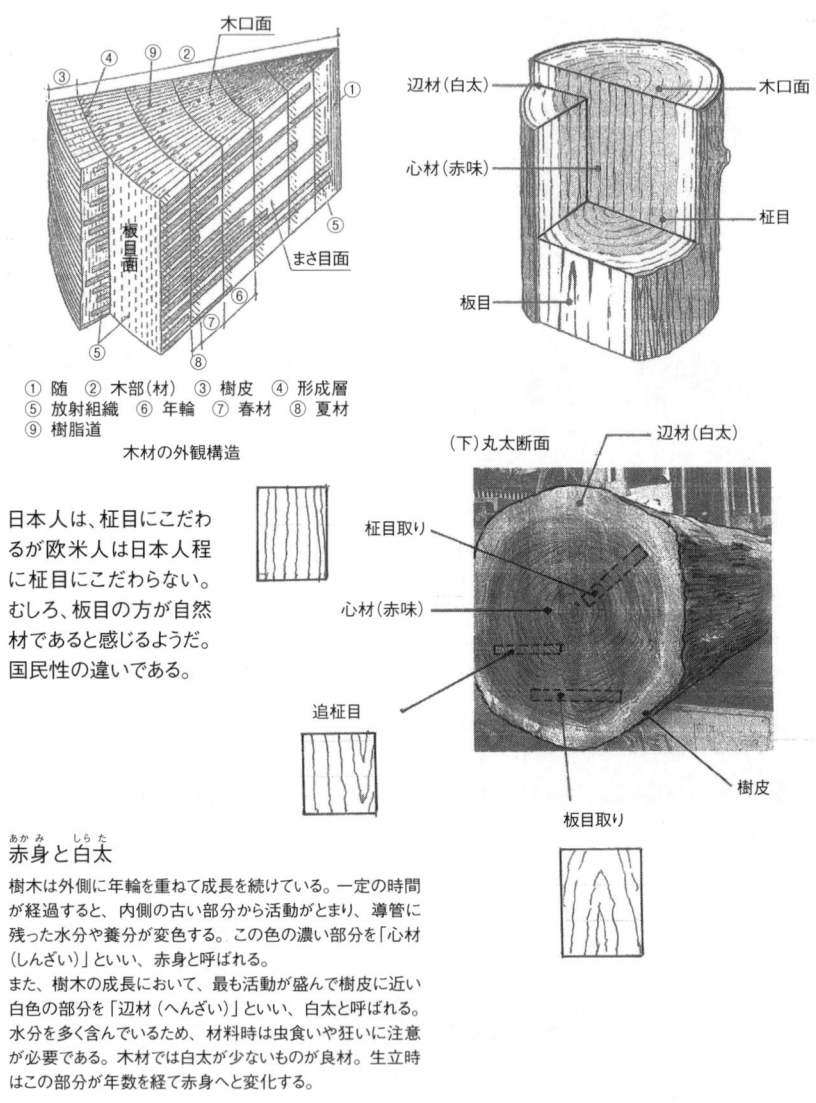

図－4　伊勢神宮・内宮正正殿

図－5　出雲大社

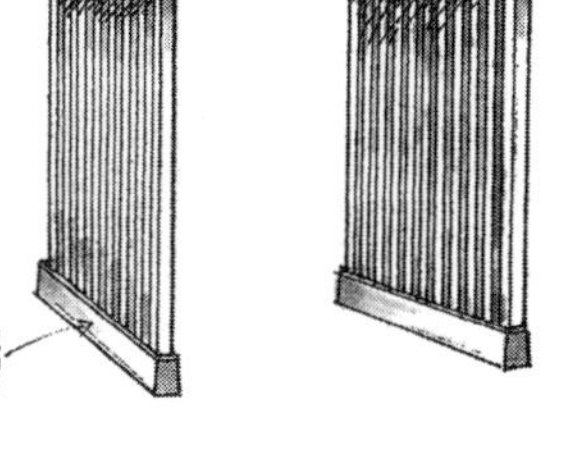

図－6〈多足几《タソクキ》〉奈良、正倉院、素木《シラキ》、日本古来の様式

＊日本の宮廷や内裏のなかでは右記のような日本古来のものと中国など、大陸からの舶載品などが混在していたと考えられる。

「多足几《タソクキ》」二三足、二八足、三三足ナド杉又は桧材により、甲板の左右に角柱、各十一本、十三本、十四本、十六本を取付け、地摺を施したもの、現在なお神前の祭儀に於いて用いられている。（木内武男氏）

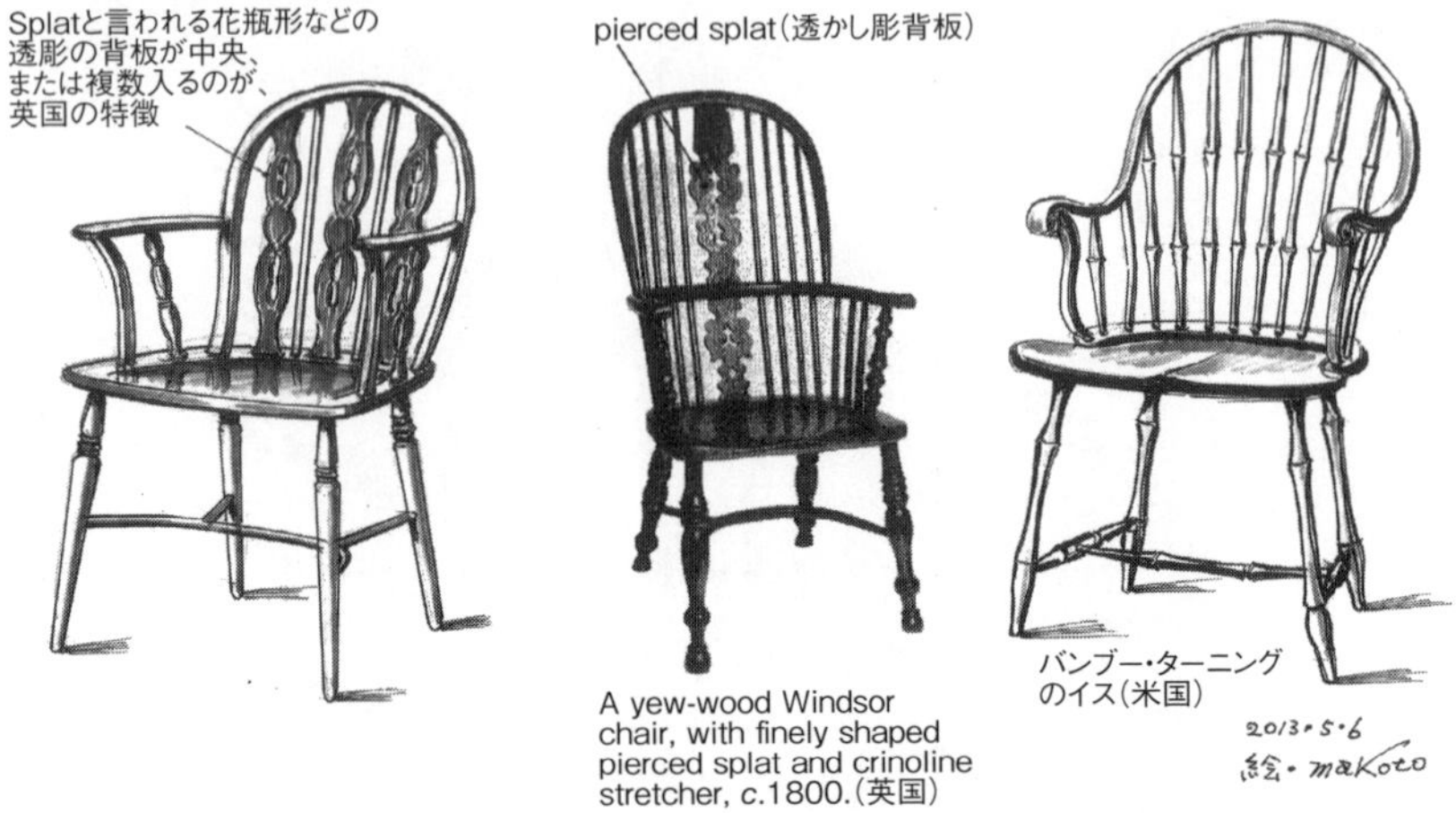
Splatと言われる花瓶形などの
透彫の背板が中央、
または複数入るのが、
英国の特徴
pierced splat（透かし彫背板）
A yew-wood Windsor
chair, with finely shaped
pierced splat and crinoline
stretcher, *c*.1800.（英国）
バンブー・ターニング
のイス（米国）
2013・5・6
絵・makoto

図－7　英国のウィンザーチェア（18 世紀後期～19 世紀）

英国のウィンザー地方一帯は、曲木に適する弾性をもった木材—西洋トネリコ、にれ、いちい、ブナなどを産する地帯で、付近の農村などに適する、素朴で実用的な家具を、この一帯でほぼ同時につくり出した（18C）。曲木と挽物《ヒキモノ》の脚や背の棒、ぶ厚い板の座面、などでつくられた。飾らない素朴さが、開拓時代の米国で好まれ、生みの親の英国より、米国で花開いた。ウィンザーチェアの名称は地名から命名された

表－1　木材の漢字・100 点（ここで、時々目にする“ 木 ”の名称の漢字を見てみよう）

橘《たちばな》	橿《かし》	櫟《くぬぎ》	楠《くすのき》	榎《えのき》	榔《ビンロージュ》	桐《きり》	梻《しきみ》	椋《むく》	椹《さわら》	枸《けんぽなし》	栃《とち》	桃《もも》
橄《オリーブ》	檜《ひのき》	檬《マンゴー》	槙《ねずみもち》	棟《おうち》	榴《ざくろ》	樅《もみ》	梨《なし》	椎《しい》	椿《つばき》	枳《からたち》	栂《つが》	桑《くわ》
樺《かば》	櫃《ひさぎ》	檳《ビンロージュ》	欖《オリーブ》	楊《やなぎ》	榕《あこぎ》	樟《くす》	梶《かじのき》	棗《なつめ》	楮《こうぞ》	杼《どんぐり》	柳《やなぎ》	栓《せん》
榕《しきみ》	檍《もち》	檸《レモン》	欅《けやき》	楢《なら》	榧《かや》	槲《かしわ》	梛《なぎ》	楕《せん》	楸《ひさぎ》	松《まつ》	柚《ゆず》	栴《せんだん》
	樫《かし》	檿《やまぐわ》	櫻《さくら》	楡《にれ》	槇《まき》	槿《むくげ》	梔《くちなし》	椒《さんしょう》	楞《ざくろ》	杉《すぎ》	柏《かしわ》	栬《もみじ》
	橙《だいだい》	檗《きはだ》	櫨《はぜ》	椰《やし》	榛《はんのき》	樛《つき》	梧《あおぎり》	棘《いばら》	椛《かば》	杏《あんず》	柊《ひいらぎ》	栲《ぬるで》
	樿《つげ》	檉《かわやなぎ》	櫪《くぬぎ》	楙《ぼけ》	榿《はんのき》	槻《つき》	栗《くり》	椨《ねむのき》	椙《すぎ》	朴《ほお》	柘《つげ》	桂《かつら》
	橡《とち》	檀《まゆみ》	榈《かりん》	楓《かえで》	槐《えんじゅ》	榊《さかき》	梅《うめ》	梼《かや》	椚《くぬぎ》	李《すもも》	柿《かき》	栩《くぬぎ》

テーマ 3 窓についてのお話

窓は建築にとっても、インテリアに対しても、きわめて重要なエレメントである。建物や部屋を見て、まず、すぐ目につくのが「窓」と言える。すてきな部屋には、必ずと言って良い程、魅力的な「マド」が付きものである。

もともと、マドは「明かりとり」でもあり、室内と外部との「換気口」でもあった。一つには、昔は、室の中央に「イロリ」のような火床が設けられ、マキなどを燃していたので、煙を排出するための天窓が付いていた（インディアンのテントやモンゴルのパオでも同じ）。

窓は「ピクチャー・ウインドー」とか「ショーウインドー」などといって、室内→室外、そして外部→室内というように、「マド」というフィルターを通して、人間の目線が行き来している。

京都あたりの民家には、よく「格子」が取付いていますが、この格子は、外から室内は見えにくいのだが、室内からは、道行く人々が、とても良く見えた。そうした意味で室内にいる人たちには、とても便利で実利のあるものだったので、いまだに多用されている（すだれも同じ効果）。

また、英国には、耳なれない表現だが、「ホワイトカーテンする」という表現があって、これは日本の格子と同じように、室内の人が、白いレースカーテン（すける薄い裂地のカーテン）越しに、外からは気付かれずに、一方的に、内→外を見すかす行為を言うのだそうである。このように窓は「心のマド」でもあり、「社会のマド」でもある訳である。

「哲学する建築家」とも言われていた、米国の巨匠・建築家のルイス・カーンは、弟子たちに、「図面に窓を画き入れる時は、窓の向こう側に人が立っていると思って画きなさい」と言ったそうで、カーン先生がタダの建築家ではなかったことを示している。

窓辺はもともと特権的な場所で、「外を見る」、それも「ひそかに覗き見る」という点で重要な役目であったことは語源的にも推測できます。英語の〝window〟の最初の〝wind〟は「風」で、語尾の〝_ow〟は、アイスランドの〝auga〟（＝眼）の変形なので、窓は「風の眼」という意で、これが「外を見る」という心理的機能と深く関係している。

「英語のなかの歴史」という本の中でも、「屋根につけられた風穴ー明らかにこれを表わそうとして、後にチュートン人が『風の眼』〝window's eye〟即ち〝window（窓）〟と称した細工」などと言っている。

ヨーロッパの民間伝承によると「悪霊」は窓から入ってくると言われていたこともあって、ヨーロッパ人にとって「窓の防備」をかためることは大切な行為であり、窓の単位が桟などで細かく区画される理由の一つは、昔は大きなガラス板がつくれなかったので桟でつないでいったということもあるが、よく空家の窓に、バッテンに「桟板」を打ったり窓ガラスに十字型に桟を入れたりするもう一つの理由は、この「悪霊よけ」のサインでもあった。

英国で、ガラス入りの窓〝glazed window〟がお目見えしたのは、エリザベス朝（１５５８～１６０３）だと言われているが、こうした窓が大変高価でもあったので、税収不足で悩んでいた為政者（たぶん国王だったと思う）は、この窓に「窓税」をかけようということになった。初め六つまでは無税で、それ以上の場合に税が査定されたそうで、一つの窓の寸法も、タテ三・三メートル、ヨコ一・四五メートルと制限されました。この制度はイングランドでは１６９５～１８５１年まで実施された。この税は、中流以下の人々にはきつい税となり、既存の窓をレンガ積みなどで「塞いで」しまう人まで出てきた。こうして発生したのが「塞ぎ窓」、〝blocked window〟である。この窓は、海外旅行などでもお目にかかれるものなので、注意して発見してほしい。

また、米国の知的な建築家、クリストファー・アレキサンダー氏は「窓は、一枚ガラスの窓よりも、細かく桟で分割された、伝統的な窓の方が、〝窓越しの景色〟が確実に美しく見える」と断言しているが、この言は正しいと思っている（私なりに、色々比較検討してみた結果）。

このような観察眼を養うことは、建築家やデザイナーにとってとても大切なことである。

窓の話は尽きないのだが、もう一つ、おもしろいお話を加えよう。私は、学生時代に〝長谷川四郎〟という有名な英文学者（夏目漱石と同級生）に英語を習っていたが、ちょうどその頃、〝story〟という英語のワードが、①物語、②（家の）階という、全く関係のない、二つの意味を持っていることを、とても不思議に思っていた。その後、だいぶ後になって英文学者の小川芳男先生が書かれた本でそのなぞが解けた。小川説によれば、中世の教会や城などは窓が少なくて、建物を外から見ても、どこからどこまでが一階で、次の二階、三階がどう重なっているかがとてもわかりづらかったので、小窓などに、ここは「～階ですよ」という意で、ガラス絵やステンドグラスで「絵物語」をはめ込む習慣が発生してきた。そのような経過で、初めは「物語」の意であった〝story〟が、中世あたりから建物の階をも意味するようになったというのである。「人に歴史あり」というように、「窓にも歴史あり」なのである。

こんな窓に腰掛けてみたい

図－１　window seat

居心地の良い窓

図－２　window seat

窓は“目戸”とも言った

図－３　eyebrow dormer（目のような窓）

図－４　french window　〈ヴェルサイユ宮〉大トリアノン―泉の間―

窓は門扉と同じように〝二律背反〟の内容を持っている。すなわちち、ある時は人を招き入れたいし、またその反面、固く人を拒みたいこともある。だから窓のデザインは難しい。ヨーロッパの古い家並の路地などを歩いていると、窓辺に美しい鉢植えなどが置かれ、道行く人々を楽しませたり、その窓越しに、住人と通行人とが「井戸端会議」ならぬ「窓端会議」を繰り広げているのをよく目にする。

要するに窓は、内・外からの「心の交流」の窓口でもある。

床面までの窓の建具が下りているものを“フレンチウインドー”という

図－６　bay window（張り出した窓）

図－５　bow window（弓のようにカーブした窓）

図・写真引用元は以下の通り

図－1～3／「事典英文学の風景―住宅・教会・橋―」三谷康之著、凱風社発行、1991 年
図-4～6／著者イラスト

テーマ 4
「塗師《ヌシ》」が「ペンキ屋」に、「経師《キョウジ》」が「クロス屋」になった話

最近、住宅やオフィスビルなどで、ペンキ塗りがまたはやり出している。その理由の一つには、クロス貼りだと補修がむずかしいが、ペンキは割合、シロウトさんでも、まあまあにメンテができるということが言える。それと最近は、においがない良い塗料がでてきたということもある。阪神・淡路大震災の時、神戸の異人館などの修理をした人たちの話では、次々に塗り重ねられたペンキの厚さが四～五ミリになっている部分もあったそうである。

私も四～五年ハウスメーカーで仕事をしていたので、名人のペンキ屋に聞いてみたが、ペンキは何回塗り重ねても、下の層が老化して、ボロボロになることはないという。だから、塗り重ねて厚みが増す程丈夫になると聞かされた。最近まで日本では、ペンキ塗りは安普請のように思われてきたが、米国では、ホワイト・ハウスでさえも、各室が大半、ペンキ塗りなのである。欧米では、ペンキ＝安普請という見方はまったくないというところが日本との相違点である。

日本にペンキが渡来したのは、一説では長崎のオランダ商館で使用されたのが初めと言われており、もしそうだとすると、今から三百三十年程前にペンキが使われだしたことになる。「日本塗料工業史」によれば、安政元年（１８５４年）に渡来した（開港を求めて）ペリーと幕臣、大学頭林健とが会見した神奈川宿（横浜）の本覚寺境内に急造された「談判所」の建物においてであったと言われている。塗師は江戸京橋の「渋塗職」の町田辰五郎で、最終的には、ペリー率いる米艦バンダリア号から〝ペンキ〟と〝ボイル油〟とを譲り受けて、米人の指導のもとに、塗装を行ったそうである。当時、「太平のねむりをさます蒸気船、たった四はいで夜もねむれず」とうたわれたことに

時代の様子がうかがえる。

　実は当の日本でも「丹《に》塗り」という土性顔料の塗装は、607年創建の法隆寺堂塔などに用いられていた。赤色の塗装で今でも京都などの神社に多く見られる塗装法だが、この塗装は、塗膜に通気性があって、中身の木材の保護の意味からは最適の方法であった。漆塗り（日光、東照宮の例）やペンキ塗りは、木の呼吸をとめてしまうので、木材のためには良い方法とは決して言えない。


　英語の「China」が「陶器」を意味するのと同様に、「Japan」は「漆器」を表わした。共に中国と日本を代表していたわけである。日本の伝統的工芸品や家具などの手の込んだ塗装を行っていた職人たちのことを「塗師」と称していた。今でも塗装屋を「ヌシ屋」と呼ぶ人もいるが、本来の「塗師」と今の「ペンキ屋」との間には、大きなへだたりがある。私が、かけ出しのころ（昭和40年頃）は、新橋に屋号が「塗師考」（江戸時代には、塗師屋の考太郎さんという意でこう呼ばれた。もし桶屋の三郎さんなら、屋号は「桶三」となった）の「蒲生《がもう》さん」という塗装の名人がまだ健在で、数回お目にかかったが、実は、この人の先祖は「蒲生考太郎」といって、水戸徳川家、お抱えの漆塗り職人であった。

　ヌシと同類の職人で「経師《きょうじ》」という呼び名があり、現代の職種でいうと「カベ紙屋」、「クロス屋」に相当する。ただし、もともと「経師」という職種は主には、仏教などの「教典」や「絵巻物」、「掛軸」などの表装などをしていた、美術工芸職人を指していた。したがって今の「クロス屋」などとは、技量と経験から判断しても、格段のへだたりがあった。日本にはこうした世界に誇れる、素晴らしい職人や技術が存在していたが、次第にそうした技量が、庶民の生活から遠のいているのは、とても残念である。

　こうした手ワザは「金がかかるから、できない」とだれも言うのだが、本当にそうであろうか？　私にはそうは思えない。多分「本当に求める気持ちが無いから」である。これからの日本は、「すぐに、あきらめの気持ち」ではなく、これぞ「This is Japan」と胸を張って行きたい。

　そうでなかったら、汗水流して努力してくれた多くのご先祖様たちに、申し開きがたたない。

図－1　黒船、スケッチ

「太平のねむりをさます蒸気船、たった四はいで夜も寝れず」とうたわれた黒船。
（当時、じょうきせんというお茶があった）

図－2　神戸・ハンター邸（異人館）

図－3　塗士（塗師）、七十一番歌合（模写）

図－4　サンフランシスコのヴィクトリアン・ハウス

「Painted Ladies」（彩られた貴婦人たち）などとも呼ばれる、サンフランシスコの丘の上の、はでにペンキ塗りされたヴィクトリアン・ハウス群。ゴールド・ラッシュにわいた、1860年頃からの50年間に4万8，000棟程建てられ、今でも1万6，000棟ぐらいが健在である。カリフォルニアの青空の下にパステルカラーのデコレーションケーキの行列が広がっている。予備知識のない旅行者にとっては、まさに異様な風景とも映る。日本の建て売り住宅のようなもの。日本の「看板建築」と同じく、通りに面した正面だけが、こったつくりになっている。ペンキの下地は、大半が杉板など木造でできている。

図－5　ホワイトハウス大統領執務室

ホワイトハウス本館は、初代G・ワシントン時代に設計され、その他は後に増築された。ここには米国歴代の大統領が家族と共に住むという長い歴史をもっている。公的使用の部屋と家族の住居部分に分かれている。とくに家族用部分などは政権交代ごとに、ファーストレディーたちの個人的好みなどで、ペンキの色などは変更されてきた。主要な部屋はケネディ以降、米国の歴史と装飾美術のミュージアムの性格が保持されている。なぜ「ホワイトハウス」と呼ぶかは、建物に使用されたグレー系の砂岩の〝吸水性〟をとめるために〝白ペンキ〟が塗られたためという。

図・写真引用元は以下の通り

図－1～3／著者イラスト

図－4／「PAINTED LADIES—SanFrancisco's Resplendent Victorians」Elizabeth Pomada & MIchael Larsen 著、ニューヨーク E.P.Dutton 社発行、1978 年

図－5／「ファーストレディとインテリア—ホワイトハウス 200 年」戸室和子著、平凡社発行、1990 年

テーマ 5 渡りが六分に景気を四分――機能優先か見た目重視か

この言葉は、江戸時代の茶庭書（写本）「露地聴書《ろじききがき》」の中の千利休の有名な文である。

発行年、著者共に不明であるが、江戸時代のものであることは事実である。この文は「利休は渡りを六分に景気を四分に置中候由、織部は渡りを四分に、景気を六分に置中候」という文の一部である。

ここで「渡り」とは「渡りやすさ（機能性）」を指し、次の「景気」とは経済用語の景気ではなく、「風景の気配」すなわち「美観」「見た目」を指している。利休は機能を優先し、織部は見た目の方を重視したということである。その比率が四分六であった訳である。ご存じのことであろうが、千利休は、言わずもがな、今日まで継続している「千家流茶道」の開祖であり、単に茶道の宗匠であったのみならず、「諸学」を納めた、当時きっての「文化人」でもあって、古田織部は、利休の弟子の中でも「利休門下七哲」の一人とうたわれた人物であった。今でいう建築家・造園家などの職能がいまだ確立していなかった時代にあって、この両人のような「有識者」たちは、重要な造営物の「作事」などにあたってはおそらく、今の建築家などの役割をはるかに超える立場を与えられていたと想像できる。この二人は、時の最高権力者、信長・秀吉・家康と三代に渡って仕え、地位と権力を与えられていたが、故あって利休は秀吉から、織部は家康から切腹の命を受けた。利休は享年七〇才、織部は七二才で自ら命を断った。私たちは、日本のこうした大先輩を忘れかけているが、実はこういう人たちは世界的見地で見渡してみても、おそらくギリシャのパルテノン神殿を設計した建築家・イクチノスなどに匹敵する「スーパースター」であったとも言えよう。

ここで私たちは近代デザインで「機能（Function）」と

は何かを整理してみたい。簡単に言うと、建築・工業製品・工芸品などがその用途・目的に適うようにものに与えられた性質（性能）あるいは〝はたらき〟を言う。デザイン界ではいつの時代でも「機能的にすべきか、それとも美的満足を重視すべきか」が問題であった。

たとえば、宇宙ロケットとか産業ロボットなどは、人命などにかかわるので、まず第一に安全性・機能性などが優先されるが、こういうものでも実に美しい形態のものもある。近代デザインの先駆者たちから「形態は機能が決定する」「美は必要から生まれる」「実際的でないものは美しくありえない」などと叫ばれ、ついに「機能的なものは美しい」ともなった。これらの考え方は「機能主義」とも言われている。こうした言葉の最初は、フランスの生物学者ラマルク（１７４４～１８２９）の有名な命題「形態は機能に従う　Form Follow Function」であった。そしてそのあとをグリーノウ、オットー・ワーグナー、ルイス・サリバン、ル＝コルビュジェなどが続いた。

一方、〝美しい〟という形態的で審美的な性質というのは主観性の強い概念で、時代・地域・民族によってもさまざまで、古典美学などでは「美は対象の持っている性質にある」とか、「美は見る人の心の持ち方・感じ方にある」などとも言われていた。カナダ在住の工業デザイナービクター・パパネックが、ものを考えるとき「機能か、美か」という二極対立ではなく「効用（use）・要求（need）・目的指向性（telesis）・方法（method）・連想（association）・美学（aethetics）」の六つの要素を「機能複合体」としてとらえているのは前進と言えよう。

近年、「人はだれでもデザイナー」などとも言われ「デザイン人（ホモ・デシネーレ）」の数が増加しつつありますが、「拙いデザインの物品や構築物などが、地球を汚染しつくす」ようでは困る。私たちは心して、デザインや製作にあたらなければならない。

図－1　千利休の路地庭并書院庭乃事

図－2　古田織部の路地并書院庭乃事

図－1、2　平安朝時代の造園について記した「作庭記」という古典書の中心的主張は「自然に従う」ということであった。寝殿づくりの庭の作者は心を謙虚にして「自然に従いつつ」作庭した。これは千利休の理念と同一であった。これに反し、織部は「自然を造形した」のである。すなわち自然からはなれて人工的な美を生み出したのである。換言すれば織部の手法というのは、西洋庭園に近い精神であったとも言えるであろう。これら利休と織部に代表される２つの手法と精神は、とりもなおさず、日本の作庭の歴史の２つの底流となったのである。織部は利休の弟子でありながら師とは逆の立場にあったのが劇的とも言えるだろう。共にそれぞれの道を切り開いたパイオニアでもあった。利休の言葉に「家は雨のもらぬ程度、食は飢えぬ程度」というのがある。

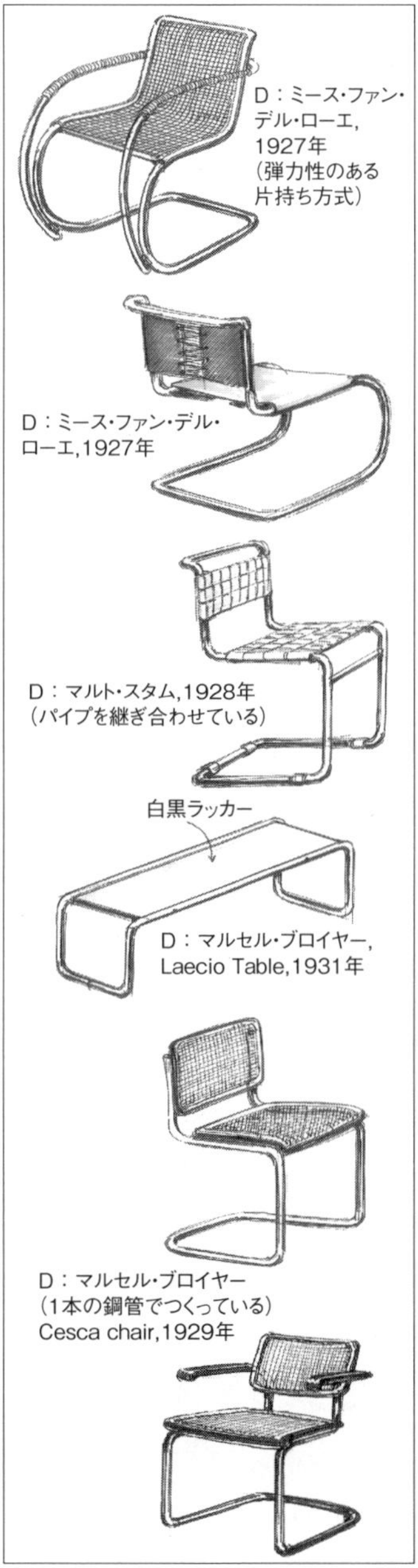

図－3　機能的なパイプイス・テーブル

図－4　T型フォード

車社会をつくった第１号

図－5　妙喜庵　千利休の妙喜庵待庵の床（京都・山崎）

待庵は利休居士のつくった茶亭として唯一のものであり、さすがに美しい。壁が塗回しとされ、床上にノネ天井が見られるもの。

図・写真引用元は以下の通り

図－1、2／「諸国茶庭名跡図会：上巻」針ヶ谷鐘吉編、加島書店発行、1976年
※本書の原本は「古今茶道全書：五巻」（元禄7年正月刊）
図－3、4／著者イラスト
図－5／「茶室と茶庭　見方・作り方」重森三玲著、誠文堂新光社発行、1966年

テーマ 6

「安楽（コンフォート）」について考える

どんな場所においても、いかなる時代でも、人間は誰でも、より「安楽」でより「快適」でありたいと思うのが常である。一般的に言って、快適さの観念は、それぞれの文明ごとにその内容を異にしているし、快適さを得る方法についてもさまざまである。

「快適さ comfort」という言葉は、ラテン語の語源では「強化する」という意味であり、一八世紀以降西洋では「快適さ」と「便利さ」とは同じ意味を表していた。すなわち、より「安楽」になるよう、自分の周辺環境を整えて、コントロールするという考え方に基づいている。こんな考えによって家具をつくり、絨緞や照明を工夫したりして、装置化された、技術的成果を大いに利用してきた。言いかえれば、人が自分を「守備し」「強化する」のに必要だと考えたことが、とりもなおさず「快適さ」の意味と内容とをあらわしていたということである。

これに対し東洋では、人はどんな時にも身体筋肉をコントロールすべきと考えていた。こうした考えから、東洋の人々は自分の体自体の範囲内で自然的に休養したり、快適さを保つような姿勢をとるマナーを完成させてきた（参考―図―12）。

この西洋―東洋の差は、それぞれの「安楽」の解釈に大きな差をつくり出した。現在の欧米化された室内や家具に対して、当の日本人は何か違和感を感じたり、日本人がしっくりなじめない部分がほんのちょっとでもあるとしたら、おそらく上記の「安楽」についての考え方の差からきているものであると私は考えている。この点からものを言うなら「西洋人に良い家具」が、我々「日本人にはとても悪い家具」……ということだってあって不思議ではないと考える。私は永年にわたって、家具などをデザインしながら、別な視点から常に家具をながめてきた。

なぜかというと、欧米人と日本人、中国人、イスラム圏の人々などの間で、例えば「イス」に関する認識などが完全に同一とは思えなかったからである。まだ研究中で結論は出ていないのだが、この辺の差異を生み出してきた第一のポイントは、それぞれの民族が長い間「床座」の生活をしていたのか、「イス座」の生活をしてきたのかによって、同じ「イス」の使用の仕方に差異を生み出していると考えられる。

中国はもともとは基本的に床座であったが、多分「明朝」の頃から概ね「イス座」になった。現代の中国人に確認した訳ではないが、多分、中国人にとっての〝イスの座面〟とは、座高の分が床から持ち上がった「床面」―raised floor というフィーリングが否定できない。この点では日本人もまったく同じである。よく日本で「あぐらイス」という少々座面が広くて、あぐらがかけるものがあるが、明朝あたりの中国のイスはほとんどこの手のイスであった。それは古い絵図（**図－1**）などを見ればすぐわかる。日本でもよく知られているように、日本の高僧達は中国を経由して入ってきたイス（曲彔）の上に、何の疑いもなく正座した。すなわち、この時のイスとは、腰掛けではなくて、高い床としての台（レイズド・フロア）であった。家具の世界で「安楽性」を考える時、人間に最も身近なものであった「イス」についてながめることが早道である。英語で「イス」のことを「CHAIR」というが、ちなみに市河三喜編『新英和小辞典』（研究社）には、右下のようになっていて、「イス」というものが何か「権威」という基本的意味と結びついていることが明確に読みとれる。これは西洋でも東洋でも、元々「イス」というものを

図－1　中国人のイスの座り方

chair［tʃeə］**1** *n.* いす；講座；教授の地位；議長〔会長，司会者〕席〔職〕. *take the* ～議長席につく，司会する，議事を始める. **2** *v.* いすに着かせる.
chair'man［ -mən ］*n.* 議長，座長，司会者，委員長，重役会長． **-ship** *n.* chairman の地位〔任期〕.

使った人は、ごく限られた高位の人のみであった。であるから、おのずから「座れば楽だ」ということより「座っている人がいかに偉そうに見えるか」が問われるようになった。いかに座り心地が悪くても、誰も文句はつけなかった。さすがに古代文明発祥の地エジプト、ギリシャ、ローマあたりの「イス」には、いくらか「安楽」を求めた様子がうかがえる。

〝部屋〟とか〝家具〟は一見些細なものにも思えるが、実際には人間の社会的心理的な態度と密接な関係にあって、「拡散した文化」の深層を読みとる良き教材でもあった。「安楽」という観点にたって長い部屋の歴史をふりかえるとき、家具全体の近代化への動向の重要な節目があらわれたのは一七世紀と一八世紀である。この時代に「身体」についての人間の考え方に大きな変化が起きた。身体は何らかの所作（身ぶりなど）をつくり出し、この所作が一つの文化の中で公共的な意味を獲得する。これが文化を構成する記号となった。新しい家具の使用は以前にはなかった所作の体系を生み出し、それらがその時代の生活文化を成立させていた。たとえば西欧が世界中に近代化を推進した時、イスが非西欧社会に浸透して、その土地の民族的な座法をも変えてしまった。たとえば前述した日本の高僧たちは中国渡来の〝曲彔（イス）〟の上に平気で正座していた。

話を本論に戻すと、一七～一八世紀の家具の進展は、ギリシャ、ローマ、エジプトなどの古代社会が、ある程度まで達成したのに、その後とだえてしまった……広い意味での生活全体にわたる「快適さの追求」の復活であった。すなわち人々がイスなどにかけるときの自分の体の具合を気にしはじめた。そして〝宮廷社会〟等の〝儀式性〟がしだいにゆるみ、自分本来の身振りが細分化されて、より安楽性を増した家具の種類が増加した。家具の研究者エリック・マーサーは「イスの近代化は形態からではなく、装飾の消去からでもなく、体への配慮、新たに見い出された快楽を志向するイスの再構成から始まった」と言いった。今回は主にイスが中心になったが、最後に、異文化間の「姿勢の差異」が各文化を解く重要な記号であることを付け加えよう。そして真の〝コンフォート〟は常に家具のみからだけでないことも。

図－4　ギリシャのクリスモス（B.C.410 年頃）

図－3　膨大衣服／王座におさまったエリザベス 1 世（位、1558～1603）

図－2　バック・ストゥール

衣装は、一面では仮面と同じように“社会的記号”としてのパフォーマンスの一部をなしていた。文化としての身体はいろんな意味合いで、自然的肉体ではなく、衣装も本質的には宮廷社会という機構の中に形成され、宮廷社会への帰属という、政治的な記号でもあった。ファージンゲールなどに代表される、身体のかさを膨大にさせる衣服が、16 世紀頃はやり、イスの肘がじゃまになるので、バック・ストゥールというイスが生まれた。また、フォートゥイユというアームチェアの肘木が後方にさげられたのも、こういう衣服を受け入れるためだった。ドアーの開口部の幅が広げられることも発生した。このように「衣服」は家具や建築にも影響していた。

図－5　ウイリアム・モリス「Kelmscott House」、1972 年

まさに、居心地を追求した第 1 号の部屋となった。

図－7　ブロイヤーのイスでくつろぐ

図－6　「現代の安楽」ソール スタインベルグ画（模写）

図－8　映画「男はつらいよ」、1971年
（一家だんらんの光景）

図－9　パリの室内（ロマン派の安楽）
ラミイ画模写、1840年

図－10　モロージュニヤー、J.P.Moreau Jr. の画の模写。〝私のよき友達よ、恐がることはない〟の部分。1775 年頃。ルイ16世の頃の安楽を示している。

古き時代の生活習慣は簡単に抜けきらない

中国では「床」（しょう）という、ベッドのような、家具が、大きな役割を果してきた。長い歴史をもっている。この図（下）のように、三方に屏風のような、つい立てが、付いたものもあったが、単に平らな台のようなものもあった。かなり広い台が多く、フロア（床面）が座高ぐらい持ち上がった、第２の床のようなものであった。この上に座ぶとんなどを敷いて、自由な座り方で、それぞれの人々が用いていた。この「床（しょう）」は、時には、大きなテーブルとして人は、本来のゆかに座って宴会なども行っていた。すなわち、座具でもあり、卓子（テーブル）としても使われていた（その時は、かこいの無い、台だけのものを用いた）。

図－11　中国明朝のだんらんの様子（1400〜1600 年頃）

現代では、中国でも、日本と同じに、国際的な家具に移行しつつあるのだが、イスを例にすると、中国人がイスに対して抱いている用い方が、何となく、いまだに、上図の「床」（しょう）の上に座るような気分が、抜けきらないのである。これは日本人が、洋家具を使いながらも、畳の上の、生活方式を思い出してしまうことと全く同じ現象なのである。すなわち、いかなる時代に生きていようと、大昔から、収得してきた、生活習慣の “DNA” は残存してしまうものなのである。これは、日本、中国に限ったことではない。

図－12 「床（ショウ）」の上でリラックスする文人（14 世紀初頭絵画、模写）

図・写真引用元は以下の通り

図 -1、5～9、11, 12／著者イラスト
図 -2、4／家具辞典から
図 -3／服装の歴史書から
図 -10／「近代建築家 10 インテリアデザイナー」カウフマン著 宮島・生田訳編、彰国社、1955 年

テーマ 7

はきものをぬぐ文化——日本固有の習慣

かつて、私たち日本人は、たいてい裸足か草履、下駄などを履いて生活していたが、明治の文明開化の一環として、靴を履くようになり、靴は「文明の証」でもあったので、新政府は半ば強制的に慣らすようにしむけていった。靴は近代社会の象徴でもあったので、私たちの住まいの玄関などで、土間の上がり框のところで「靴を脱ぐ」という行為は単に「下足」から「上足」に切り替えるというだけでなく、その位置で「社会を脱ぎすてる」という特別な意味をあわせ持っていた。西洋の家では「どうぞ、お入り下さい」と言われて、玄関のドアを入ったらもう「室内にどうぞ」という意であるが、日本では玄関内の土間まで入ってもまだ次に「上がり框」という結界（目に見えない仕切り）があって、次に「どうぞ、お上がり下さい」と言われなければ、框の奥の部屋には入れ（上がれ）なかった。客（他人）を家の中によぶには、それ相当の緊張も伴うし、家族以外の他者と交わるには、そこで多少なりとも「社会的関係」が発生してしまい、せっかく「上がり框」で脱ぎすてたはずの「社会」が、リビングルームなどで「復活」してしまうことになりかねない。そんな意味合いでも、現代の日本では、家庭の中に他者をよぶことを重荷に感じるようになった。そうした状況と申し合わせたように、外部のサービス産業が発達して、結婚式、葬式、出産……そして食事までもが外食というように、住まいの真の中身が「空洞化」しつつあるとも言えそうだ。

話を戻すと、日本にもたびたび「土足」（靴を履いたまま）の生活習慣が伝搬してきていた。中国大陸からも奈良など各時代に、様々な文物とともに「土足」の方式が伝わったことも事実だし、明治以降は欧米から多くの西洋スタイルと共に導入された。和服、毛筆などは影をひそめているが、反面、「素足生活」とか「箸《はし》」、「米飯」、「肩までつかる入浴法」などは未だに健在である。

実は、日本以外でも、「履物をぬぐ」習慣の国はある。たとえば韓国、トルコ、イラン、マレーシア、タイなどの各地が日本と共通で、これらの国は、「床座の生活」という点も同じである。すなわち、人間が腰をおろして座す床が「土足」で汚されては、こまる訳である（理由はそれだけではない）。

日本を代表する倫理学者・和辻哲郎は、昭和4年に著書『風土』の中で次のように述べた。『日本の社会の欧米化は確かに顕著な現象に違いない。……人は「洋服」を身につけ、「アスファルトの道路」の上を「靴」で歩き……「洋風建築」の事務所で仕事をする。そこには「洋風家具」があり、「電灯」があり、「蒸気暖房」がある。どこに日本が残っているかと彼は反問するであろう。……なるほどそれは外形だけは西洋風にできている。しかしそこには門があり、垣根があり、玄関があり、しかも滑稽なことにはその玄関で「脱」がなくてはならないではないか。そこには日本の「家」としての資格は何一つ失われておらない。問題はこの家の大小ではなくしてその有り方に関わる。……』

今日の日本では、すべてのものが欧米にすっかり同格になったように勘違いしている人が多いようにも思われるが、七十六年も以前に和辻さんが指摘したことが、今の日本にもすっぽり当てはまっているとは思われないだろうか？　ひるがえって、西洋では長いこと、なぜ履物をぬがなかったかということも考えてみる必要がありそうだ。これについては、博学者のバーナード・ルドフスキーが、その著『みっともない人体』の中で、いみじくも指摘しておられる。『足を何かで覆うというのは、異教徒の国々においてさえ、純潔を意味していた。古代ローマにおいては、売春婦たちがサンダルをはくことには問題がなかったが、靴の使用は禁じられていた。……農村の花むこの贈り物は古典的なかたちとしては、一足の靴であった。花よめがそれを受取り、それをはくと、結合の象徴的行為がそこで行われたことになり、逆にいうと、花よめの靴を脱がせることは、ガードルをといたり、……処女の花を摘み取るという儀式的ジェスチュアである。心理学者の説によると「異性の靴を脱がせるというのは一個の性的行為であり、したがって性的所有の象徴となったのであった」。事実、足(feet)という言葉は、生殖器の婉曲語法として使われることが多い。こうした伝承の多くは忘れ去られた。たとえば、回教寺院、仏教寺院、日本の家庭に入るとき靴を脱ぐように人に言われたとき、そこで尻込みする西欧人をたくさん私は見てきた。なぜ心に抵抗を感じているのか彼らはうまく説明できないが、おそらく、靴を脱いでいると去勢されたような気がするのだろう。……』と述べた。この一文をもって、西洋人が、家の中でまで靴をぬがず生活する理由にはならないが、日本でも世界の各国でも、それぞれ固有の生活方式があるので、私たちが、建築やインテリアなどを計画・設計したりする時は、単なるうわべの形や内容でものをとらえるのではなく、「和辻流」に、中身の「その有り方」を熟慮し、吟味した上で、玄関や、靴のぬぎ場などを設計してゆかなければならない。

　明治以降、百四十年間にわたって、盲目に取り入れてきた欧米一辺倒の頭にメスを入れ、日本人特有の生いたちと、今までうずもれ、忘れかけている日本古来の生活流儀などを、もう一度、現代の目で、掘り起こしてゆくことが、私たちの後進に対する責務だと私は考えている。もう、ほどほどに「良き欧米、進んだ欧米」という頭を切りかえ「見識ある東洋」という時を迎えるべきであろう。

図－1　「日本人の二重生活」北沢楽天（大正時代の漫画から）

建築は日本風、主人の服もイス・テーブルも西洋流では、客は和・洋いずれの礼式をとるべきか、迷うのも無理はない。

(b)　(a)

図－2

図 -2 は、現在のデパート「松坂屋」の前身であった「いとう呉服店」の開店直後の頃（明治 39 年頃）の店内風景の写真である。本格的な陳列式立売りを開始したのは上野店であった。明治 39 年 11 月店舗の修築に着手し、翌年 4 月から陳列式で開店した。呉服のほか雑貨類を販売し、毎月のように各種各様の宣伝売出しを催し、百貨店の色彩をいよいよ濃くしていった。

図－3　文明開化時代の散髪屋（五姓田芳柳からの模写）

ランプの下でチョンマゲにかわる散髪の様子、店内はイス座とユカ座とが、半々に同居しているのがよくわかる。

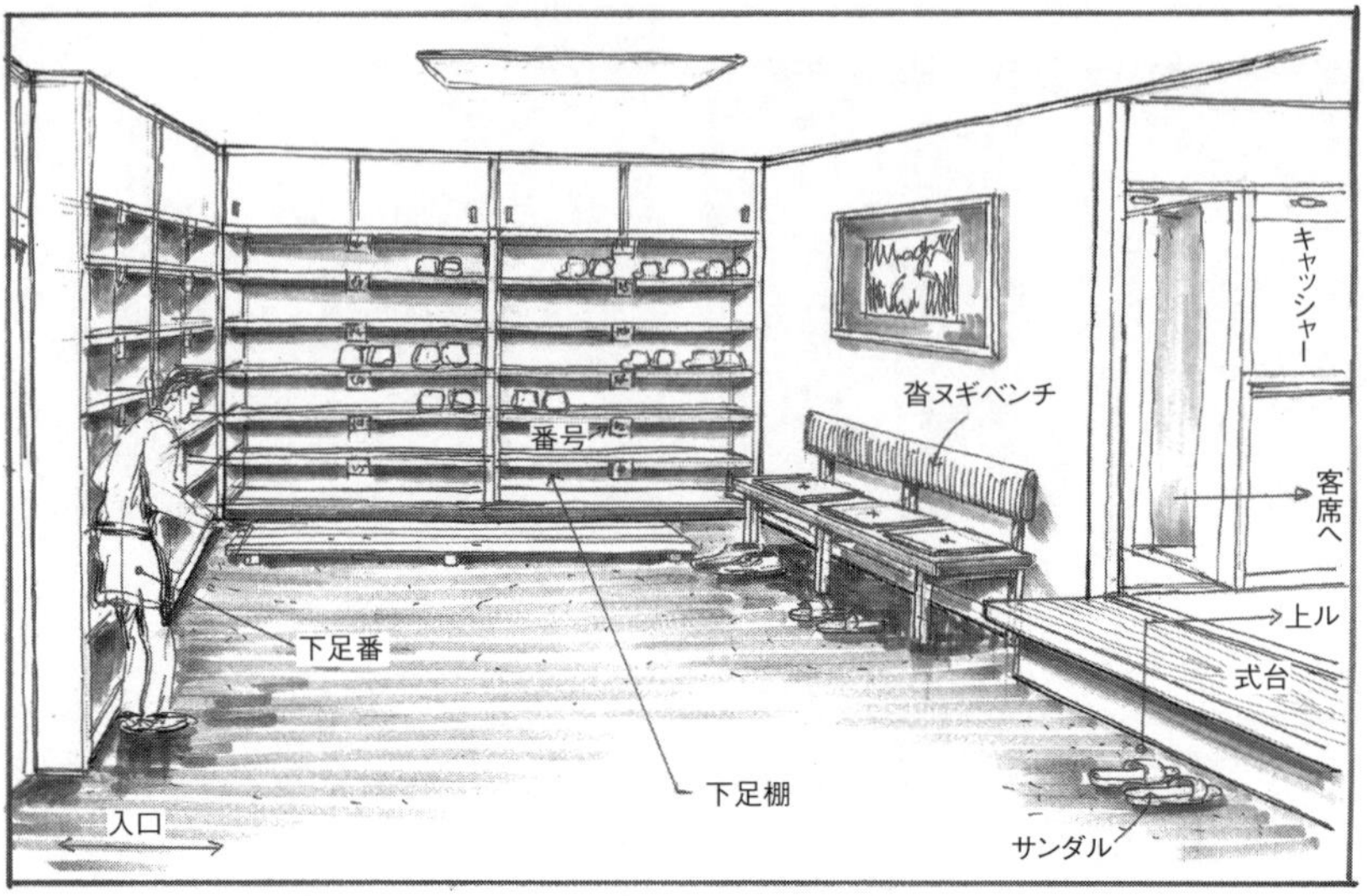

図－4　根岸・＜笹の雪＞入口の土間（イラスト：著者）

かなり広い土間玄関の壁際に、L 字型に「下足入れ」の棚が並んでいる、壮観な眺め。客が式台で靴をぬぐと、下足番の番頭さんが、靴をしまって木製の番号札を下駄箱にかけ、同番の札を客に渡す。大勢の客でも、靴を入れ違えることはない。

図－5　玄関ホール横の「相席の客室」

玄関ホール横の「相席の客室」、その他にも「テーブル席」などがある。「笹の雪が繁昌したのは安価なためばかりではなかった。淡白で滋味があって口へ入れると溶けるやうなのは江戸人の口舌に適していたからだ。」内田魯庵は「下町上野」でこう記した。

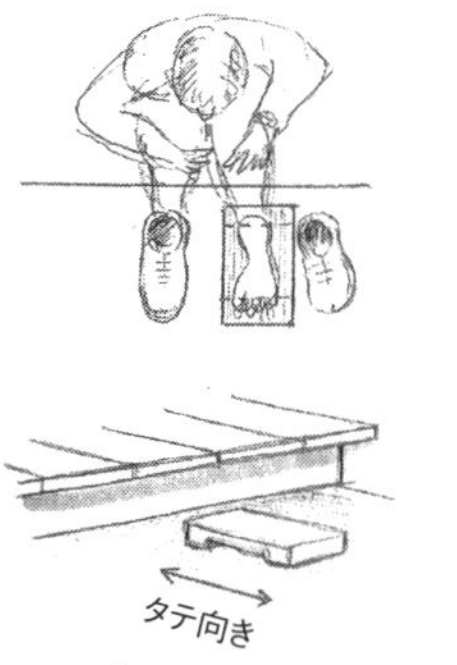

「くつぬぎ」という和家具
日本の行儀作法・最小の家具

玄関先の式台（高くなった板張り部分）の下に置いて「クツ」をぬいだり、はいたりする時に足置き台とするものをさす。形は、はな緒が付いてない下駄のようなものである。一種の「Foot rest」（足休め台）である。

日本では、古くから、学校、集会場、公衆浴場、稽古場などの入口で“下足”から“上ばき”にはきかえる所に「すのこ敷き」などの床があったが、これも「くつぬぎ」の大型と見ることもできる。

外ばきのはきものとしての「靴」をぬぐための用具で、今でも、高級料亭や旅館、そして伝統文化の施設などでは生きている。日本独自の文化的存在である。

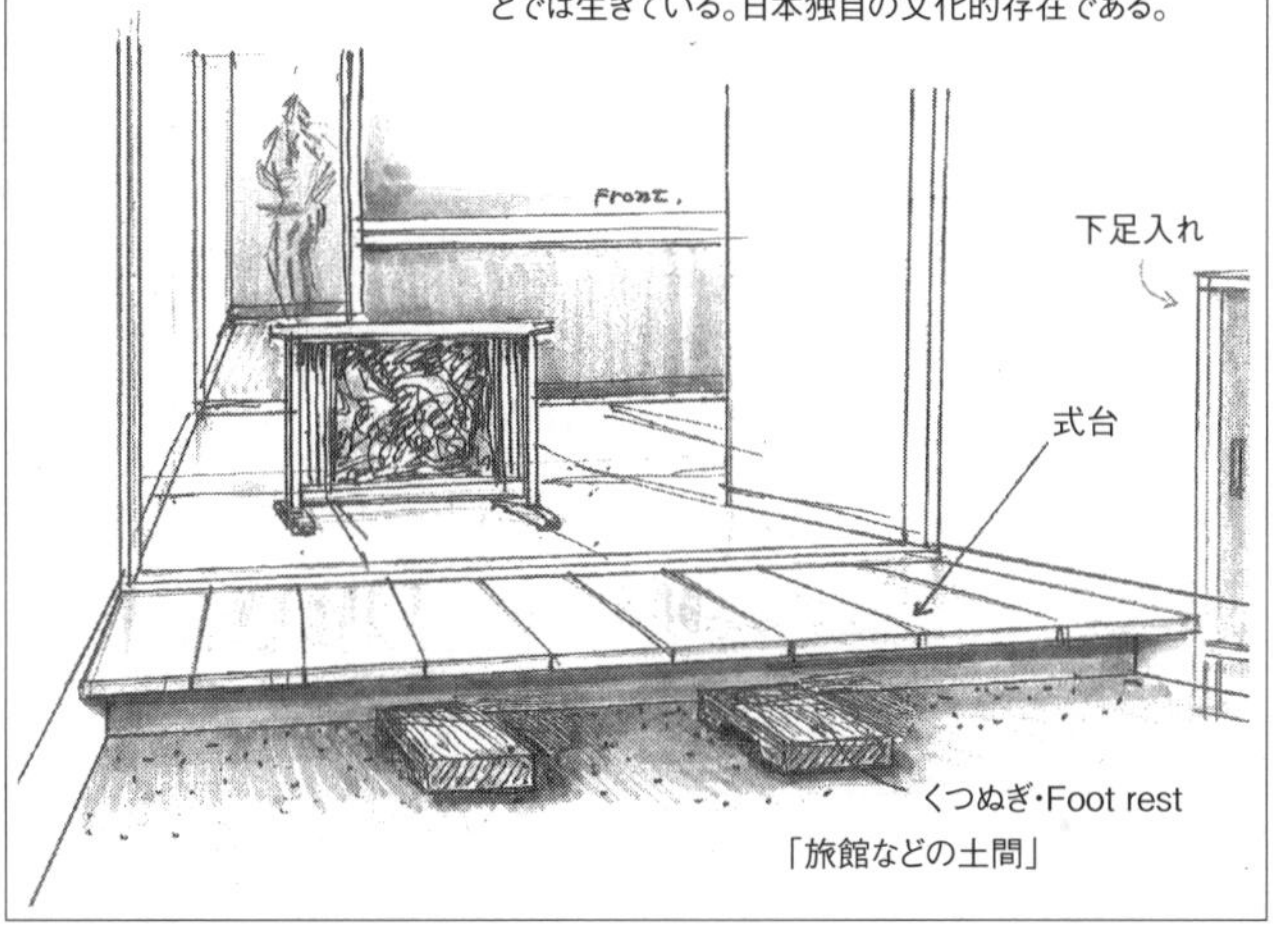

図－6　料亭、旅館などの玄関（下足の脱ぎ場）

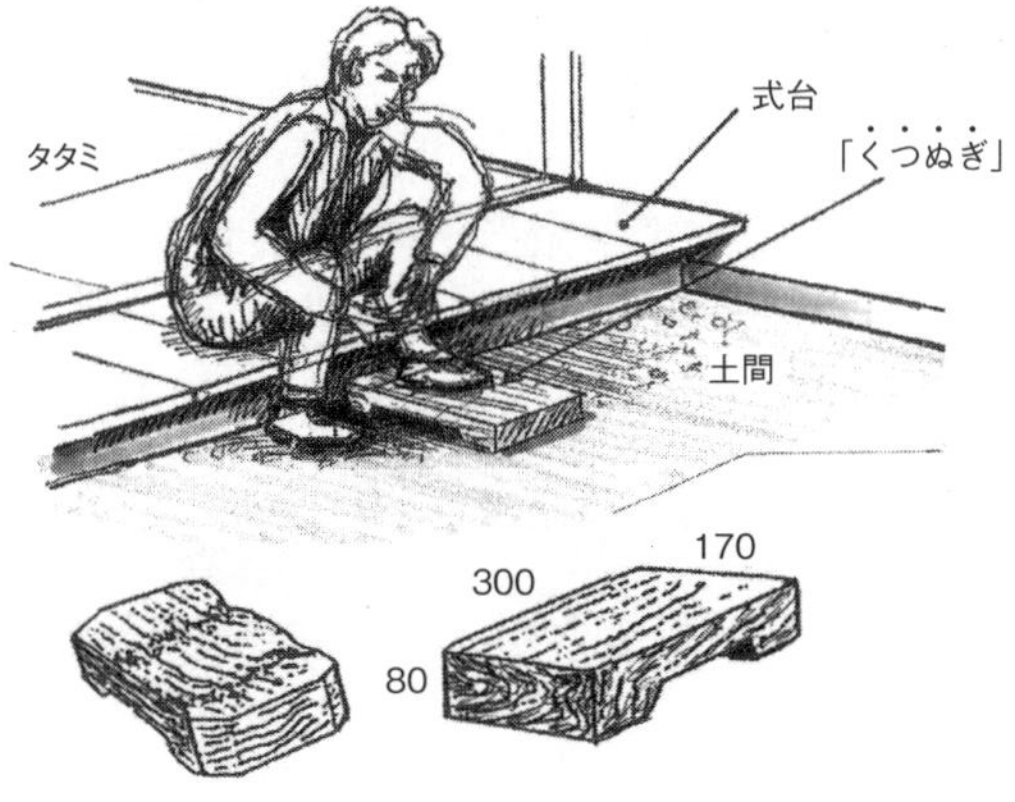

図－7　くつぬぎ（イラスト：著者）

「くつぬぎ」という足具である

日本で、玄関などで「くつ」を脱ぐという行為は単純に「素足」になるという意味ではなく、そこで、その時点まで引きずってきた、外の「社会」をぬぎすてて、外部との縁をたち切った自分個人にもどることを暗に含んでいた。「式台」と呼ばれる縁側は、〝社会〟と〝個人〟との一種の「結界」と見なすことができる。この「くつぬぎ」は、こうした移行の行為をスムースにする道具である。

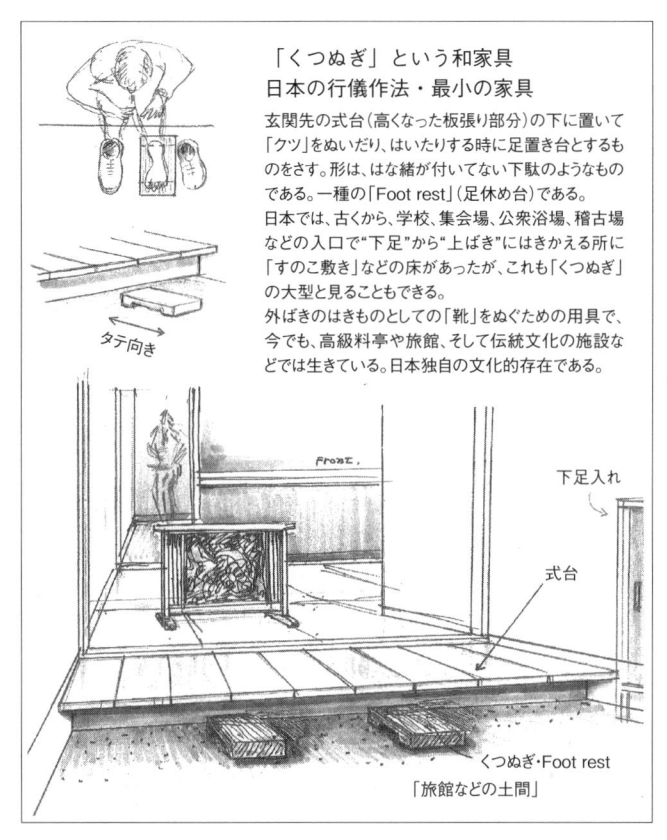

図－8　靴のまま店に上る外国人（横浜）（当時の風俗画から）

横浜や長崎などの外人居留地などでは、日本式の建物の畳の上などに敷物などを敷いて靴をはいたままの生活をしていたケースが多い。一部の文化人などは、日本式の生活方法を理解して、日本の流儀に従った人もいた（たとえば、ラフカディオ・ハーンやブルーノ・タウトなど）。

下足を脱いで上段に座る

図－9　magha（マクハー）――男の社交場

イスタンブルのコーヒー店。港の景色を楽しみ、遊興歓談する人々。（19 世紀、Treuttel & Wurtz）（イラストは著者）

〝床に座る〟というのは、日本や韓国、中国だけではなく、ヨーロッパ世界、イスラム圏、その他、世界の原住民たちの間では、今でも〝床座〟の生活が、一部で、生き残っている。今日〝イス座〟で、あたり前のように生活している人々にも、元をただせば、〝床座〟の民であったように思える。

（著者の模写図）

図-10　19世紀ギリシャ住宅の室内

ギリシャの解放（とそれに続く西欧化）以前には、ギリシャ人は、ちょうど古代ギリシャ人かあるいは日本人が今日なお行っているように居室に入る前には靴を脱いだ。（O・M・シュタッケルベルク「新ギリシャ人の服装と風俗」１８３１年から）

図・写真引用元は以下の通り

図 -1、3、4、6、7、9、10／著者イラスト
図 -5／『笹乃雪』パンフレット
図 -6／「松坂屋 70 年史」1981 年
図 -8／放送大学教材「生活文化史」平井聖著、1994 年

テーマ8 ベッドについてのお話

日本でも今や「ＢＥＤ」は「ふとん」に代わって日常誰もが用いる家具の一つになってきた。でも、意外と「ベッドとは何か」ということには疎いように思われる。ちなみに英和辞典を引いてみると、「寝床」「寝台」「苗床」「花壇」「河床」「水底」「層」などとなっている。「フラワーベッド」という語があるように、もともとは床の一部に囲いがあって、その中に、枯れ草やワラなどを敷き込んで寝ていたと想定されている。

床の上だと湿気などで不衛生で、ノミ、シラミなどの温床ともなったので、ベッドステッドという、フレームの上にマットとしてのワラぶとんなどがのせられ、マットの中身のワラなどは時々袋から出されて、虫干ししたようである。

この時代には、ベッドにとっての強敵は、ノミ、シラミ、蚊などであった。今でも豪華なベッドを象徴するよ

図－1　「日本の蚊帳（かや）」～「蚊帳の中で寝仕度をしている女たち」
喜多川歌麿作の版画の部分（模写図）

私の子供の頃（昭和 20 年頃）は、夏期には毎日、この蚊帳を吊って、ふとんを敷いて寝ていた。日本の夏の風物詩の一コマだった。貧富の差はなく、どこの家でもそうしていた。子供同士で、蚊帳の中でスイカなどを食するのも楽しみだった。

うに、ベッドの周辺に各種のカーテンのようなテキスタイルの装飾が付いたベッド（図－2、7）があるが、元を正せば、あれは、日本の蚊帳（かや）と同じ「蚊よけ」であった。

話は変わるが、フランスの文豪・モーパッサンは「女の一生」の中で、「ベッド、それは私の友、私の人生である。我々が生まれたのも、愛し合うのもベッドの上、そして死んでいくのもベッドの上」と言った。また、ナポレオン三世は「人民は、平等に、ベッドを持たなくてはならない」と言い、大不況の時、人民を掌握するため、国営の質屋から無料で国民の質草のマットレスを解放させたそうである。

ヨーロッパでは王侯、貴族にとっても、ベッドはとても重要な家具で、値も張ったので、財産目録などでも先頭に出てくる品目でもあった。一般的に人生の三分の一は睡眠の時間だと言われているが、そんな長時間を過ごすベッドなので、医学的にも、そのベッドがどういう性能を持っているかが人間の寿命にも影響がありそうだ。

日本の庶民生活でも、昔から天気の良い日には「ふとん」を干して良く風を通し、乾燥させて寝ると「安眠」が得られるという知恵を持っていたが、西洋でも、ベッドのマットレスが湿っていると、中の詰め物がノミ・シラミの温床となったので、時々中のワラなどを出して「虫干し」をしたり、詰め替えをしていたようである。

図－2　天蓋（Canopy）付きベッド

語源学者は「蚊（mosquito）」と「天蓋（canopy）」との間に強い関連を認めている。Canopy は現在では、広げた掛布のことを指すが、古代ギリシャでは Konops という語は蚊を意味していた。ローマ人は、ギリシャの蚊帳を取り入れ Konops をラテン語形にして Conopoum とし、それを初期のブリテン島住民が Canape と変えた。そのうちに、この語は、蚊そのものではなく、蚊除けのカーテン付きベッドを指すようになった。

世界中には数多くの種類のベッドがあるが、一体いつごろから発生したのであろう。多分、古代エジプト、ギリシャ、ローマ時代から存在していたことは確認できる(**図-3**)。その後、時代を経るごとに、その種類も増してきた(**図-5、6**など)。

図-3　古代エジプトのベッド

この絵は、アメン・ナハトの墓の壁画から。後方はジャッカルの姿をした墓場の神、アヌビス。

一般に文化と生活様式が豊かな時代には、当然のことながら、寝台の種類と生活機能が著しく豊富になるという現象が見られた。現代では、ダブルベッドのような特例を除くと、一人一台が基本であるが、中世の頃などは旅宿などでも、一つの大きめのベッドに数人が「ざこ寝」をしていた(男女共々)。この場合、人々は裸のままであった(**図-4**)。これは衣服のまま寝ると、衣服にノミ、シラミが移ってしまうので、自己防衛の策でもあった。

話を今の世に戻すと、「天蓋ベッド」とか「天使のベッド」などと呼ばれるような、屋根や周囲のカーテンなどで囲まれた、特別室のようなベッドも愛用されているが、こんなベッドの中も天国とは限らない。「カーテンレクチャー」(CURTAIN LECTURE)という表現は、夜な夜な妻が夫に対して、半ば夫を「いたわる」そぶりをしながら、チクリチクリとクギを差し、時には「とどめを差す」という講義を指していた。すなわち、世の男性は妻の管制下に置かれ、言葉を換えれば「妻の尻に敷かれてきた」訳である。世界の歴史の何分の一かは、この有難迷惑な

図－4　旅宿のベッド（15世紀頃）

この頃の旅人たちは、男も女も裸でベッドの中に潜り込んでいた。何故かというなら、着衣のまま寝ると、衣類にノミ・シラミが潜り込むのを避けるためだった。その位、宿などのベッドは不衛生で、ノミ・シラミの巣だったのである。

図－5　ウォーミング・パンとテント・ベッド

ウォーミング・パンは、寝具を予め暖めておく“あんか”のようなもの。

「レクチャー」によって左右されてきたとも言えるだろう。

この辺でベッドの長い歴史を振り返り、各時代に表れた「BED」の役割を整理してみると、①休息、②社交、③儀式、④宗教、⑤饗宴、⑥権威、⑦仮眠、⑧死者埋葬儀式、⑨結婚（または夫婦関係）、⑩読書、⑪誕生の床、⑫病の床、⑬子供の遊び場、⑭恋の語らい、⑮夫婦げん

図－6　2層式「組み込み寝台」（19世紀）

これは上流社会の豪華ベッドに対し、フランスの田舎などによく見られる庶民の「眠るための倉庫」のようなもの。プルマン式車両の原形にもなった。外面の扉などには「人間の宿命の図」などが彫られた。上部の縁飾りの部分は「天国」。下のベンチの下方のヤミの部分は「地獄」と呼ばれていた。内部は足を伸ばすほど広くないので、枕に寄りかかるようにして寝ていた。衣類は中で脱いだ。このユニットが2連、3連と続く家もあった。上に登るには、簡単な取りはずしステップや踏み台を用いた。

かの場、⑯ソファーの代用、⑰ベッド体操の場、その他諸々である。

「BED」を語源的に見ると、英語の「BED」とドイツ語の「BETT」はインド・ヨーロッパ語のボード（Bhodh ＝掘る）、またはラテン語のフォディ＝fod (i)、ゴート語のバディ（いずれも掘るという意）につながっているとみられていて、広い意味で動物や人間の休憩する場所ないし眠る場所を指していた。

明治初期に鴎外や漱石はベッドを「ねだい」と呼んだが、その後「寝台《ねだい》」に変わり、後に「寝台車」が登場して「しんだい」が一般化した。

人間はベッドの中で何を掘るのであろうか。多分、人生を掘り起こすのであろう。

図-7 天蓋付きベッド

天蓋（Canopy）は、柱（2柱、4柱など）で支えたものと、壁や天井などに取り付けたもの（FIX）とがあったが、家具は〝移動性〟のものであったので、ベッドの支柱などに取り付けられる組立式のものが多かった。

図・写真引用元は以下の通り。

図-1、5〜7／著者イラスト
図-2／「はじまりコレクションⅡ」チャールズ・パナティ著、フォー・ユー、1989年
図-3／アメン・ナハトの墓の壁画
図-4／平凡社カラー新書52「西洋雑学案内2」春山行夫著、1976年

テーマ 9

「装飾」とは何か、を考えよう

「装飾」は英語では「デコレーション」でもあり「オーナメント」でもある。

「オーナメント（文様）」はラテン語では「オルナーレ（秩序を考える、整える）」であり、「整然とした秩序をもたらすこと」を本意としていた。ギリシャ語では「コスモス（宇宙、秩序）」が対応している。古代のギリシャ人は夜空を見て、それを「コスモス（装飾）」と名付けた。化粧品の意の「コスメテック」という語が派生したのもよく理解できよう。

今日「装飾」というと、反射的に「余計な付けたし」「虚飾」などと連想されがちだが、現代の〝機能主義〟が徹底的に忌み嫌った、この「装飾表現」こそ、人間と物や自然との複雑な〝綾〟を示す表象とも言えるであろう。あのシェークスピアは「ベニスの商人」の中で、「いつの世にも人は虚飾に欺かれる」と名言を吐いた。しかし、本来の「装飾」は、こんな「まやかしのメッキ」ではない。

近代建築の三大巨匠の一人、ミース・ファン・デル・ローエは「Less is More」（より少ないことは、より豊かなこと）と表明し、それを実践はしたものの、彼が晩年に住んでいたアパートは、この表明に相反するヴィクトリア調の住居であった。また、１９６０年代には、米国のロバート・ヴェンチューリはミースに反旗をひるがえして、「Less is Bore」（簡素なほど退屈だ）と言い、ポストモダニズムの標語になった。また、近代建築の父とも言われたウィーンの革命的建築家のアドルフ・ロースは、米国滞在の後、１９０８年、「装飾と罪悪」という一文で、「装飾という人間の欲望は『野蛮人』と『子供』だけの幼稚な趣味である」と、装飾を断罪した。

「装飾」という漢語の語源は、人間の行為と深い関係を持ち、漢字の「飾」という字は「人間が布巾で拭いている」

飾の原字

姿をかたどったものと言われている。多分、物や自身に付いた〝汚れ〟や〝けがれ〟を拭き取って、より美しく見せようとする厳粛な行為を指した言葉と思われる。すなわち〝飾り〟とか〝文様〟というものは、あらゆる〝モノ〟に寄生して、我々の感性を歓ばせる〝誘惑者〟でもあった。

「装飾」に対する見解は各人各様だと思うが、何はともあれ、古い時代から私たちの身近で重要な役目を担ってきたことだけは否定できない。誰かえらい人が「美はめまいだ」と言ったが、めまいしそうな物や空間は多分、装飾抜きには創造できそうにない。その位、「装飾」は〝力〟を持っているとも言えよう。

ドイツの美学者ヴィルヘルム・ヴォリンガーは「抽象と感情移入」の中で、「装飾芸術には、一つの民族の芸術意欲が最も純粋に、最も明瞭に表現されている」と述べた。また、英国のデザイナー、オーウェン・ジョーンズは、1856年に装飾文様によって、それらを歴史的時間と文明地理の上に体系づけ分類するという発想で「装飾の文法」という集成を世に示した。その後も幾多の著名な先人たちが「装飾」に賛同したり反論したりしながら、今日に至った。

建築やインテリア、そして家具、工芸、グラフィック……など、多くの分野で「装飾」が果たしてきた実績は計り知れない。最後に、「美しくないものからは感動は生まれない」という文で締めくくりたいと思う。「美しさ」は理屈ではない。

図-1　オーエン・ジョーンズ（1809~74）

19世紀のヨーロッパの大国の野望は世界の文物を集合して勢力を示す「万国博」を開くことだった。1851年、ロンドンのハイドパークで行われた「ロンドン万国博」では、ジョーンズは美術監督を務めた。「アラベスク文様」研究のため足しげくアルハンブラ宮殿を訪れたので、「アルハンブラ・ジョーンズ」とあだ名された人物。

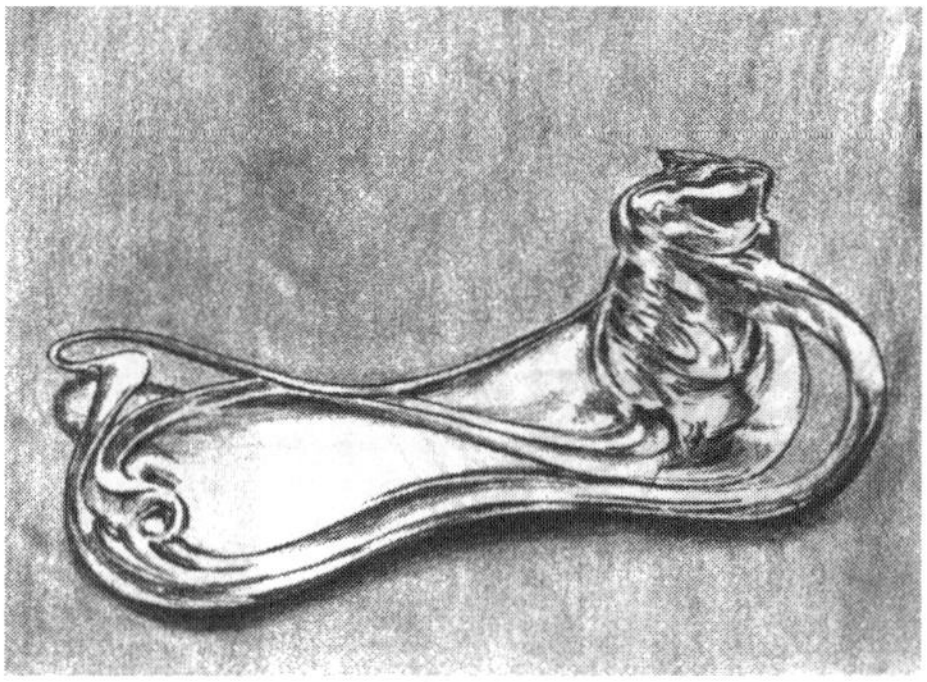

図－3　ヴァン・ド・ヴェルド「インクの壺」のスケッチ

彼は「線は力である」「装飾は一つの器官となり、単に張り付けられたものであることを拒否する」と言った。装飾を強力に推進させた一人。

図－2　ジョーンズの「装飾の文法」――「エジプトの章」から

図－4　ヴィクトル・オルタ「ソルヴエー邸内、階段てすり」のスケッチ

(b)　ジョサイア・ウェッジウッド装飾瓶（1784 年頃）

(a)　日本の風呂敷の唐草文様

昭和 30 年代まで日本で“フロシキ”とかタンスのカバーの布などは、たいていこの文様の布だった。たぶん、この文様はシルク・ロードを経て、遠い異国から伝来してきたものだろう。

図－5

図－6　ホール用イス、3 種（1850 年頃）

ヴィクトリア朝時代の家の中で、主人も奉公人も共に使う空間は唯一「ホール」であった。主人も客人も家への出入りにホールを通ったし、奉公人もそこで待機していて、帽子やコートを受け取った。そこで主人、客人、奉公人が共用する家具が「ホール用イス」であった。主人クラスの人は常に目にはしたが、このイスに長居することはなく、長居したのは奉公人のみだった。だから、目につく背や脚には手を込めたが、座面は平な板のままだった。すなわち、このイスはある階級からは「見られ」、ある階級によって「使われる」という特殊なハイブリッドの家具だった。

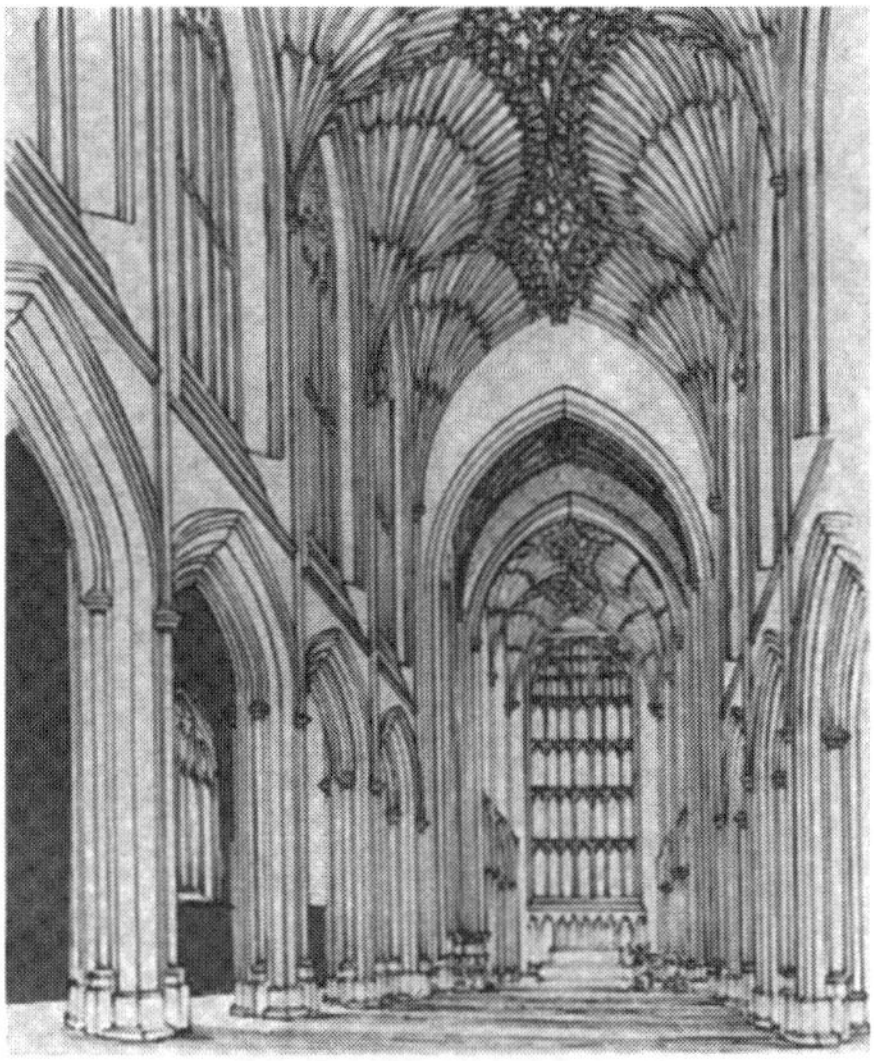

図－7　バース大聖堂内部の天井装飾
（1501〜1539 年）

このような教会などの天井の装飾は、実はヨーロッパの深い森の中で空を見上げた時の木々の枝の形から発展してきたものなのである。森の中で上を見上げた写真を撮ると、そっくりのイメージになる。側面の窓のステンドグラスから入ってくる光は、枝の間から漏れてくる光なのだろう。このような現象を " アナロジー" と言う。

図－8　法隆寺聖霊院内部。高欄の装飾金物

装飾的な時計のデザイン

図－9　フランス帝国スタイル暖炉だな時計

パリのクロックメーカーの作。作者は不明。1800〜1830 年（Kenneth ullyett、clocks & Watches から）

図－10　貝　The Shell. の装飾

貝の装飾モチーフは、建築、家具、その他多くの工芸などの分野で応用された。特に後期ルネサンス期に広く用いられた。（フランツ S. マイヤー、装飾のハンドブックから）

テーマ 10 人を包み込む布——カーテンについて

「カーテン」とはどういうものかと聞かれると、たぶん困ってしまうであろう。何でもそうだが「水と空気」のように、毎日接しているものは、「常識」以上につきつめて考えることは少ない。

　ちなみにカーテンについて二つの辞書を引いてみよう。英語の「curtain」、仏語の「rideau」などを引いてみると、「カーテン」というものの、おおよその概念がわかってくる。ヨーロッパでも、当の日本でも「カーテン」が現在のような形と機能でインテリアに現れるのは割合、新しいものである。

　もともと狩猟民族（遊牧民）だったヨーロッパ人はテント生活が主であった。戦乱の時代にも、定住しにくい事情により「テント」というものは実に移動に適していた。

　建物の場合でも石造が多かったので、堅くて直線的で色彩に乏しい室内を彩り、生活に適した雰囲気を手軽に、そしてすみやかにつくり出せるのは、布・織物（テキスタイル）であった。

　中世から、ルネサンス時代にかけて、石の壁などに各種のタペストリーなどの織物を掛けるということが一般化し、こうした「布の使用法」が次第に確立して、いたるところに布が氾濫し、やがて布は〝欲望と快楽〟との対象ともなってきた。

　当時は、建築に暖房設備もなかったことと、当時の人々は「裸の壁」をとても嫌ったので、各階級の人々がそ

1. 英和（三省堂、新グローバル英和辞典）

curtain
①カーテン、窓掛け
②（劇場の）幕、緞帳。開幕〔開演〕（時間）
③（幕のように）さえぎる〔覆い隠す〕もの
④〔話〕〈～s〉最後、おしまい、“幕切れ”

2. 仏和（白水社、新仏和中辞典）

ride
ひだ、さざなみ、小ひだ、（船）緊索（しめなわ）
rideau, eaux
幕、帳（とばり）、窓掛、カーテン、遮蔽物、隔壁、垂幕、（劇場の）引幕、（暖炉の）扉、並木

れなりに「文化的な部屋」を求める手段として「布」は恰好の素材であった。

当時は窓のガラスというものが高価であったのと、大きな窓は物騒でもあったので、窓は小さく、高さが高い位置につくられた関係から、カーテンに相当する「窓掛け」というものは軽視され、その代わりに「窓飾り」の前身というべき「装飾カーテン」が発達したということができよう。窓などに掛けるカーテンが「窓飾り」の様式として形成されだしたのが、ルネサンス時代と言われている。カーテンが従来の一枚の布が二等分され両側に引き分けられるようになったのは一七世紀と言われている。

当の日本では、明治5（1872）年橋爪貫一の『続世界商売往来』に「シルクカルテヌ、綢簾（ノレン）」と訳されているのが最も古い記録である。たぶん、日本で最初にカーテンが用いられたのが、明治6年の日光金谷ホテル、明治18年の横浜グランドホテルなどで、正式文書に残っているものでは、明治21年の明治宮殿、明治32年の東宮御所（現・迎賓館）などである。

日本では相次ぐ戦争の影響もあったし、むしろ住宅などよりも、軍艦、汽車、馬車などでの使用が早く、量的にも多かったと言われている。とりあえず、現代の「カーテンの役割」を整理してみると**表-1**となる。日本の建物は天井高が低かったこともあって「カーテンの様式」としてながめてみると、まことに貧弱という感が否めない。もう、そろそろ「カーテン」も欧米並みになってもよい時である。ファッションやカバン、クツなどのように、自分たちの「住まい」も欧米スタイルに早くなりたい。そんな意味で欧米の例を挙げてみた。「カーテン」は「閉めた時は一面の壁であり、開けた時には部屋の一面の額縁となる」ということを頭にとどめておきたい。

また、日本は、カーテンを布の種類によって、①ドレープ、②ケースメント、③レースと三種に分類しているが、この表現は国際的には通用しない。ではどう言えばよいのかというと、→①drapery（ドレイパリイ）、②semi seethrouh curtain（セミ・シースルー・カーテン）、③seethrouh curtain（シースルー・カーテン）が正しい表現となる。別名②はcasement cloth（ケースメント・クロース）、③はgrass curtain（グラス・カーテン）とも言う。

「curtain」を語源的にみると、フランス語のcourtineから、ラテン語のcortinam（小庭）にさかのぼり、court（中庭、宮廷）につながっていると言われているが、たぶん「カーテン」という言葉は「中庭」のように「何か」に囲まれているというニュアンスを持っているのだと思っている。

「カーテン」は、それが包む空間を「秘密めかして」想像させる性格がある。すなわち、その彼方にある空間を劇的に演出する。だから「劇場」のカーテン（幕）もまったく同じ内容である。「カーテン・コール」はその玉手箱の秘密を客席に呼び寄せる行為でもある。ちなみに、劇場の幕の開け方には、①ドイツ式、②ギリシャ式、③イタリア式、④フランス式の四つの方式があるが、日本では独自の「日本式」をとっている。いずれにしても「カーテン」は人生の「影絵芝居」を映すスクリーンでもある。

欧米ではカーテンに関する「ハウ・トゥー」ものの本がたくさんあって「窓の装飾は主婦の仕事」という一般認識が早くからできていたが、その点日本はだいぶたちおくれている。

図－1　西洋の歴史的様式を見る

ヨーロッパでは各時代特有のカーテンスタイルが生み出されたが、これらは常にその時代の建築様式やファッション・スタイルや人間の髪型などとも関連し合っていて、決してカーテンのみが一人歩きしていた訳ではない。

裾を引くのは、
ドレスでも
カーテンでも
同じだった。
共に〝トレイン〟と
言った。
「Train」――列車と同じ
絵・makoto

図－2　「裾の長さは、高貴のしるし」「長さの階級は、身分の階級」

トレーン（ウェディング・ドレス）　　トレーン（イブニング・ドレス）

図－3　“トレイン”のドレス

図-2～4　「裳（も）すそ・Train」－（引きずるすそ）はファッションにもカーテンにもあった。私は図-2のようにすそを引きずるカーテン形式を何というのか、永年疑問であったが、ファッション辞典を見てやっとなぞがとけた。日本のキモノの系統でも類例はいくつかある。いずれの国でも、その表現の気持ちにかわりはない。欧米では婦人の礼服などで、すそを長く引いた部分を「列車」になぞらえて「Train」と言った。この「トレーン」の長さによって、身分・地位・格式が表現され、公式の夜会では主催者によってその長さが定められた。より高位のものが、より長いのがならわしだったのである。やがて自分の住まいのカーテンにも波及し、誰に命じられることもなくカーテンは尾を引くことになった。

図-4　〝トレイン〟のカーテン
すその長さとカーテンの頭の折りかえし処理などが、ドラマチックな劇場風の様相を呈している。

〈カーテン・Trimmings《トリミングス》〉

タッセルやフリンジなどのトリミングスは、インテリアを取りまく様々なファブリックに奥行きのある表情を付け加えてくれる。伝統に引き継がれた職人気質は、マクラメ、フリンジ、コードなどの糸一本一本にも漂って気品ある表情をみせている。クラシックでゴージャスなものから麻などを素材としたナチュラルなものまで、デザイン、色彩とも豊富に揃い、あらゆるファブリックとコーディネートできる。

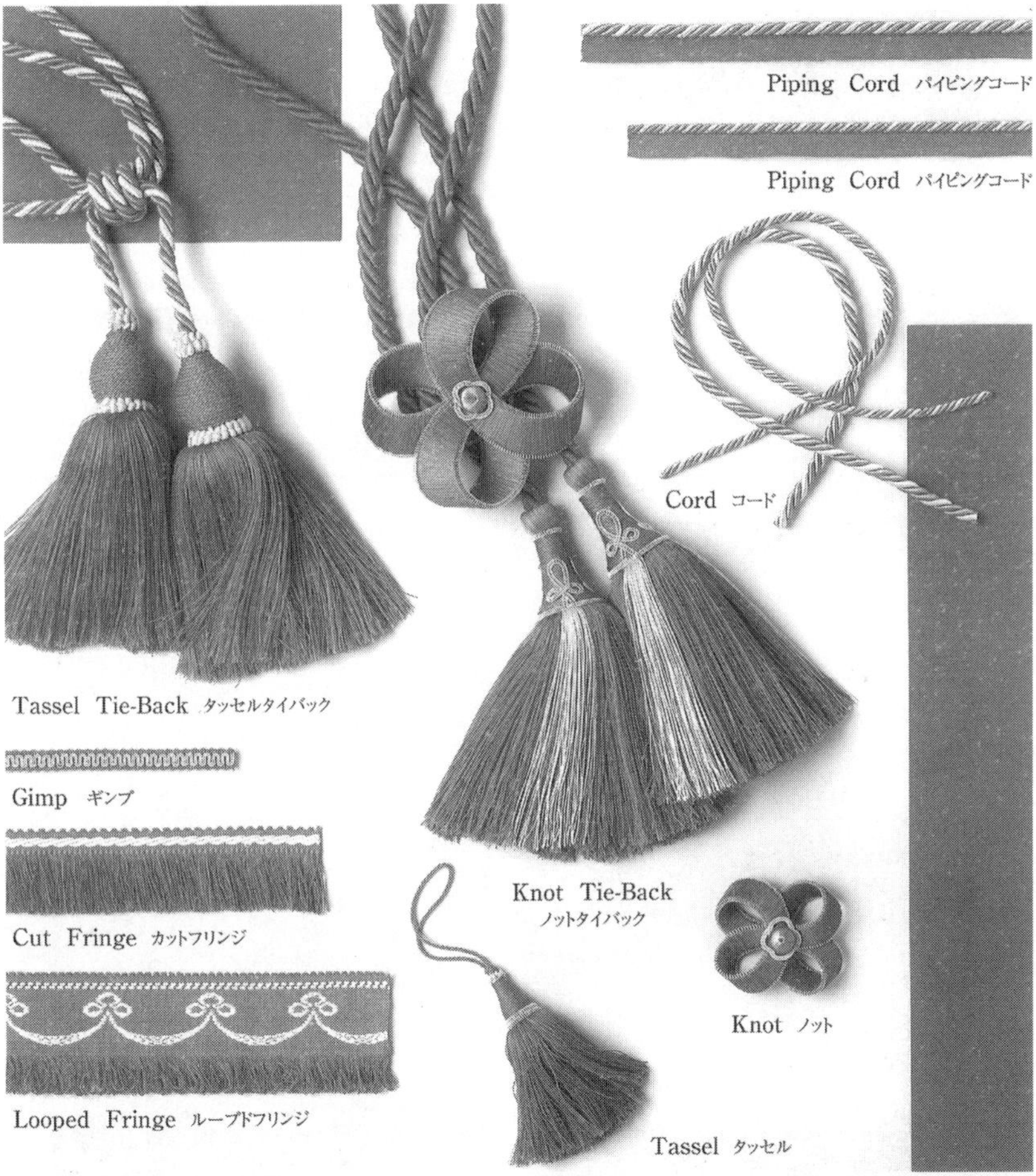

((株)トミタ扱い)

図－5　カーテンのトリミング用部品（フランス、ウレス社「TOINETTE」シリーズ）

トリミングとは、カーテンなどの全体を整った状態に見せる装飾手法などを指す。

図－6　モダン室内のカーテン

図－8　ベッド上の天蓋は、やわらかい薄手の布で、ひだを重んじて用いられる

図－7　欧米の現代的様式を見る

光沢のある貝殻のピンク色のカーテンが光を反射している。

ウォーミング・パンとテントベッド

ヨーロッパ、王候のベッド

サマー・ベッド

図－9

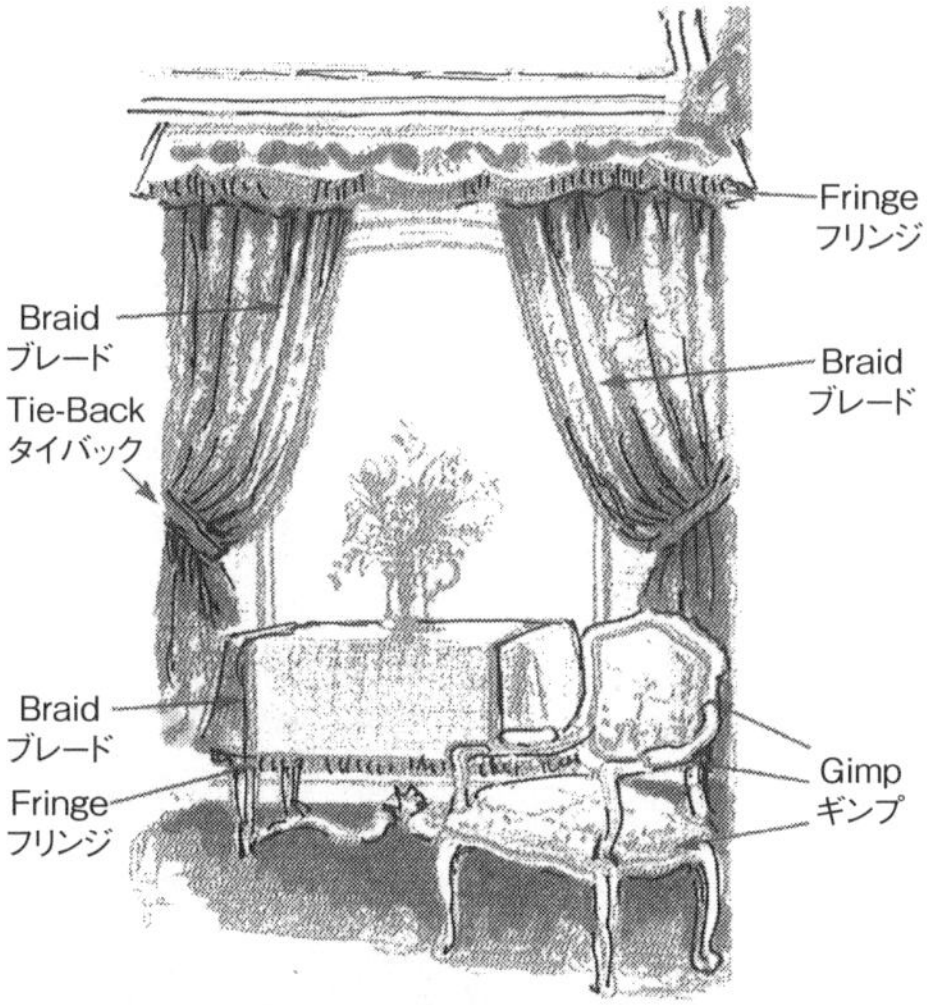

図－11　装飾の名称

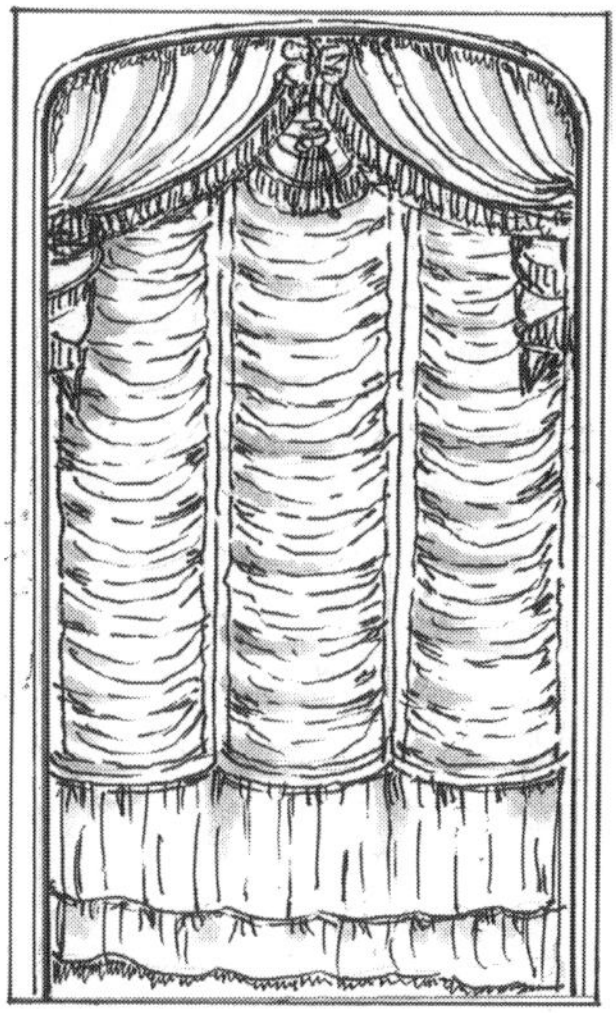

図－10　チリチリカーテン

表－1　カーテンの役割

①装　　飾

人間の居住空間としての目的にかなった雰囲気をつくります。

②採光調整

外光を遮断または加減調節します。

③遮へい

外部からの見通しを避けると共に、室内灯が外にもれないようにします。

④温度調節

外からの直接の気流を調節します。夏季は外部からの反射熱を防ぎ、冬季は隙間風を防ぐと共に室内温度の逃げを防ぎます。

⑤音響調整

外からの騒音を防ぎ室内の反響を調整します。

⑥間仕切り

室内を分割して臨機に部屋数を増減することができます。

⑦調　　光

光を柔らげるためのコントローラーの役割を果たします。

カーテンの特殊な機能について

「ホワイト・カーテンをする」（イギリス）

これは、外から内側を見すかされないようシェアー（薄い、すけるようなカーテン）の窓かけ越しに、外を歩く人や郵便屋などの動行を、一方的に、「内から外を見る」行為を指している。日本のすだれ、などが同じ機能を果している。

安心して、内側から外をひそかにのぞき見る
すける、レースのようなカーテン
絵・makoto

図-12

日本の格子、すだれ、なども、こうした内部からだけ、外を見すかすという行為は、昔から行われてきた。

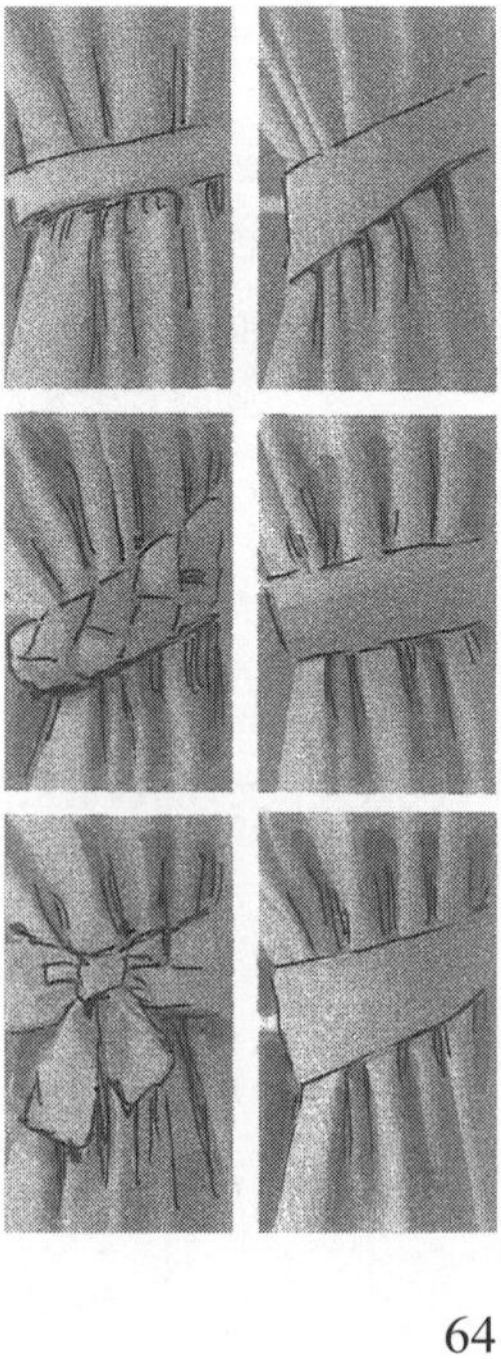

図-13　タッセル様式

タイ＝バック（TIE-BACKS）またはタッセルと呼ばれるカーテンのたばね帯には、好みに応じてこのようなバリエーションがある。

図・写真引用元は以下の通り

図-1／「VORHANGE UND DEKORATIONEN DER GROSSEN STILEPOCHEN」（大様式時代のカーテンと装飾）、M.J.DUBOIS 著

図-2、4、6、9、10、13／著者イラスト

図-7、8／「THE SOFT FUNISHINGS BOOK」TERENCE CONRAN, Consultant Editor:Judy Brittain, CONRAN OCTOPUS

テーマ 11 清浄の文化——おふろについて

「水は万物の元」と言ったのは、BC七世紀ごろのギリシャの哲学者・タレスであった。

水は人間の生活には欠かせないもので、その「清浄性」「永遠性」そしてまた「破壊力」などの点で、世界中の多くの人々に共通した「民俗」を生み出した。いまだ「おふろ」などがなかった時代の古代人にとって「川」は自然の「水道」であり「浴槽」でもあった。

「沐浴」という大事な行為はまず「水辺」から始まった。古代のエジプト人はナイル河を恩恵を施す「神ハピ」としてあがめ、古代インド人はガンジス河を「シヴァ神」の足下から流れ出る「聖なる河」とみなした。小アジアのチグリス・ユーフラテス両河の下流にはメソポタミア文明が、インドのインダス河谷にはインダス文明が、エーゲ海にはエーゲ文明が、中国の黄河流域には黄河文明というように、人類にとって、水こそは「文明の源泉」であった。

古代のエジプトには「浄身は生命の母」という古いことわざがあり、「沐浴」は清浄、健康、長寿の秘訣として、いつもナイルの流れに身を浸していた。また、ギリシャには「水はすべての罪悪を洗い落す」という古いことわざがあって、ギリシャ人はもっぱら河水や海水で冷水浴を行っていた。ちなみに「Bath（入浴）」の語源はギリシャ語では「心の中から悲しみを追いだす」という意味であった。

さて、当の日本ではどうであったのだろうか。日本人の清浄も古代からまさに水と結びついていた。日本人の水による浄めの信仰・水に親しむ気持ちはとくに強く、「みそぎ」「はらい」として古代からつづいている。万葉集のなかの持統天皇の歌に「春過ぎて 夏来たるらし白たえの衣干したり天の香具山」という有名なものがあるが、これは五穀の豊穣を祈って村の処女たちが田植えの資格を得るため山すその水場で斎衣を着て「身潔（みそぎ）」をし、ぬれた衣を乾している情景をうたったものであった。みそぎは「禊」と漢字で書くが、「ミ」は水、「ソギ」は注ぐという意で、「水をかける」「水をあびる」ことを意味し、古代には、それによって罪や心のけがれを洗い去るという精神的な意味を持っていた。

奈良の東大寺や法華寺には、今なお大湯屋や浴堂が残っているが、各家々に浴室もなく、まして町湯（銭湯）もなかった時代に寺院の浴堂で民衆や旅人のために行われた「施浴」は、庶民に対する「医療的施し」でもあった。

こうした衆生施浴の「風呂ぶるまい」へと展開するにしたがって、入浴の欲求は、いずれ町湯（湯屋、風呂屋）の発達をうながした。今でもどこかにはまだ残っている、町の「公衆浴場」の入口玄関の屋根がお寺の玄関の屋根のように「唐破風」になっていたのは、昔の寺の「施浴」のように、民衆に「風呂」をふるまいますよと言わんばかりの風呂屋の心持ちがなせるわざであった（私が学生時代に通った風呂屋はやはり唐破風であったが、なぜに銭湯というとそういう屋根なのかが長年の疑問であった）。

よく、日本人の入浴に関する心情は、欧米のそれとはちょっと異なると言われる。いみじくも、ルース・ベネディクトは、有名な著書『菊と刀』の中で次のように言った。「日本人のささやかな肉体的快楽の一つは温浴である。かれらが毎日入浴するのは清潔のためでもあるが、そのほかに他の国々の入浴の習慣には類例をみいだすことの困難な、一種の受動的な耽溺の芸術としての価値をおいている」と。すなわち、体に石鹸をぬり、頭からシャワーを浴びればことたりるといった機械的入浴は日本人の体質に合わず、数寄を凝らした浴室や温泉などを好むのは、そこに精神的くつろぎと快楽があるからでもあった。

ひるがえって現代の庶民の住居の風呂場は大半が「ユニットバス」になり、性能本位の合理性が優先されている。「風呂」と言えば「ユニットバス」というぐらい一般化しすぎている現状で、この辺で、バスやバスルームの「メーカー」も利用者も、初源の沐浴の姿をかえりみながら「入浴とは何ぞや」を思いなおしてみたいものである。

ききめのよい洗剤のように「ひとあらい」ですべてのヨゴレがとれたとしても、それゆえに、人の一生がすばら

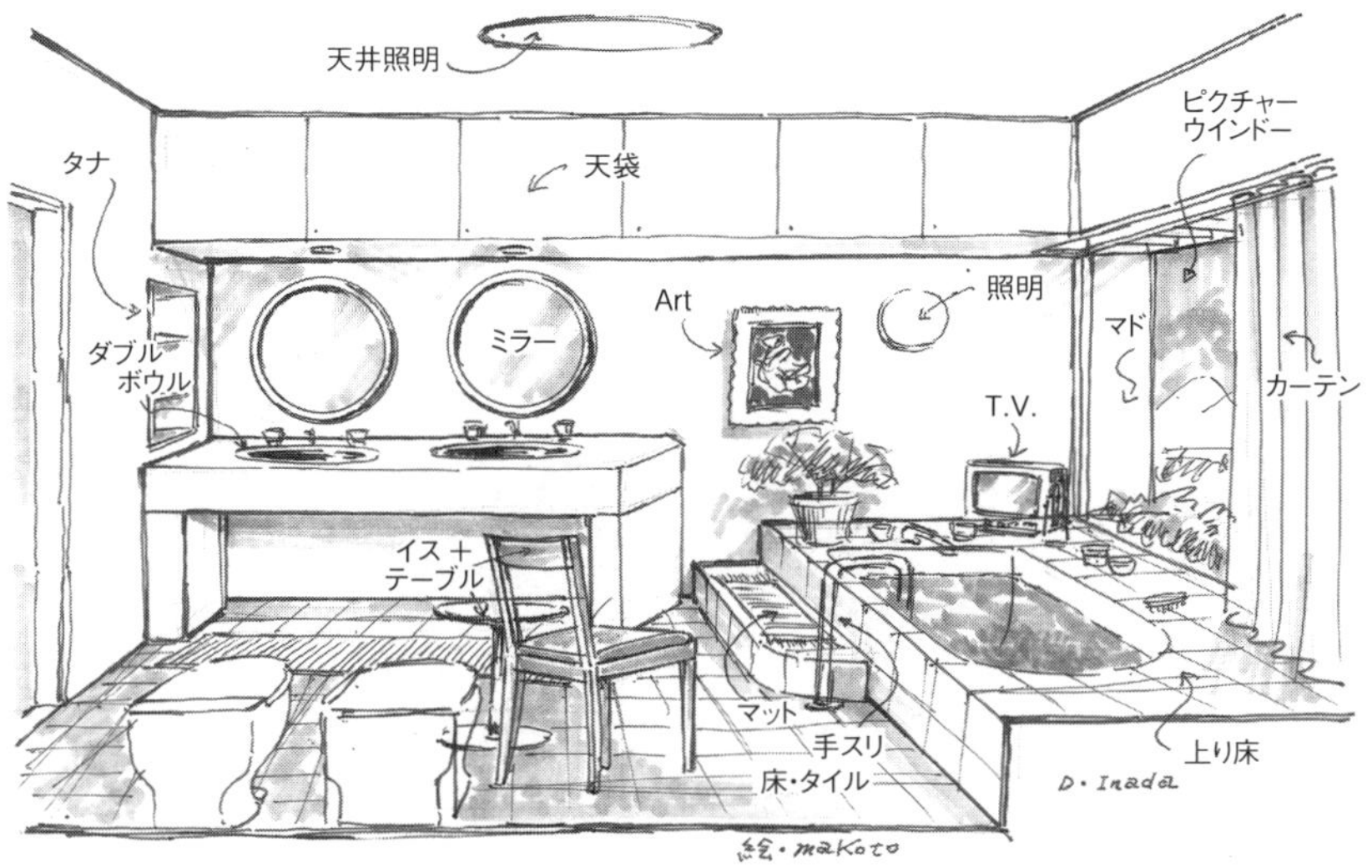

現代的なバスルーム――楽しげな空間に。

浴室は私たちの疲れをいやす空間なので、楽しげで長居がしたくなるようにしなければならない。からすの行水ではいけない。

しくなる訳ではない。そこにゆくとルース・ベネディクトは異国人でありながら、何と〝するどい目〟を持っていたことか、おどろきである。いろんな「ユニットバス」でない「風呂」をながめながら湯上がりの迷想にふけってみてはいかがであろう。

図－1　水浴（絵壺から）

ホーマーから600年たって医学の父ヒポクラートは、ギリシャにおいては、浴場の発展がまだ非常に制限されていたと記している。個人の浴場はごくまれにしか見られなかった。紀元第1世紀頃から浴場は増えてきた。アテネの青年達は毎日少なくとも一度は夕食前か午後かに風呂屋に行くことにしていた。風呂屋は閑人と蕩兒との集会所であり、食事や遊戯などにも耽った。この図のごとく、婦人は柱廊の形をした建物の内部で浴した。様々の動物の頭から噴出する水に浴しながら、足を半分まで水に浸して、立ったままで入浴した。ある浴槽は遊泳場になっていて、泳ぐこともできた。ギリシャでは入浴は健康を増す方法でもあり、婦人達の美しさを増進させるものと考えられていた。

図－2　ビーナスの沐浴

(b)　18 世紀後半、ロココ時代の入浴。（Le.Beau 模写図）

(a)　ルイ15 世様式浴室（模写、カタログイラストから）浴槽はますます家具化してくる。浴槽内の背・肘部などは、クッション入りで張られたりした。

図－3　家具化する浴槽

（昭和63年7月3日、朝日新聞から）

図－5　楊貴妃の風呂

身分の高さと湯船の低さの実例。

図－4　風呂桶と梯子

ある風呂の研究者が「湯船が低くなる程、身分は高くなる」と言ったが、その通りで、昔の浴槽はどこの国でも床の上に置いていたことと、湯船自体が深かったので、どうしても浴槽の中にまたいで入るには、最低でも踏み台か、図のような数段のハシゴが必要であった。中国の「楊貴妃」の風呂は、地下深く掘り下げてあった。

図－7　これは「掘り下げ浴槽」の形式――浴室の床より湯舟が下がっているもの（模写図）

ある風呂通の人が言ったセリフであるが「湯舟の設置レベルが低いほど、その人の身分は高くなる」この言は、けだし、名言である。なぜかと言うと、湯舟を掘り下げる程に工事費がかさむからである。

図－6　14世紀の家庭の入浴（模写図）

この頃、桶に板を渡して飲み食いすることは、一般に行われていた。

図－8　イスラムのハマム（HAMAM）

1500 年代につくられたイスタンブールのハマム。蒸気室、洗い場、マッサージ室を兼ねた部屋、ハララ（HARARA）の様子。（MIKKEL AALAND 著『SWEAT』より）

図・写真引用元は以下の通り

図 -1、2、6／「世界浴場史」ドクトル・キャバネ著、矢口達訳、国際文献刊行會、1928 年
図 -3、4、7、8／風呂の歴史の本から
図 -5／「朝日新聞」、1988 年

テーマ 12 不浄の空間 ——トイレについて

よく、旅先のホテルのトイレなどで目にするのが小型の「聖書」である。知人などで新聞を持ってトイレに入る人も少なくはないようである。

ノーベル賞受賞の湯川秀樹博士は、トイレの中に書棚を付けて、それを活用していた。中国の宋代に欧陽修という政治家がいて、官職を辞したとき、「帰田録」という書を著し、その中で氏が文章を考えるのは「三上《さんじょう》」すなわち「馬上、枕上《ちんじょう》、厠上《しじょう》」だと書いた。現代風に言うなら「車の中、ベッドの中、便所の中」ということになる。日本では昔から便所のことを「思案所」「分別所」などと呼ぶ人もいた。最近では、トイレをミニ書斎のようにしたり、画廊風にした例なども見られる。米国の有名な女性インテリア・デコレーターは「トイレは小さな一つの居間と考えなさい」と言っている。近年トイレが注目され『トイレ革命』は第一段階、第二段階、そして今や次の第三段階に突入していると言える。この辺で今まで機能優先で走ってきた進行を「文化的側面」にも光を当てて見なおす必要がありそうである。

少々時代をさかのぼってみると、一八世紀の英国ではまだまだ都市のインフラとしての下水道などができていなかったので、街路は「青空便所」のような有様であった。広く行われていた方法は「何もかも道路に」であった。住民は昼夜の別なく、汚水、雑多なゴミ、尿、そして便でさえも窓から投げ捨てていた（**図－1、2**）。一応、投げるときに「水に御用心！」と予告の声がかかるのは通行人が極めて運のよいときだけであった。このおまるの中身を頭から浴びせられた高貴の人の逸話は絶えまない状態であった。この当時、セダン・チェアという、日本でいう「かご」のような乗り物（**図－3**）がはやったのも、高貴な婦人だちのロングドレスや髪や帽子、クツなどが汚

図－1　しびんの中身が不法に廃棄される、なんともひどい光景を描いた中世の木版画

図－2　ホガースの「夜」（『一日の4つの時間』より。1738年）

アン女王時代（18世紀初頭）のエジンバラの早朝風景であるが、夜中に用を足した糞尿を上階の窓から街路に捨てる人は、あらかじめ「そら、水がいくぞ!」と叫ぶのが礼儀だった。「頭上にご注意!」とも言った。夜ともなれば、あたりは臭気ぷんぷんで、市の番人の掃除を待つしかなかった。図－3の「セダンチェア」が、貴婦人方に愛用されたのも、実はこうした道路事情によるものだった。

図－3　「セダンチェア」という日本の「かご」に当る乗り物

この名は、北フランスの毛織物の町から来たとする地名説と「sedere（座る）」の意のラテン語から来たとする語源説とがある。

れないためでもあった。

1985年、パリ市は1871年のパリ・コミューンの火災で焼失した市庁舎の再建百年の華々しいお祝いに豪華な写真入りの「市庁舎要覧」を刊行し、暖房、照明、電話、エレベーターなど数々の「最新技術設備」に至るこの建物に関するあらゆるものを紹介したのだが、本の著者達はただの一度も、そこに備わっていたはずの衛生設備については言及しなかった。これは一九世紀のブルジョワジーを特徴つけている「あの生理的欲求軽視の傾向」を考えるとうなずけることでもある。

他の例にもふれれば、「ヴェルサイユ宮殿」の栄光を讃えた無数の書物には、ほぼ例外なく1789年まで宮殿に出入りしていた数千の人々が毎日排泄していた「腸内物質」に関する微妙な問題は避けて通っていた。数十脚の穴あきイス（便器）と、緊急の場合はル・ノートル作の「庭園の茂み」を利用して用を足す以外には、何も本格的工夫はなされていなかった。

あの有名な「パリ・オペラ座」でさえ、この建物の建築家であったシャルル・ガルニエは、このオペラ座について自ら執筆した論文の中で驚くべきことに、次のように書いていた。「洗面器と水壺の問題は建築に含まれているとは言え、建築に革命を起こす性質のものではない」と。すなわち当時の民衆は各人が「用心する」か、あるいは何時間も「我慢する」か、そうでなければ自分の「容器（おまる）を持参する」以外にはなかった。

帝政ロシアでも同様で、革命の初期にこうした悪習慣からの肉体の解放を目標にして「一瞬の我慢は数年間健康を損なう」という巨大なポスターが貼られたりもした。

一九世紀の後半、人間の排泄物の処理に多大の関心を示した建築家フランソワ・リジェによれば、二十四時間に一人の人間の出す尿量は一二五〇グラム前後で年当たりにすると四五〇キロになり、固形物に関して別の資料によると一日あたり一二五～一六〇グラムで、これらは「減産不可能」で、人口増加と共に確実に増え続ける「自然の産物」とも言える。

それではこうしたものを昔はどう処理してきたのだろうか。世界の各地の民族には、各々異なった便所の様式があった。それぞれの地方の自然の状態と民族固有の文物などの影響を受けながら、社会の進展につれて常に変化してきた。水の豊かな湿潤地帯にはW・C（ウォータークローゼット　水で処理し、かがむ方式）、そして内陸の乾燥地帯では、D・C（ドライクローゼット　火や風や大気、土で処理し、腰掛け式）と、大別するとこの二つのタイプに分かれる（細かく見れば変形などもある）。

日本では便所を「厠、かわや、川屋」というように、古代社会では川のほとりや川の上の小屋などで汚物を川の水に流す方法が主であった。身を清める「水浴」とともに、水の「浄化作用」を神聖視してきた。

また、中国などでは「豚便所」といって、トイレの下が豚小屋の一部になっていて、豚は人糞を食べて肥え、人の食用となり、次に豚の糞尿は農業の肥料になるという具合である。

また、砂漠地帯の遊牧民などは、ラクダや牛馬などの糞は乾燥すると木がないので「マキ」代りに燃料にしていた。このような地帯はD・C（ドライ・クローゼット）に属する。日本でも茶室では「砂雪隠」といって砂の上に用を足すのは一種のD・Cと言えるであろう。ペットの「猫便所」もまさにD・Cである。

日本では明治になって欧米の水洗方式が輸入され、今日にまで至っているが、よく考えてみると、水や紙を大量にムダ使いしながら、糞尿中の資源も同時にムダにしているとも言えよう。省エネの時代にあっては、一見、近代的で衛生的かつ合理的、理想的とも思いつつ、何の疑問もいだいていない現代の「水洗便所」は、真に理想的なのだろうか？

この辺で始源の「不浄処理」に思いをはせてみるのもムダではない。

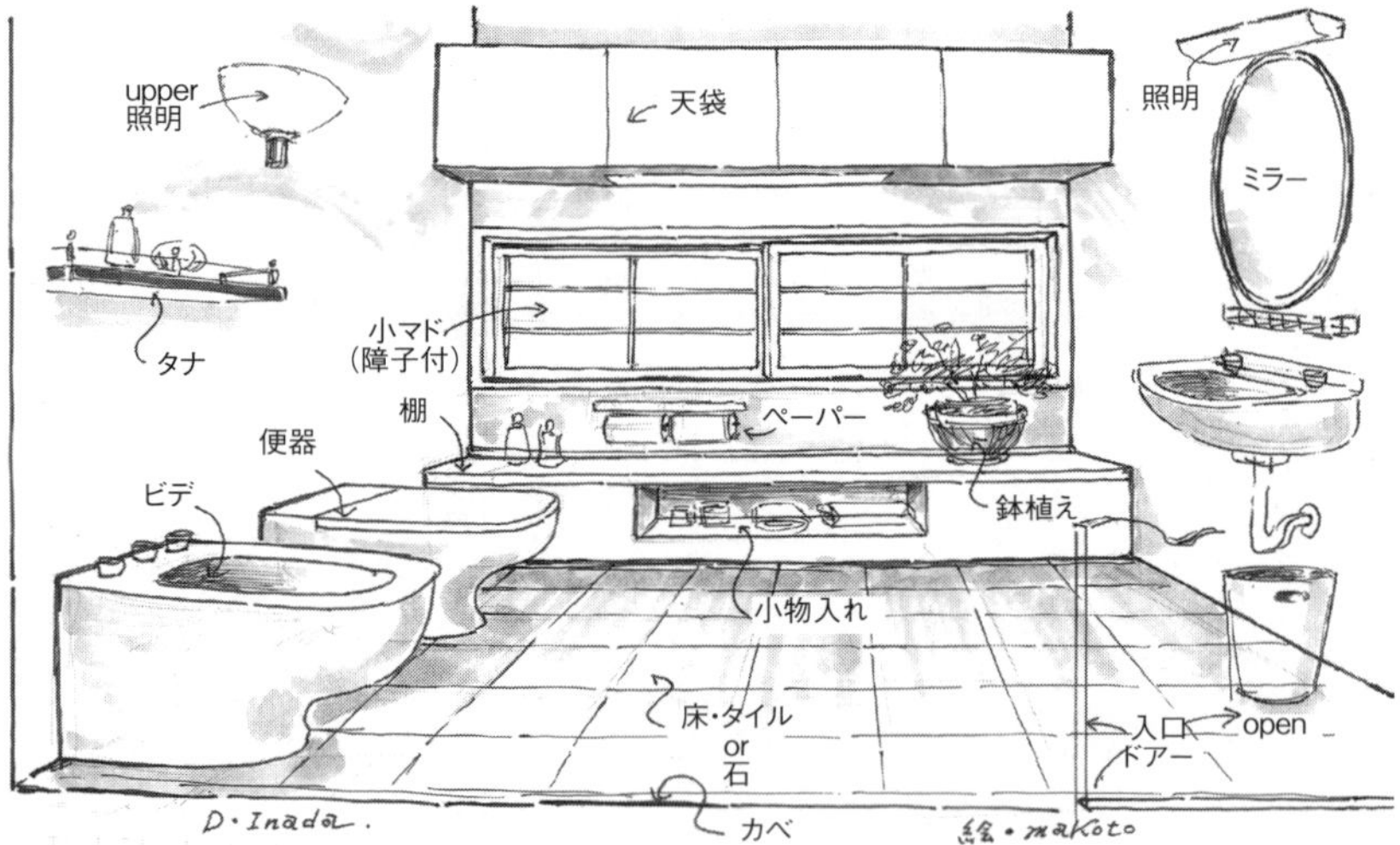

現代的なトイレ——トイレはリビングルーム

米国の著名な女性インテリア・デザイナーは言った。「トイレはリビングルームと思いなさい」と。まさに当を得た言だと思う。以前、銀座の資生堂パーラーは、建築家・故 谷口吉郎の設計であったが、図のように障子付きの横長の小窓があって、私はとてもお気に入りだった。

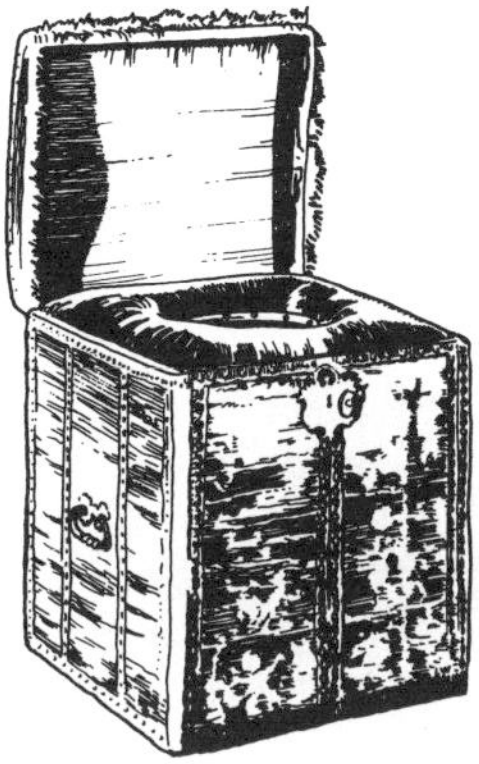

図-4　エリザベス1世が用いたという「便器いす」（ポータブル・トイレ）。このような発想は世界共通で日本の江戸時代にも大名用のものがあった

図-6

図-5

中世の室内用便器で「チェインバーポット」と呼ばれるもの。日本の「しびん」のようなもの。用をすませた中身を図 -2 のように窓外に捨てていた。

図-7　17世紀の「ナイトマン（汲取屋）」（イギリス）

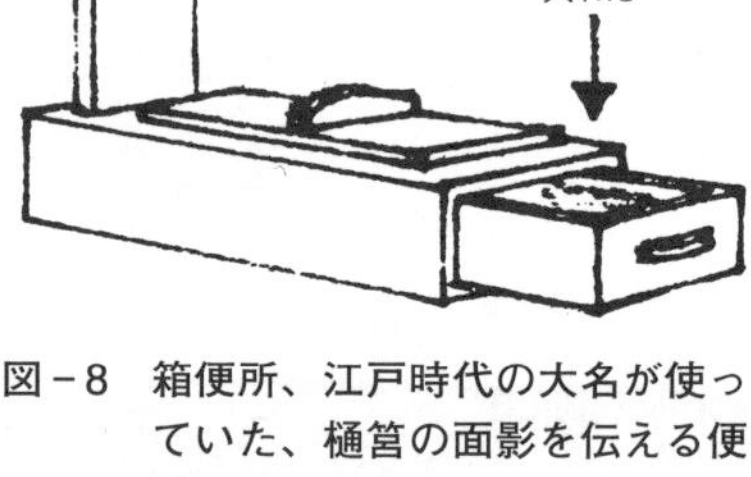

図－8　箱便所、江戸時代の大名が使っていた、樋筥の面影を伝える便器（ポータブル・トイレ）

図－9　パリ市、彫刻家マルタン作の鋳鉄製1人用小便所1865年、フォーブール・サン＝マルタン通り

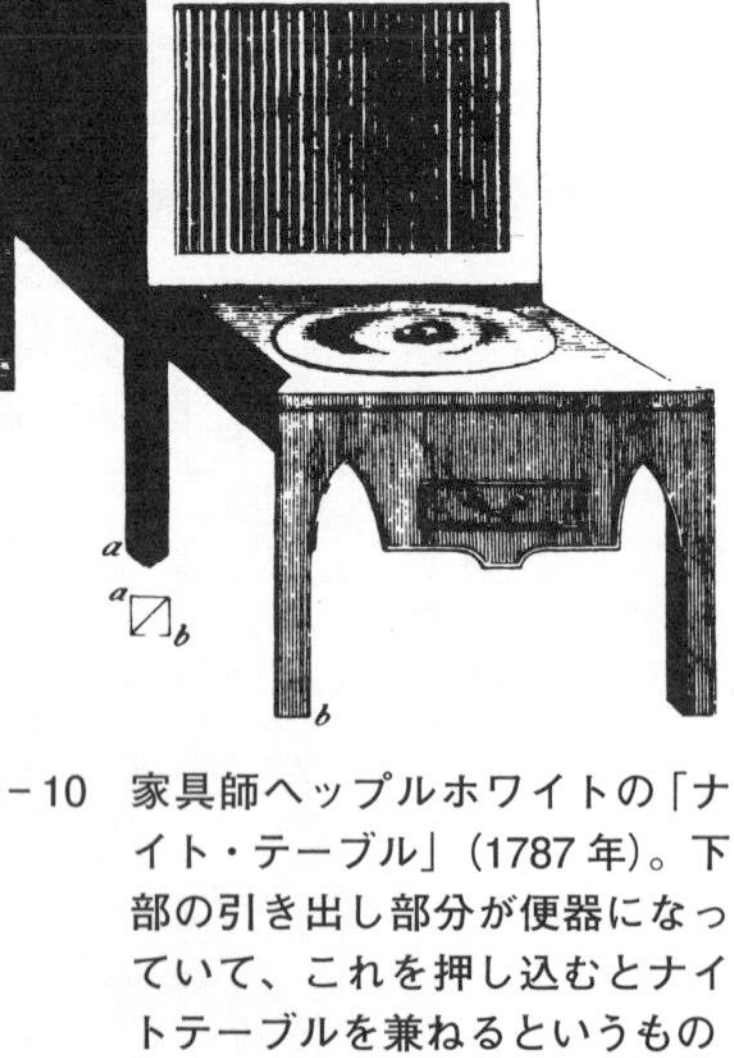

図－10　家具師ヘップルホワイトの「ナイト・テーブル」（1787年）。下部の引き出し部分が便器になっていて、これを押し込むとナイトテーブルを兼ねるというもの

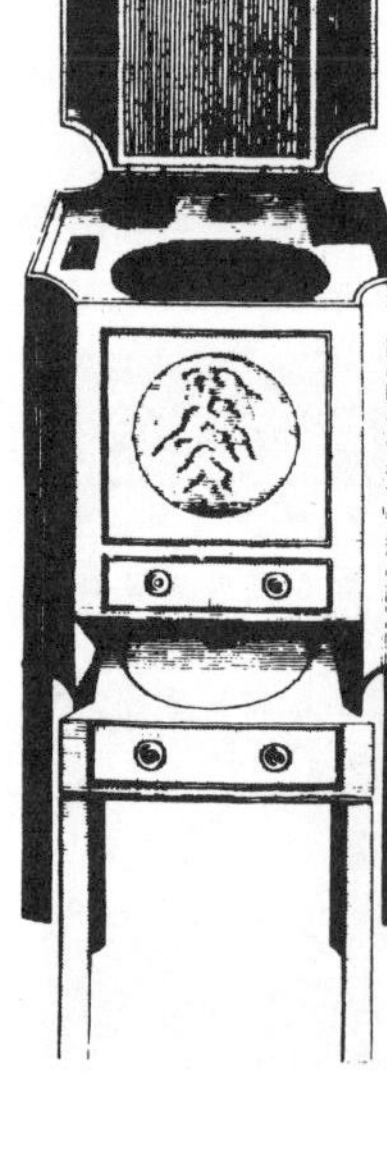

図－11　家具師ヘップルホワイトの「シェービング・テーブル」（1787年）。下部の引き出し部分（便器）を押し込むとひげそり、化粧台になる

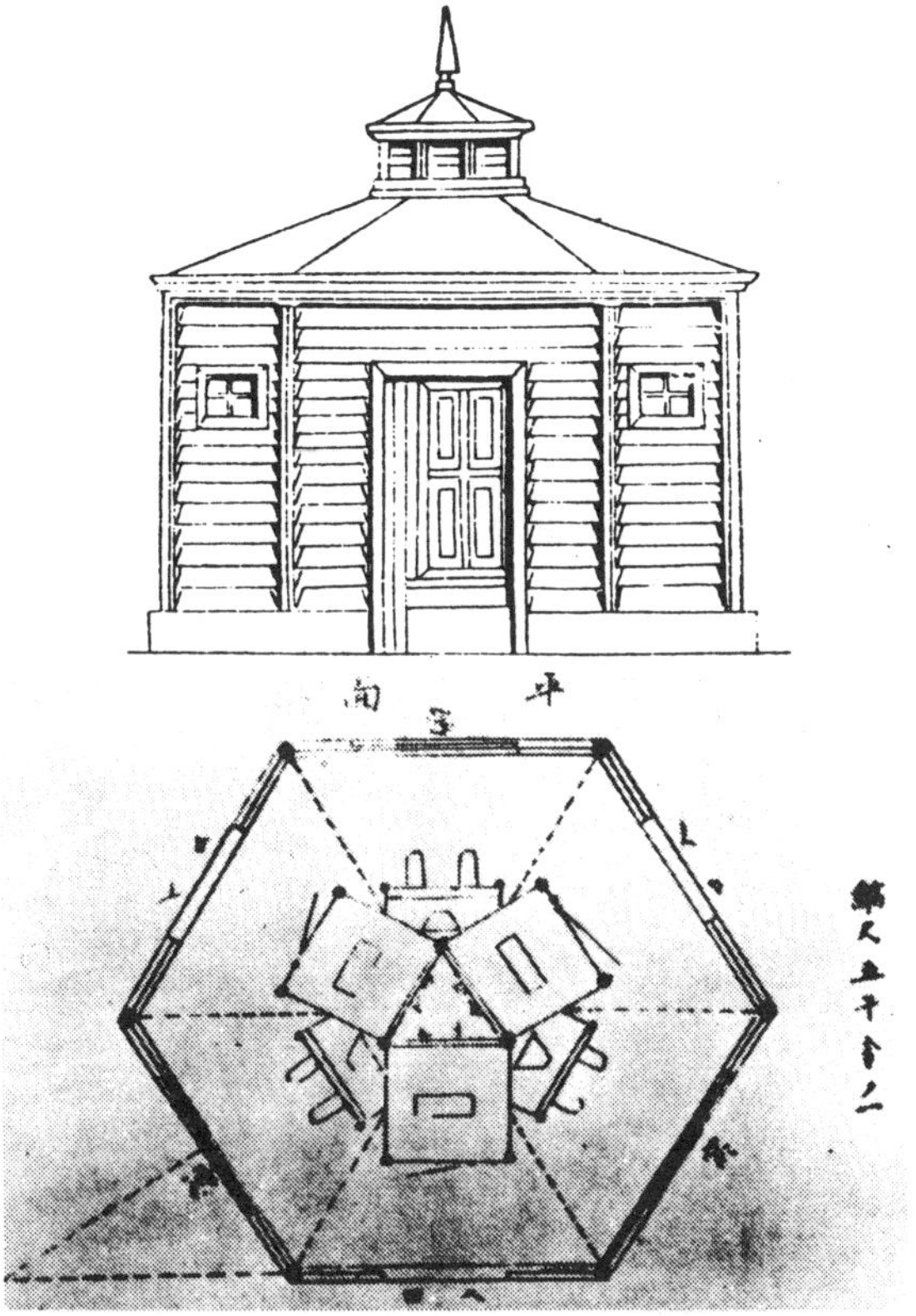

図－12　『図説・厠まんだら』から横浜の公同便所、立面と平面図

図・写真引用元は以下の通り

図 -1、2、4、6、10、11／「風呂トイレ讃歌」ローレンス・ライト著、高島平吾訳、晶文社、1989 年
図 -7／「工芸ニュース、4」工業技術院産業工芸試験所編、丸善、1968 年
図 -8／「物語ものの建築史　便所のはなし」、谷直樹・遠州敦子著、鹿島出版会、1986 年
図 -9／「トイレの文化史」ロジェ＝アンリ・ゲラン著、大矢タカヤス訳、筑摩書房、1987 年
図 -12／「図説：厠まんだら」伊奈ギャラリー企画委員会企画、李家正文監修、伊奈製陶、1984 年

テーマ 13

鏡を通して何を見るのか？——鏡の家具とインテリア

鏡は英語でMIRROR、フランス語ではMIROIRと言うが、ラテン語の語源「MIRARI」の意味は「いぶかる」という意であり、このラテン語から生まれたイタリア語MIRAREは「見つめる」という意味だった。これらの語源的意味は「ナルキッソス神話」の、水面に映った人影に「あれ、これは誰だ」とまず「いぶかり」、次には「見つめる」という鏡の機能をよく示している。

中国、日本の「鑑《カガミ》」という字も、金属の容器に入れた水に、上から臣（目の象形）とケ（マユゲ）がのぞいている字形で、「ミラー」とほぼ同じ字義を持っていた。

人間は、おそらく、かなり昔から長い間、水面に映る自分の姿を不思議なものと思っていた。その後、銀や青銅などを磨いてつくった金属の鏡を使うようになったが、そうなってからも「鏡」というものに対する「畏怖感」はとても強いものであった。すなわち、「鏡」には「霊力」のようなものがあると信じていたために、さまざまの「オカルト的な鏡」も発生することになった。例えば「吉凶を予見する鏡」とか「未来を予見する鏡」などで、こうしたものは「占い師」などの愛用品の一つでもあった。

西洋のシンボル学では、人の像を映す鏡は三様に区分され、その一つは映像を「そのまま正しく」映す場合、二つめは、心理的に「良く見せる」場合、三つめが「悪しき面」を強調する場合などであった。最初の場合は、婦人用の化粧鏡のように、正しく見せながらも「虚栄」や「自己陶酔」も引き起こした。二番目の「良く見せる」ときには、理想像を示唆し、「典型」とか「模範」を映し聖人などの中世キリスト教の「鑑」がその例でもあった。三つ目は愚行を暴く「鏡」であり、愚者の姿が映し出された。これは、ルネサンス文学などに多出し、ひびが割れていたり逆向きの映像が現れたりした。鏡は女性の持ち物としては「処女性」や「貞節」を示したが、「ひび割れた鏡」は女性の「悪徳」や「背徳」をも示した。こうした「シンボル」的意味を考えると「鏡」が「人」といかに長いことつき合ってきたかが良くわかる。

「化粧は女の命」などとも言われるが、一八世紀の男性の苦情を記した記事に「ドレッシング・テーブル（化粧机）の中に入っているものは、櫛、ブラシ、髪粉、髪油、香水、紅、つけぼくろなど。まさに女房の変装用の七つ道具なのだ」とも述べている。かつて、一八世紀のロンドンに住んでいたフランス人マーガレット＝ラッド嬢などは、彼女のとりことなった紳士諸氏のためなら、化粧にはいくらでもお金を使いたいと言って、彼女の「美しくなるための執念」の結晶ともいうべき有名な化粧机―「ラッドのドレッシング・テーブル」（**図1-5**）を生み出した。まさに、「女心の権化」とも言うべき一品であった。これに続いて、著名デザイナー、トーマス・シェラトンも複雑な構造の「婦人用キャビネット・ドレッシング・テーブル」をデザインした。当時はまだ電灯はなかったので、キャンドルのほのかな光をたよりに、男性のために「変装」に思いを込めていた。ラッド嬢のみならず、多くの女性たちは長い時間をかけて入念な化粧をしていたので、いずれはこの時間を利用して、男どもの集う場所ともなり、宮廷などでは、こうした「ゴシップ」のささやきが絶えることはなかった。

「鏡よ鏡、この世で一番美しいのは誰じゃ？」と鏡に向かって問いかけた「白雪姫」の継母の姿を想い浮かばせる場面である。最初に記した「水鏡」以来、鏡は人間の生活の中で、大変重要な役割を果たしてきた。「金属鏡」はすでにエジプトの婦人たちが用いており、「出エジプト記」にも引用されている。

今日までに、とても多くの鏡がつくられ、家具、什器、そして建築の内装などにも多用されてきた。一五世紀にベネツィアで大型の鏡が開発され、次第に大きな鏡が用いられるようになったが、フランスやイギリスにお目見えしたのは一七世紀の初頭である。かの「ベルサイユ宮殿」の「鏡の間」などは、まさに大型鏡、すなわち大型板ガラス製造技術が大きく向上したことを物語るものであった。

ルイーズ・キャロルの『鏡の国のアリス』では鏡の向う側（ウラ側）に反対の世界を想像し、少女アリスが暖炉の上の大きな鏡を通り抜けて「鏡の国」に入り込むわけだが、反対ということで鏡が左右反対であるならどうして上下は反対にならないでそのままなのであろう。このことについては、朝永振一郎著『鏡の中の世界』（みすず書房）によると、説明がとても難しいのだそうである。

こんなことから見ても、どうも「鏡は魔物」と言えよう。鏡は人が自己の姿をそこに見るわけだから、私達に絶えず「自己を反省させ」てくれる「教師」とも言える。鏡に映る自分がいつも正しく映ってくれるよう願ってやまない。

「おお、鏡よ鏡」「私たちを未知の国まで案内しておくれ」。

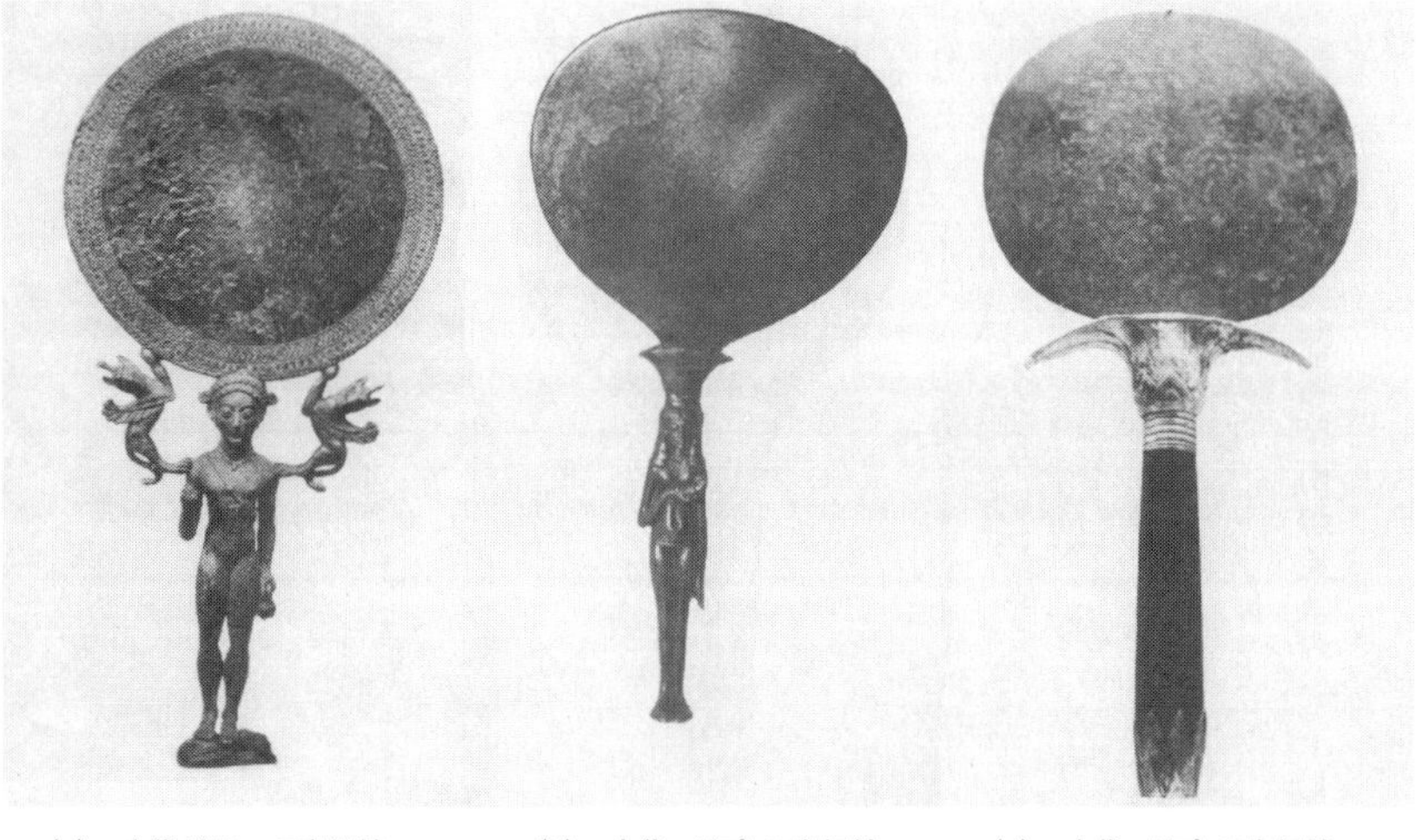

(c)　古代ギリシャの青銅鏡　紀元前 6C

(b)　古代エジプトの青銅鏡　紀元前 13C

(a)　古代エジプトの青銅鏡　紀元前 16C

図－1　古代の手鏡

古代エジプトの中王国の第 17 王朝（前 1652 年頃）の古墳から柄付きの青銅手鏡が発掘されている。これらの金属鏡がいかにしてつくられたかは不明だが、それらの鏡がその後周辺の国々に伝播し、地中海地域にも同様の柄付き鏡を普及させることになった。これらが元となって、西洋諸国に鏡の「伝統形式」を形成していった。「出エジプト記」にも、婦人たちが用いた鏡が引用されている。

中国では金属鏡の出現は春秋時代からであり、世界最古の鏡はメソポタミア、古代エラム王国（紀元前 2500 年頃）の柄付きの円鏡である。

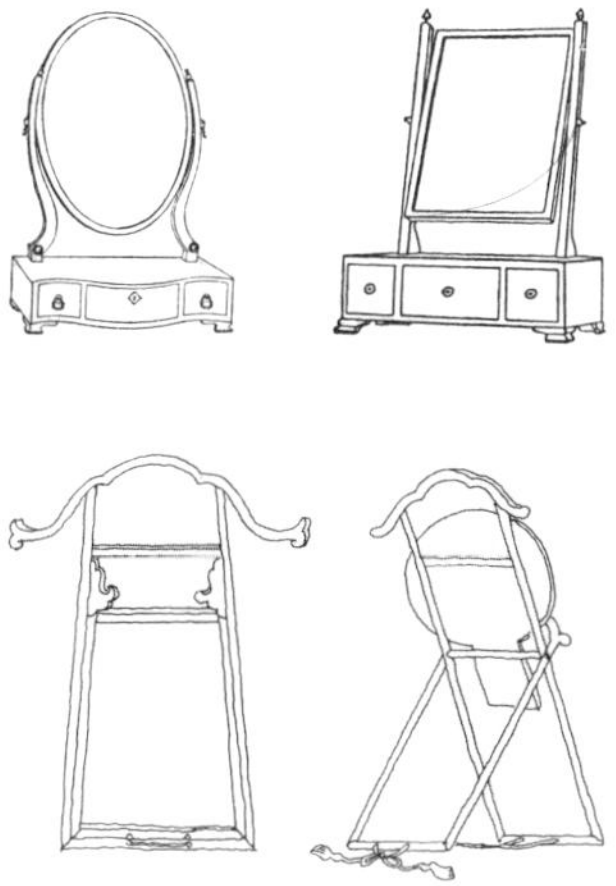

図－3　日本の鏡台（鏡立て）

図－2　蒔絵などで美しくつくられた鏡台
（『春日権現験記絵』）

図－4　レオナルド・ダ・ヴィンチと鏡

人間を追求することを主目的とした「芸術」でも「鏡」は重要な役割を果たしていた。ダ・ヴィンチは鏡という心情的な反応を人の心の中に呼び起こさせるツールを、冷徹に、しかも科学的に利用して、みごとな「絵画論」を生み出した。その中の「如何にして鏡は画家の師たり得るか」の項で「君の絵が、君が写生した対象と限りなく一致しているか否かを調べようと思うときは、鏡を執って、その中にある実物の映像を見、この反射された映像と君の絵とを比較するがよい。—中略—、君は鏡—即ち平面鏡を君の指導者となすべきである」と。彼は自分が突き出した自分の腕の向う側から見た奥行感を出すための習作デッサンなどにも鏡を用いていた。

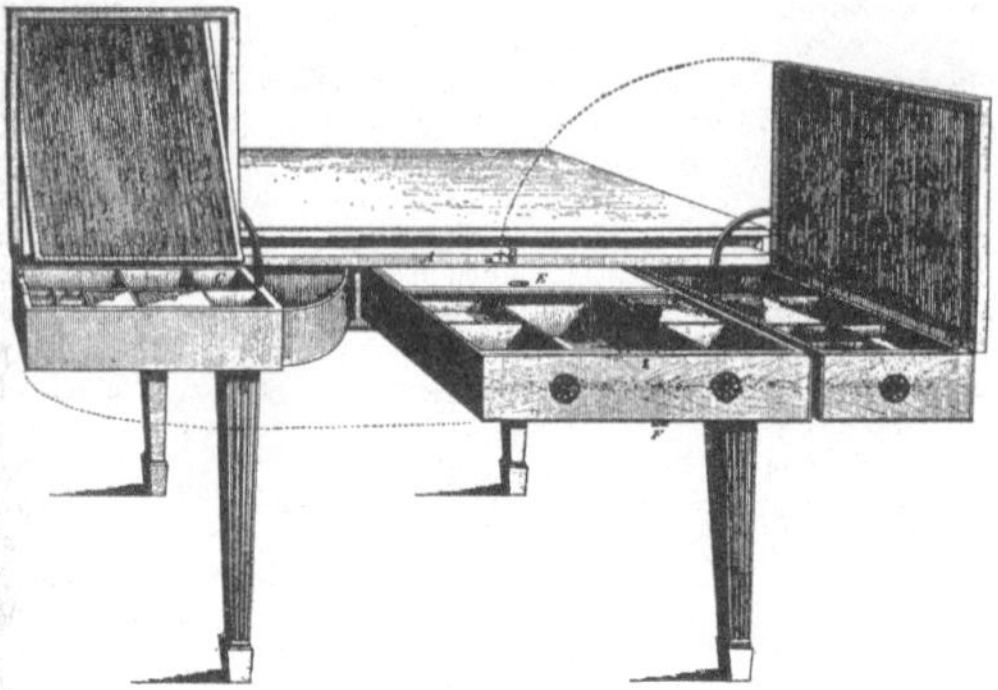

図－5　女性のための化粧机「ラッドのドレッシング・テーブル」

「化粧は女の命」、いつの世でも他人と会う場合、身支度をととのえ、相手のためにも晴々とした表情に、自分のためにもすがすがしい気持ちでと願う心は今日でも変わりはないでしょう。18世紀にロンドンに住んでいたフランス人 マーガレット＝ラッド嬢が自分のパトロンたちのため、「美しさこそ、我が命」と彼女の化粧への執念が生み出した「ラッドのドレッシングテーブル」。さらに美しく変身するための七つ道具が収まる数多くの引出しや、用のない時には倒してしまい込める鏡、そして全部しまってしまえばライティングテーブルに変身し、ラブ・レター用にも利用できた。この当時にあっては、まさに「魔法のテーブル」であった。

図－6　鏡箱
（『春日権現験記絵』）

図－8　鏡で演技を試みる女優

図－7　持ち運べる「化粧箱」

図－9　ヴェルサイユ宮、小トリアノンの「音楽サロン」

壁に取り付けられた大型の鏡が、さらに空間を拡大する。

図－10　ヴェルサイユ宮殿の大トリアノン内「鏡の間」

17 世紀になって「平面鏡」が大量生産されるようになると、鏡が建築内装の装飾効果を高める重要な意味を持ちはじめ、「空間イメージの大変革」が起ってきた。16 世紀にも「鏡の間」は実現はしていたが、1599 年頃メディチ家からフランス王に嫁したカテリーナ・デ・メディチが宮殿の一室に 119 枚のヴェネチア鏡を張った時には、同寸の名画、三枚分の価格であったという。こうして「鏡」は金持ちの王侯夫人たちの間で「虚栄を誇示」するツールともなっていった。

図・写真引用元は以下の通り

図 -1／「鏡［虚構の空間］」由水常雄著、鹿島出版会、1978 年
図 -2、6／「家具と室内意匠の文化史」小泉和子著、法政大学出版局、1977 年
図 -3／「BOOK of BOOKS －日本の美術　和家具」、小泉和子著、小学館、1977 年
図 -4／「レオナルド・ダ・ヴィンチの繪畫論」杉田益次郎著、アトリエ社、1941 年
図 -5／「THE CABINET-MAKER AND UPHOLSTERER'S DRAWING-BOOK」THOMAS SHERATON 著、DOVER PUBLICATIONS,INC.
図 -7、8／著者イラスト
図 -9、10／「ヴェルサイユ」ジェラルド・ヴァン・デル・ケンプ著、リラ・ルリーブル（山田リラ）訳

テーマ

14

食べる空間——食卓の周り

現代は、「グルメ」の時代とも言える程、日本でも、世界の国々でも、美味な料理は、人々の関心事となった。とにかく、おいしいものを口にする幸せは何物にも代えがたい。「共に食事をした人」はその時から「真の友」と言えるほど、「一緒に食事をする」という行為は、人と人とを強い絆で結びつける。太古の時代からこの「会食」という行為は、いつの世でも、人間の歴史の場面場面で重要な役割を果たしてきた。イエス・キリストの「最後の晩餐」の場面であっても、会食が主役であった。おそらく有史以前の岩屋の中でさえ捕獲した獲物を、いろりの火を囲んで味わっていたことも想像できる場面である。

現代では、どこの国でも、台所とか調理場という場所が区画された部屋の中に納まって、「kitchen（台所）」という名称を付されているが、その昔には、たいていの国々では、「居間」のような大部屋のほぼ中央に「いろり」のような「火床」があって、「マキ」などの燃料を燃やして、その「火」が「調理の熱源」ともなり、「暖」をとる暖房の「熱源」も兼ねていた。火をおこすことも大変だったので、一度燃えだした「火」は、これを守って「火をたやさない」ということも大切なことであった。日本の仙台近くの古いしにせの旅館で、今日でも、何十年も「火をたやさず」に守っている、めずらしい旅宿があるそうで、そのぐらい「調理」にとって「火」は欠かせない存在であったが、今や「電磁プレート」などの文明の利器（?・）がはばかって、その使い道は、「パックの料理」をあたためるのみ、というのでは、太古から続いた「料理の進歩」が逆行しているようにも思えてくる。ある偉い人が言っていたが、「進歩」とは「手抜き」のことだと。

さてこの辺で、手抜きでない古い時代のことも見て、考えてみよう。現在でも世界中の国々の中には、こうした料理などにも用いる「火床」が生活に生きている国も多く見出せる。そのぐらい「火のありか」は重要であったと思う。

話はちょっとずれるが、現代でも、建築の劇場用語で、「フォワイエ（Foyer）」という専門用語があるが、これはフランス語でまさしく「火床」を意味している。建築辞典を引くと「前室」という訳語だけがでている。ではなぜ「火床」の意の「Foyer」が「前室」ということになったのかというと、昔、暖房設備がまだなかった頃には、オペラなどの幕間に、冷えきった体を暖めるために、こういう前室に必ず設置されていた「火床」の暖炉のところに人々が集ってきた。もともと「前室」の意ではなかった「Foyer」が「前室」になったという経過である。この一事をもってしても「火床」の重要性を思い知らされる。

次に、食卓周辺に目を移してみると、「ナプキン」、「テーブルクロース」、「ドイリー」、そして「ナイフ」、「フォーク」、「スプーン」、日本では「はし」、「銀器（シルバーウェア）」、そして「おわん」や「お膳」、「食卓」、「ダムウェーター」、etc、……そして「行儀作法（マナー）」など、数えあげればきりがない。

食事の支度をする場所（部屋）のことを、英語では「kitchen」と言っているが、ヨーロッパ系の各国では、ほぼこの語に類似した、同型の語源から派生した言葉を使っている。この「キッチン」は、もともとは、「火を囲んで、家族が集まる場所」を示す言葉であった。当の日本では、昔から色々な呼び名で呼ばれてきたが、一般名は「台所」である。これは、もともとは、中世以降の、貴族、武士などの大きな屋敷の配膳室であった、「台盤所」を略した言葉であった。食事をつくりながらも、婦人達が、ほっとくつろぐ場でもあったわけである。こうした場所を、「とりしきる夫人」のことを「御台所《みだいどころ》」と言い、こうした場所が、おおむね、北側に設置されていたところから「北の方」とも呼ばれることになった。ヨーロッパなどでは、昔は「キッチン」の中で働く調理人などは、まちがっても家族が食事をする場所に出てくることはなかったが、世の中が近代化することにしたがい、メイドなどが雇えなくなり、主婦が「キッチン」に立つようになってきた。すなわち、「kitchen」のオープン化は、主婦が「キッチン」の中で、「下働き」をすることに「合意した」ことを意味していた。

食事臺《テーブル》
西洋人ハ箸ヲ用ヒズ肉類其外ノ品々大切ニ切リテ平皿ニ盛リ銘々ノ前ニ並ヘタルヲ右ノ手ニ庖丁ヲ以テコレヲ小
敷物《テーブル、コロース》

図－1　「西洋衣食住」（ポケット版）1867年の「食事臺」
この本の著者は、福沢諭吉の弟子であった片山淳之助で衣・食・住の三部だてで西洋風俗とエチケットを絵入りで説いたもので木版刷りの和本である。実際には諭吉自身の筆になるものとされている。

絵・makoto

(b)　16、17 世紀には、指を使って食べるのが習慣であったため、ナプキンを欠かすことはできなかった。麻のナプキンを折りたたむ装飾技術は、特にこの時代に発展した。――1944 年に、ノルディスカ博物館で開かれた『麻展』で展示された、芸術的に折りたたまれたナプキンの例。

(a)　ナプキンの形
正式なリンネルのナプキンは常に「白」である。しいて色物を用いる時は、昼食、ティータイムに限る。ナプキンを芸術的な色々の形にたためることが、料理長の資格であった時代もあった。「Napkin」は英語で、フランス語では「Serviette」セルヴィエットという。イギリスでも、ナプキンではなくサーヴィエット（英語読み）のほうが上品とされている

図－2

図－4　モダーンなダマスク（リンネル）のテーブル・クロース

今日でも西洋では、花嫁は「銀製品」と「リンネル製品」を持ってゆく習慣があり、そのいずれにも「モノグラム」（姓名の頭文字を一個の模様に組み合せる）ないし「イニシャル」（姓名の頭文字を並べる）を入れたのが正式である。テーブル用のリンネルは「ダマスク」を正式とし、一流のレストラン、ホテルではそれを用いる。

図－3　ラルース書店版「絵入りフランス語読本」から

家族の皆がナプキンを首にはさんで食事をとる風景の挿絵がのっているが、文章の方には、ナプキンは、膝の上にかけるものとなっている。フランスでも、パリと田舎では生活様式がかなり異なるが、首からかける風習も残っているということ。スパゲッティなどを食べる時などは、油がとぶのをさけるためこうする。

「日本の炊事は何をするにも、苦労を伴った」。水汲み、薪割りに始まり、流しの作業、薪、炭などの微妙な「火力調整」などと、日本の近代以前の炊事作業は、想像以上に大変なものだった。だから、こうした台所を管理する人を「みだいどころ」と言った。やがて熱源が「ガス」に代わり、「瓦斯（ガス）は文明生活のシンボル」となった。

図－5　大隈重信邸の台所

村井弦斎『食道楽』に描かれた大隈重信邸の台所。ガスレンジやガスかまどを備えた文明開化の台所として注目された。大隈邸の台所の右側に、これと同じガスかまどが 3 基置かれている。底が丸い日本の釜や鍋が使えるように東京瓦斯会社が開発、明治 35 年に専売特許を取った。2 升の米が 18 分で炊けると宣伝した。（『瓦斯営業案内』明治 37 年より。所蔵＝すべて GAS MUSEUM がす資料館）

図－6　三代広重画「勝手道具づくし」（明治 12 年頃）

明治 12 年の、遊びながら覚えさせる子供用のおもちゃ絵で、当時の台所道具が正確に描かれている。左中央に置きかまど、その左に黒い火消し壷、下に七輪や木製の流しがある。左上に座って包丁を使っている女性が見えるように、この頃の台所仕事は座式が基本だった。（写真提供＝ GAS　MUSEUM がす資料館）

図－8　座式から「立ち式」の炊事に

座った姿勢での従来の炊事仕事は、いち早く「立ち式」への改善の対象となって、婦人雑誌でも台所設計の懸賞募集を実施した。そこには、当時の主婦の「理想の台所」が描かれている。

図－7　日本、中部地方のいろり

自在鈎は縄式。かまどはまったく使われていない。米の収穫は少なく雑穀のかゆが常食（岐阜県安房峠周辺）。日本は、北海道を除いてほとんどが南の国に含まれるが、冬はシベリア寒気団の影響を受けて気温が低いため、本州中部までは鍋吊り圏である。また、中央の脊梁山脈は南北の交流を阻み、海路による交通が発達するにつれて文化が混入し、庶民の台所も、北のいろりと南のかまどの併用が見られるようになっている。

図－9

古代ローマでは、「トリクリニウム」という「横臥食卓」［三方に寝イスがあり、中央に（円または角）テーブルのセット］で横になって食事をしていた。バーナード・ルドフスキーはその書で「おそらく「最後の晩餐」もこの形式で行われたと想定できる」と言っている。

図・写真引用元は以下の通り

図 -1～4／「食卓の文化史」春山行夫著、中央公論社、1955 年
図 -5、6、8／「にっぽん家事録」雑誌「コンフォルト」2002 年 5 月増刊号、建築資料研究社、2002 年
図 -7／著者イラスト
図 -9／「さあ横になって食べよう―忘れられた生活様式」バーナード・ルドフスキー著、奥野卓司訳、鹿島出版会、1985 年

テーマ15

コージィ・コーナー——部屋の隅を生かそう

「コージィ・コーナー（Cosy Corner）」とは部屋の隅の部分を有効に、しかもそのマイナスイメージを逆転の発想で、より魅力的なコーナーに転換したもので、日本語訳すれば「居心地の良い一角」となる。かなり古い時代から世界の国々で愛用されてきた形式をこの名称で呼んでいる。

一般的に「隅」というのは「重箱の隅をつつく」とか「ホコリだまりの隅」「隅に置けない」などと言われるように、どちらかというと「マイナス・イメージ」に結びつく。その理由には「掃除しにくい」とか「はじっこで使いにくい」「人の出入りがしにくい」、何かに使ってみても「見栄えしない」……等々があるだろう。だからこそ「隅っこ」とさげすまれもする訳である。

人間は「考える葦」で、いかに使いにくかろうと、そのまま放置してはおかなかった。各国の隅の利用の仕方には多少の差こそあれ、ほぼ共通したイメージがあった。

ここで重要なポイントを上げると、使う本人が「居心地良く、くつろげる」ことと同時に部屋の全体の景観として見たときに、何か「違和感がない」か？　という点がとても大切である。「目の上のタンコブ」では困る。どうしても部屋の隅に、ちょっと大がかりな「しつらえ」をつくると、その物が「造り付け」の「造作」のように見えやすいので、デザイン的に全体の「部屋と調和」がとれていないと、違和感が発生しやすい。

単独で置く「イス」などなら、逆に「クラシックとモダーン」というようにむしろアクセントを付けた方が好ましいということもあるだろうが、「コージィ・コーナー」の場合はちょっと勝手がちがう。この言葉は「Corner」と言っているが、別にL型の壁と壁の「スミ」と堅苦しく考える必要はない。むしろ、階段の下など、普通そんなところに「人が居付く」ようには思えないような場所を逆に「魅力のスポット」にしてしまうような「マジック」に近い発想である。だから、その基本に「転換」とか「逆転」というような心理がなければならない。建築とかインテリアというものは、常識の範囲でモノを考えている限りにおいては、でき上がってくるものはいずれも「常識的なモノ」にとどまる。「可もなく、不可もなく」という世界である。たまには上記の「転換」や「逆転」の発想を取り入れて「エキサイティング」してみることも悪くはない。ただし、「下手もの」はいけないけど。どんなに逆転しても「品位」は保たねばならない。ちょっと以前にブームになったイタリアの「ポストモダーン」などには、こうした逆転的発想のモノが多かったのだが、いかんせん、この「品位」に欠けていた。世界中の歴史的なデザインの経過をつぶさに振り返ってみると、やはりこの「品位」と「教養」に欠けたものは、実に短命だが、素朴でありながら、ある品位を保ったものは「永遠の命」を持って生き長らえてきた。

さて皆様方はいかなる道をたどられるのであろうか。

「部屋のスミ」を生かしきるのも良し、「隅」は捨て去って「部屋の中央」におどり出るのも良し。いずれの場合も「品位」を保ちながら。

ちなみに「Corner」には次のような意味がある（三省堂、新グローバル英和辞典による）。

①（外側から見て）（物の）角（かど）、街角、②（内側から見て）隅（すみ）、片隅、一隅、③（中心を離れた土地）辺ぴな場所、地方、④（狭苦しい場所）窮地、つらい立場、⑤（自由がきかなくすること）（商）買い占め（による市場支配）などであり、語源的には、ラテン語の「cornu」＝horn からで「角（つの）のさきが尖っている点」からきている。よくコーナーを見渡して、心地よい「隅」にしたい。

図－1

19世紀中頃のトルコ風（ムーア風）コージィ・コーナー、「Turkish Corner」と呼ばれたもの。特に男性用の喫煙室の壁ずみなどに設置され、話の途中などに身を引いて、しばしのくつろぎを求めたりした。ハイバックなどのシートも多く、後ろに棚などがしつらえられて、銀器やガラス製の装飾品などが飾られ、天蓋などにこった装飾などがほどこされていて、楽しめる要素で満ちていた。しゃれたコーヒーテーブルなどもセットで付いていた。（図は、ジョン・グローグ家具辞典から）

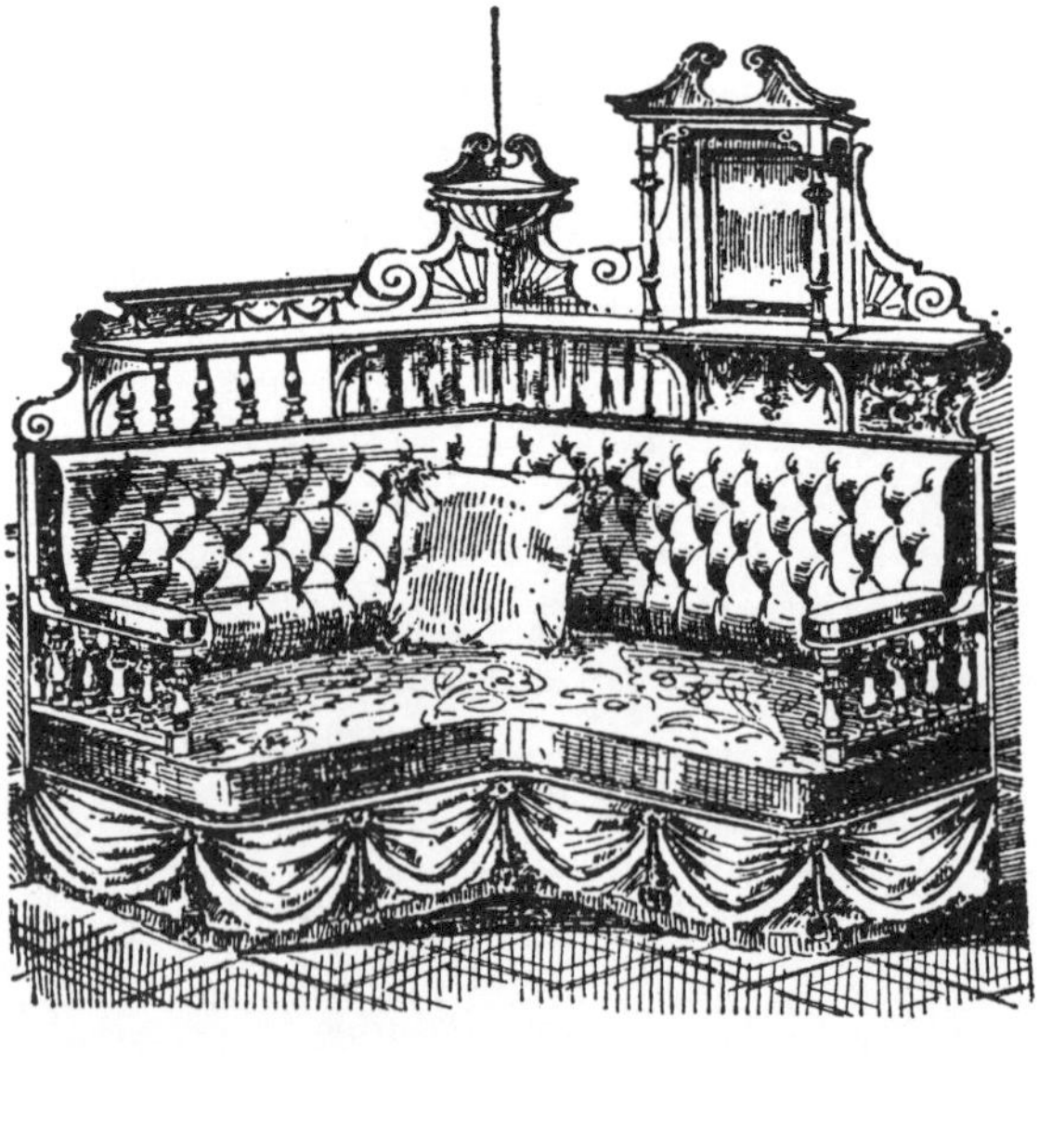

図－2　ビクトリア時代のコージィ・コーナーの2例、1895年頃

「ビクトリアン・スタッフド」と表現されるほど有名な椅子張り方法で「細かいボタン締め」が特徴だった。図－1などよりは簡易型とも言える。

図－3　部屋の隅部に設置された「コージィ・コーナー」　1880年頃

暖炉やしゃれた食器棚などと組合わされたコージィ・コーナーは、ビクトリア朝の標準的な造り付け家具であった。

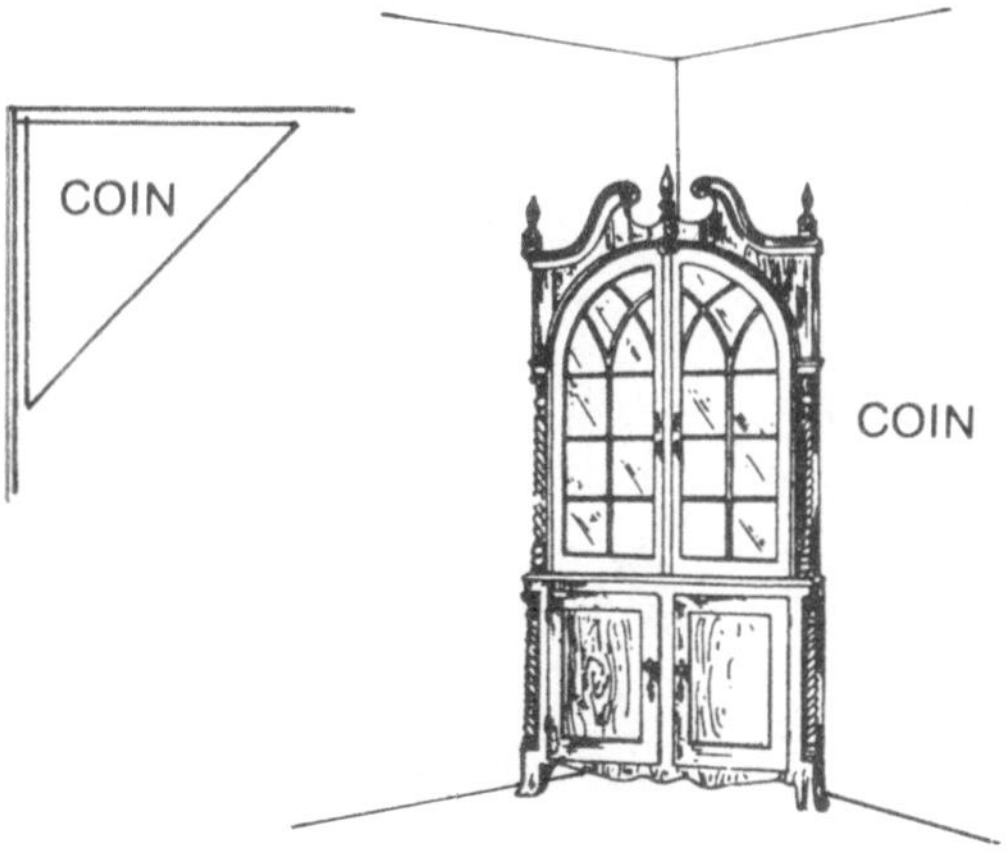

図－4　コーナー家具

図－5　Sir Osbert Lancaster が描いた 1913 年頃の London の住まい風景（部分、模写）

いずれにせよ、部屋の隅を陣取ることは心が落ちつく。

図－6　階段上の隅部をうまく利用した「コージィ・コーナー」

図・写真引用元は以下の通り

図 -1、2、4／「A Short Dictionary of Furniture」By JOHN GLOAG LONDON 1969 年 GEORGE ALLEN AND UNIWIN LTD.
図 -3／「THE ELEMENTS OF STYLE」（図解百科・様式の要素―英米住宅デザイン事典）スティーヴン・キャロウェー編、桐敷真次郎監訳、同朋会出版、1994 年
図 -5／「TWENTIETH-CENTURY, DECORATION　The Domestic Interior from 1900 to the present Day」By STEPHEN CALLOWAY, Weidenfeld & Nicolson London
図 -6／「DECORATING FOR COMFORT」By Teri Seidman & Sherry Suib Coben VILLARD BOOKS NEW YORK, 1995 年

テーマ16 暗やみとあかり——照明を考えてみよう

かつて、フランスの文化相であった「アンドレ・マルロー」は「日本人は影の魔術師だ」という名セリフで日本文化の真相にふれた。これは、日本の文化担当大臣などには、とうてい表現しえない言葉であり、ずばりと日本建築の「あかり」と「影」との因果関係を見抜いていた。

洋の東西を問わず、建築などの「あかり」、「光」の起源をたどれば、奥深い森林の枝の葉影からもれてくる「一条の光」のように人間が暗やみの中に見いだす「希求」の光であったはずである。ゴシック教会の美しいステンドグラスでも、ローマのパンテオンの天窓でも、心の底から求めた真の光であった。いみじくも、谷崎潤一郎は「陰翳礼讃」（1933年）の中で次のように述べた。「もし、日本座敷を一つの墨絵に喩へるなら、障子は黒色の最も淡い部分であり、床の間は最も濃い部分である。私は数寄を凝らした日本座敷の床の間を見る毎に、いかに日本人が陰翳の秘密を理解し、光りと陰との使い分けに巧妙であるかに感嘆する—中略—思ふに西洋人の云ふ「東洋の神秘」とは斯くの如き暗がりが持つ無気味な静かさを指すのであろう。—中略—種明かしをすれば、畢竟それは、陰翳の魔法であって、もし隅隅に作られてゐる陰を追い除けてしまったら、忽焉（こつえん）として、その床の間は唯の空白に帰するのである。」マルロー氏がこの本を読んで言ったこととも思えるのですが、「光の魔術」でなく「影の魔術」としたところに頭が下がる。

「一寸先はやみ」。何か今の世の中を言い当てているように思える言葉であるが、太古から「暗やみ」の中の「光明」のありがたさは想像にかたくない。現代は「夜と昼」の差が感じられない程に、世の中の「夜」が明るくなってしまった。だから、東京などでは「月あかり」などという感覚は死語になりつつある。私たちが子供の頃は「火まわり」に順徊する時は、手燭の「アンドン」がまだ使用されていた。ロウソクの光でさえも、クリスマスか誕生祝いのバースデー・ケーキでしか見られない今日である。高級レストランでも、防火上「生ま火」がタブーとなっている。暖炉やいろりですら、近い将来には、すべて電気式の近代化が「生ま火」を駆逐してしまうのであろう。「文明化」とは、人間の心の中の「想い」や「楽しみ」までも、うばい去る過程をいうのだろうか。事の次第は別として、その昔の人々が日常接してきた照明方法などを見なおしてみることは、今後の私たちのゆくえに少しは役に立ちそうにも思える。

　私は、三十五年程前に、初めてローマに行って、「パンテオン」の建物に足を踏み入れた時の「感動」は今でも忘れることができない。真暗やみの中で、天空の丸い穴から差し込む一条の光が、ほのかに半球体の天井を照らす光景は、現代の建築のどんな豪華な照明よりも、比較できぬ程に「高貴な光」であった。はっきり言って、その一瞬、ローマ時代に戻ったように思った。現代建築の照明を考える人たちは、意識の上では「古代人」に戻るべきだと考える。何も考えずに、東京電力や関西電力の肩を持つ必要はない。「クールビズ」を口にする前にもっともっと考えるべきことはたくさんある。「月のあかり」がとても明るく感じるのは、周囲が「やみ」だったからであって、周囲が明るかったら、何Wの電灯を持ってきたって「うす暗く」感じる。すなわち、「やみ」と「あかり」との「相対性」によって成り立っているという認識を強く持つべきである。最近は「ライトアップ」ばやりで、何でもかでも夜空に浮かび上がらせる「テクニック」が大はやりだが、是非とも、この技術が商売上手な照明屋さんたちの「商売のテクニック」にならないことを望みたい。もう商売は抜きにして、真に「あかり」の真価を問うべき時が来ている。何の世界でもそうだが、商売主体に事をはこべば、それこそ、世の中じゅうが「総暗やみ」になってしまう。

　さて、この辺で、皆さんと「あかり」の真の姿を求める旅に出かけよう。そして、各人の心の中に「ほのかな」いつわらざる「光」を求めてゆきたい。もっと照度を下げれば、眼科病院も少しはすいてきたり、世の紳士淑女がもっと美しく見えるかも知れない。

図－2　歌川広重の描いた「名所江戸百景」

もう、私達が都会の生活から忘れ去ってしまった「月のあかり」が、今の銀座通りの人工照明よりもずっと心地良く、また明るく感じるのは、どうしたことだろう。きっと、アンドレ・マルローが言うように、「影」や「やみ」が残っているからだろう。現代という時代は全ての「やみ」を排除しつつある。

図－4　京都「角屋《すみや》」の「雪洞」と呼ばれる「アンドン」

図－1　ローマのパンテオン神殿

古代ローマ最大の円蓋建築（直径39.5m）、ローマ建築史上、不朽の名作。現在のものは後120年頃、ハドリアヌス帝が再建したもの。当然、人工照明はないが、頂点の天窓から降りそそぐ太陽光は、まさに「神の光」とも感じられる。私が40年程前にローマに行って、この空間に立った時の光の効果のおどろきは、今でも忘れることのできない感動であった。この時程「光」というもののありがたさに打たれたことは未だかつてなかった。それ程、衝撃的な光であった。この建物ができて、二千年近くにもなるのに、こんな感動を与える建築が一つも現れないのは、どうしたことだろう。

図－3

倉俣史朗（故人）のデザインによる「Kシリーズ」という照明、布の形をアクリル素材で表現した秀作。無理矢理、形に「光」を押し込めたのではなく、「光」そのものが形になった、そんな気のする照明器具。

図－6　京都のしにせ「京ほりや」のアンドン看板

ここでも「やみ」がアンドンの光をより強調している。

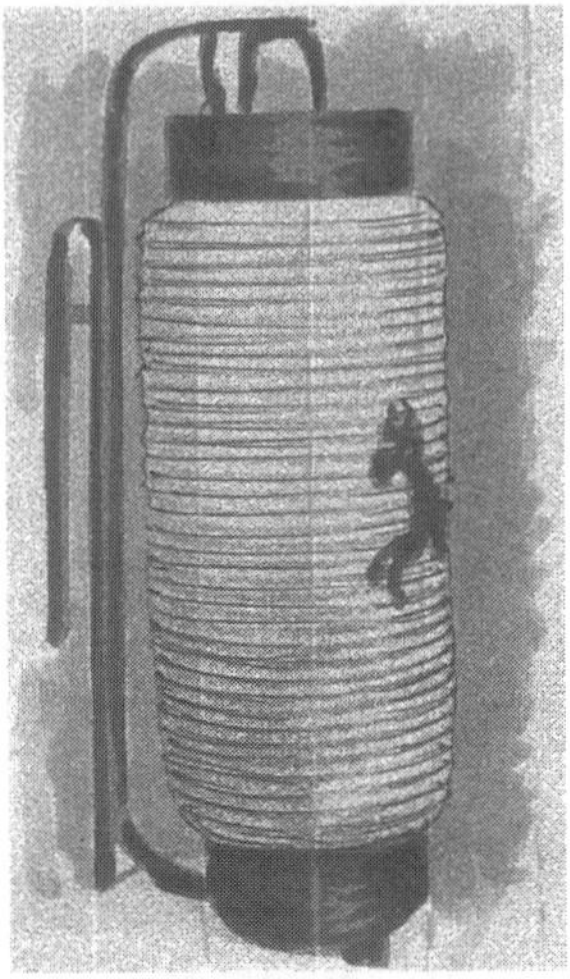

図−5　「手提行燈」—「弓張提燈」とも言った（左右とも）

私が子供の頃は、夜道を歩くには、これを必ず持って歩いていた。

図－7　明治時代のガス燈による街灯

図・写真引用元は以下の通り

図 -1／SIR BANISTER FLETCHER'S A HISTORY OF ARCHITECTURE Eighteenth Edition UNIVERSITY OF LONDON The Athlone Press

図 -2　ヤマギワ・レポート特別号 1「時代様式の変遷と照明器具」執筆　佐藤時朗、1988 年

図 -3、7　ヤマギワ・レポート特別号 2「日本のあかり文化の変遷」執筆　佐藤時朗、1990 年

図 -4、6／古都のデザイン「灯火の美」伊藤ていじ著、淡交社、1967 年

図 -5／日本の美術 2　No.177「燈火器」中野政樹編、至文堂、1981 年

文章／世界教養全集 6 の中の「陰翳礼讃」谷崎潤一郎、平凡社、1973 年刊

テーマ17 家具って何だろう——西洋VS東洋

私たちの日本で「家具」という言葉が使われだしたのは、ごく最近で、たぶん明治以降である。正確には戦後と言うべきであろう。それ以前にも家具はあったが、別の呼び方をしていたのである。

今日では、誰でも家具を知りつくしているように思っているだろうが、実はそんな簡単なものではない。英語では「Furniture」、フランス語では「Meuble」、ドイツ語では「Hausrat」という言葉が当てられている。英語では「備えつける」という「Furnish」（動詞）に由来し、フランス語のムーブルは、ラテン語の「Mobile」（動かすことができるもの）という言葉に由来している訳である。日本の法律用語で「土地」や「建物」は動かないので「不動産」と言い、置き家具や什器などは「動財」と呼ぶが、この呼び方はフランス語とつながる用法である。ドイツ語の「Hausrat」は文字通り「家屋に備え付けられるもの」の意で、日本の「家具」と近い呼び方である。実は通常ドイツではフランス語に由来した「Mobel」（メェベル）が広く用いられている。日本では花瓶、灰皿、茶わんなどは「家具」と言わず「什器」とか「器物」、「食器」などと呼んでいる。すなわち、人体との比較において、人間の身体を標準にして、自分の体よりずっと大きいとか、逆に自分よりずっと小さい、というような感じがしないようなもの、別の言い方をすれば、家具とは「家屋」と「器具」の中間ぐらいの大きさで、人間の身体とほぼ近い大きさの「もの」たちを指しているということができる。人体よりずっと大きければ、人はその中に入り、それに包まれる感じをいだくし、逆にずっと小さいもののときは、身につけるとかポケットに入れるというような感じを持つが「家具」はそれらのどちらでもなく人間とほぼ対等な大きさのものと解することができる。

フランス語でも「グロ・ムーブル(gros meuble)」（大型の）と、「プチ・ムーブル（petite meuble）」（小型の）に区分し、ドイツ語でも「hausrat(家具)」に対して「hausgrat(器具)」に分け、英語では「Furniture(家具)」に対し「Hauseware(什器)」とそれぞれ大小区別している。

次に人体を中心にした環境を図で整理すると**図－1**のようになる。

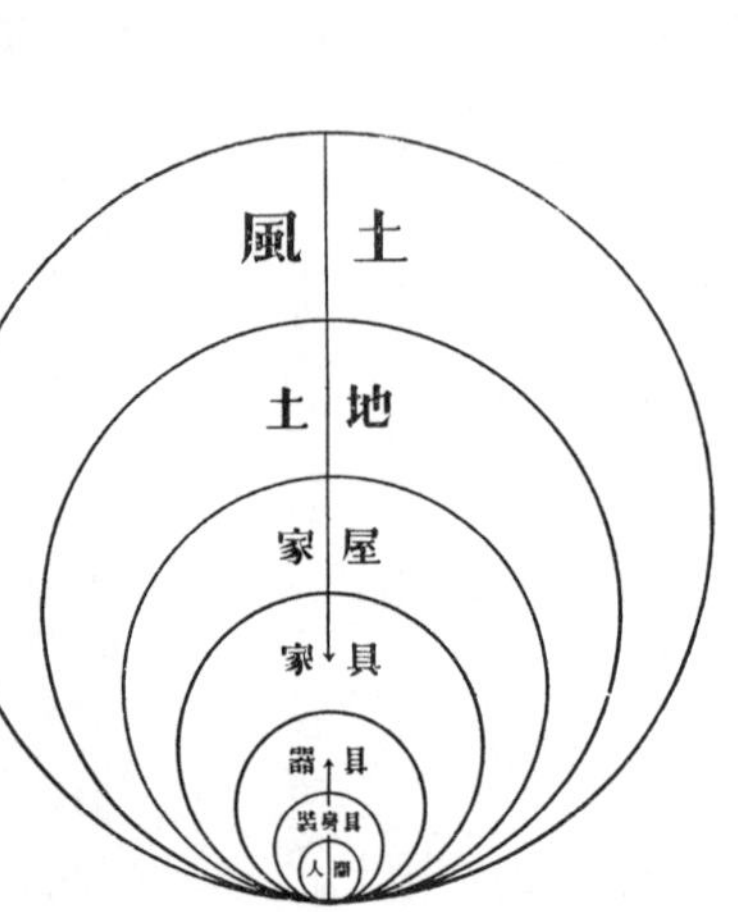

図－1　人間の体を中心にした生活環境の概念図

当の日本の場合、西洋諸国と比較してみると家具の内容はまことにおそまつであったのが実情で、明治の頃に日本を訪れた大半の外国人の眼には「家具が無い」、「No Furniture」と感じられていた。狭い空間では、日本に限らず、「多目的で共用できる」とか「使用しない時は折りたたんで片付けられる」「小型で場所をとらない」などが重要なポイントであったが、日本の家具はたいていそんな条件を満たしていた。

明治以降に新政府により、すべてに〃洋風化〃が推進され、まず「西洋家具」がしだいに多くなってきて、これらと、それまでの日本独自のものとを区別する目的で「和家具」という言葉が用いられたのが大正時代であった。その前までは「生活用具」「室内道具」「家財」「民具」などと呼ばれ、古くは「鋪設」「調度」「室礼《しつらい》」「指物」「器財」「家飾具」など時代によっても様々であった。今の「家具」というのは外国語の「訳語」としてあつらえられたものである。

今日では家具はとても複雑に進化をとげ多種多様を極めているが、実は洋の東西を問わず進化の歴史をたどって行くと、なんと単純素朴な「箱」に帰着する（**図－5**参照）。今日のように安定した「定住」の生活ではなかった時代では、日常の大切なものを収めておいて、疲れれば腰をおろし、横にもなれるこの「箱」、そして戦争のときや住居の移動のときにも、すぐさま「トランク」や日本の「行李」のように運搬や携帯にもかくべからざる家具の「原点」であった。ほぼ現在に近い家具が出そろったのは一八世紀以降と言って良い。

ここで多くの家具の分類の仕方を二つあげてみると次のようになる。ご参考に。

① 勝見勝氏の分類

Ⅰ 人を支持する家具
Ⅱ 物を支持・収納する家具
Ⅲ 家具化された道具や機械

② Diana Rowntree 氏の分類

Ⅰ 人体を支えるもの
Ⅱ 社会生活をより良くするもの
Ⅲ 収納用
Ⅳ 装飾用

図－2　生活の中で、チェスト（櫃／ひつ）が果たす役割

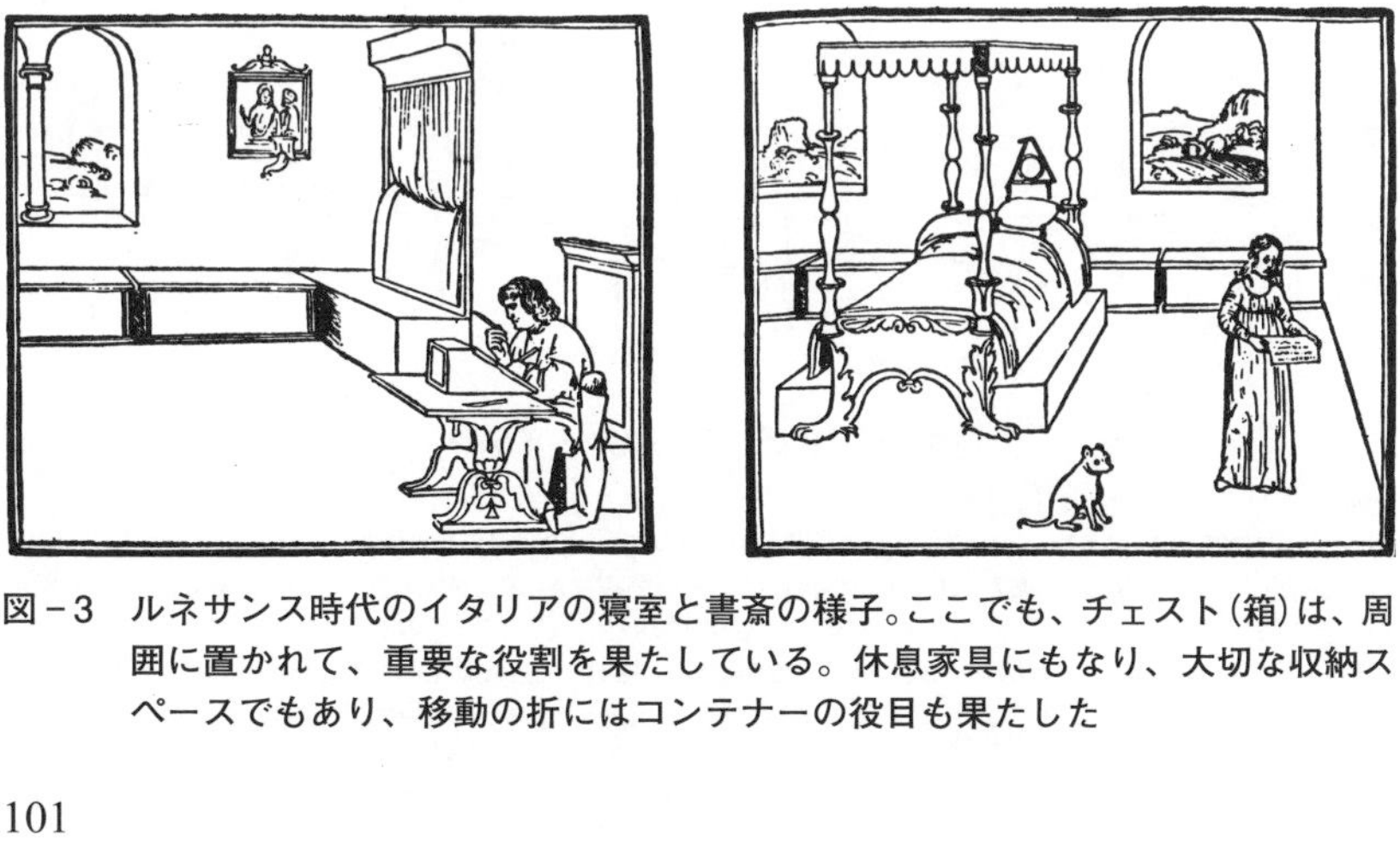

図－3　ルネサンス時代のイタリアの寝室と書斎の様子。ここでも、チェスト（箱）は、周囲に置かれて、重要な役割を果たしている。休息家具にもなり、大切な収納スペースでもあり、移動の折にはコンテナーの役目も果たした

図－4　1869 年、ブルース・タルバートによって描かれた居間

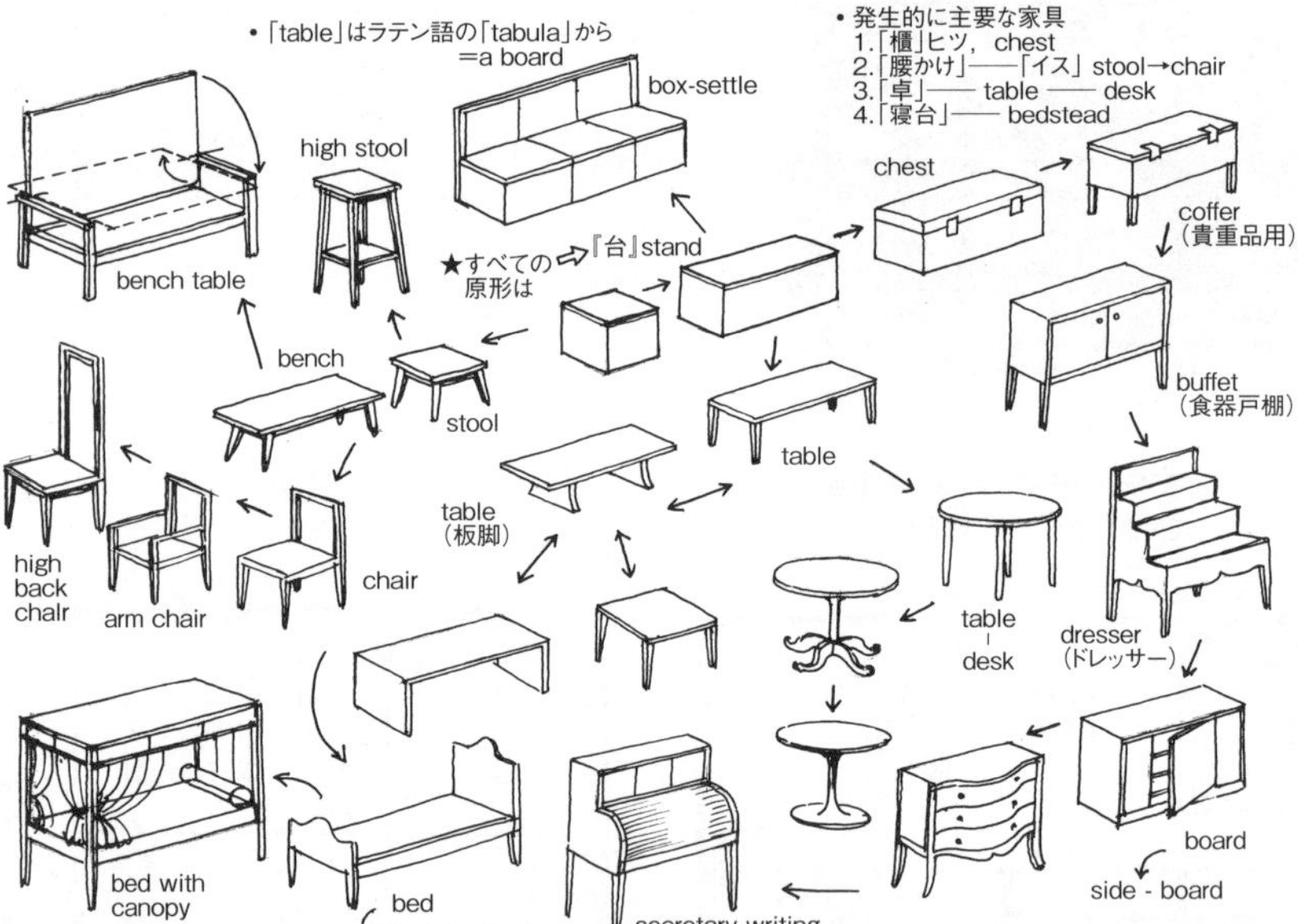

図－5　箱からテーブル・イスへ

家具の発生は、何よりもまず「箱」からスタートした。流浪食料採集民族でも放牧民族でも、「移動式住居」で生活していたことは自明のことであり、いろんな狩猟、漁撈用具、生活道具などの「入れ物」としての「箱」は必要不可欠のものであった。こうした「箱」は、家具のなかった時代には、万能の家具として、イス、テーブル、寝台などあらゆる場面で生活に「利便」を与えるものであった。戦争時でも、火災の時でも、こうした「箱」は、すぐさま運び出すことができた。だから、日本の「たんす」、「長持ち」などと同様に両側に「かつぎ棒」を通せる棒通しの金具が取付けられることが多かった。いずれにせよ、図 -5 でながめるように、時代が下るに従い、それぞれの現代の家具に発展・展開していった。

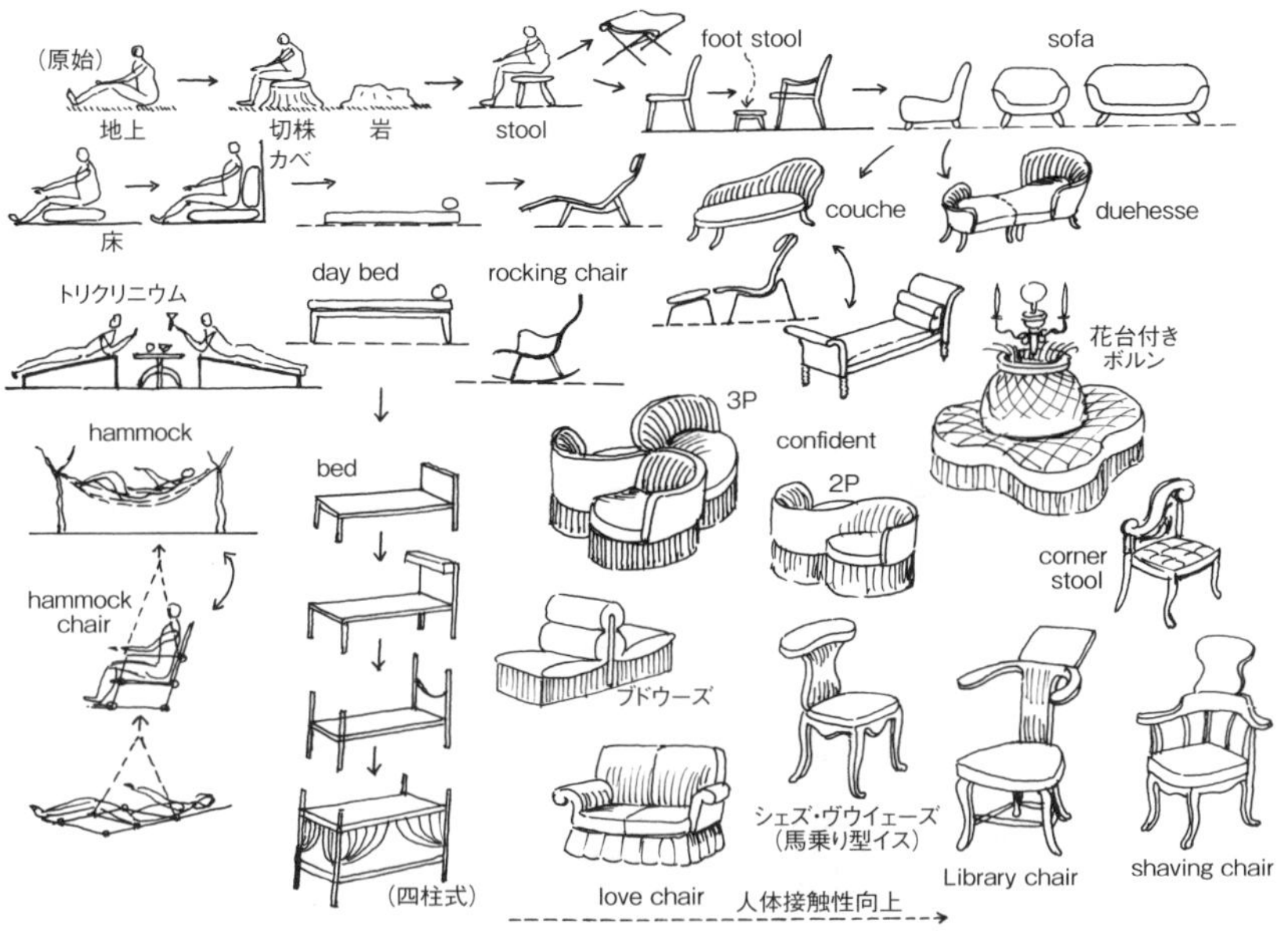

図－6　休息のための家具――座る道具

床座生活を続けた長い古い時代に、１人用の台は可動式の腰かけにもなり、「机」代わりにもなった。「床机（しょうぎ）」という名称はうまく付けたものだと思う。こうした台や木の「切株」などをスタート点として、より生活しやすい形へと順次発展していった。

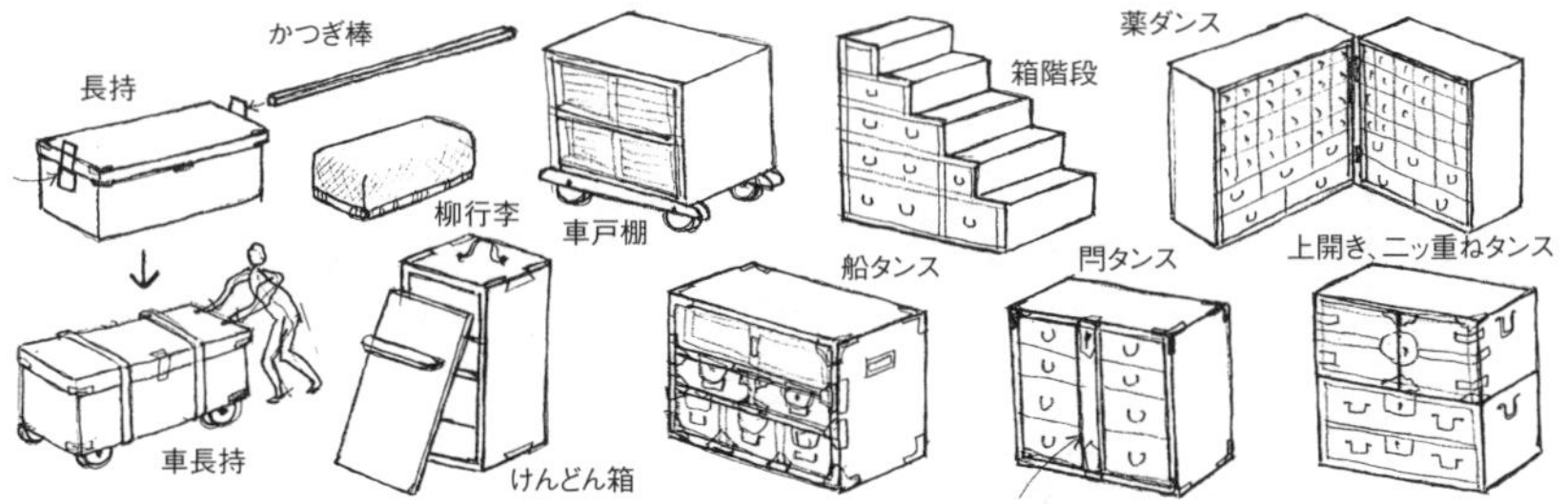

図－7　日本の家具

日本の国は、現代は別として、外国人から見ると「No Furniture」の国だと言われてきた。それもそのはず、日本の住文化は、南方系生活文化を基調にして、「床坐」であったので、風通しを良くする意味でもむしろ家具などは無い方が良かったのである。「徒然草」にも、いみじくも「いやしげなるもの……居たるあたりに調度多き」と言っているように、日本の伝統的住居観からすると、家具は「よけいもの」であった。日本は島国で、外国との接触も少なかったこともあって、異文化の影響を受けにくく、そのため「文化の普遍化」という現象が見られなかった。明治以降になって、今度は逆に、良いも悪いもなく無批判に海外を受け入れすぎたのが現状である。私は、今や、もっと良識をもって、日本の伝統的家具などを見直す時が来ていると思っている。

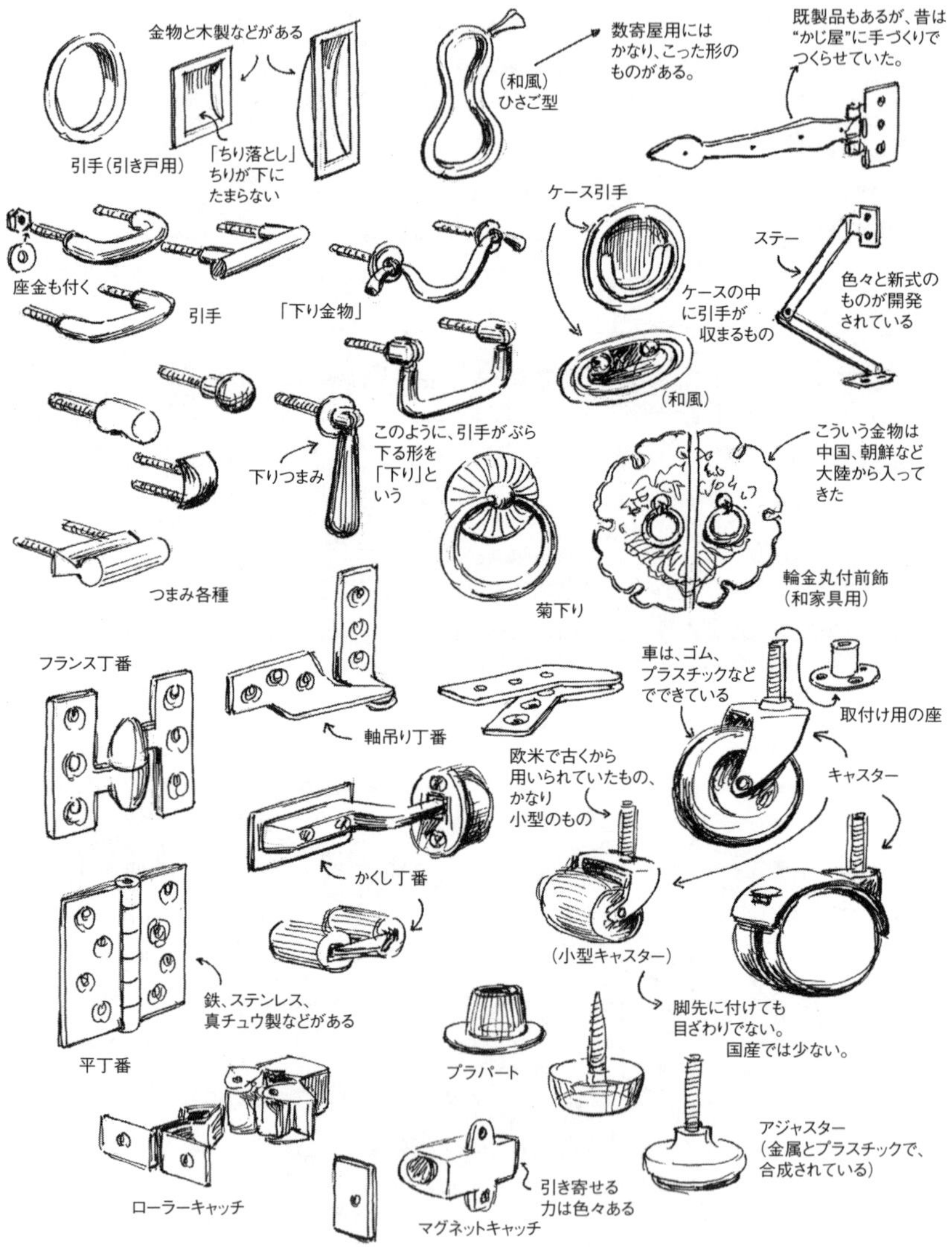

図－8　＜家具金物＞——洋風・和風・その他（普及品から高級品まで、色々ある）

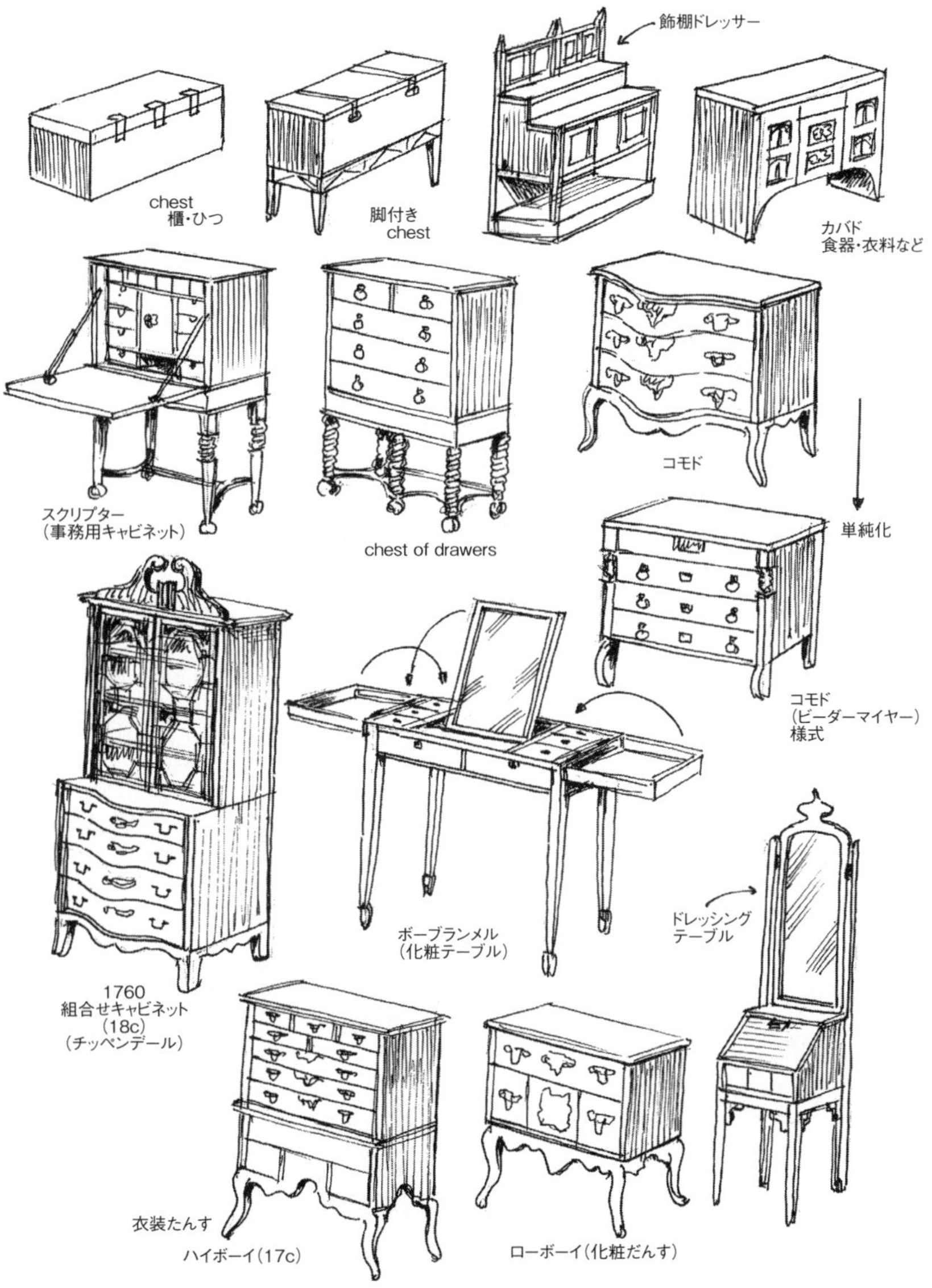
飾棚ドレッサー
chest
櫃・ひつ
脚付き
chest
カバド
食器・衣料など
スクリプター
（事務用キャビネット）
chest of drawers
コモド
単純化
コモド
（ビーダーマイヤー）
様式
1760
組合せキャビネット
（18c）
（チッペンデール）
ボーブランメル
（化粧テーブル）
ドレッシング
テーブル
衣装たんす
ハイボーイ（17c）
ローボーイ（化粧だんす）

図－9　＜収納の機能と形＞西洋

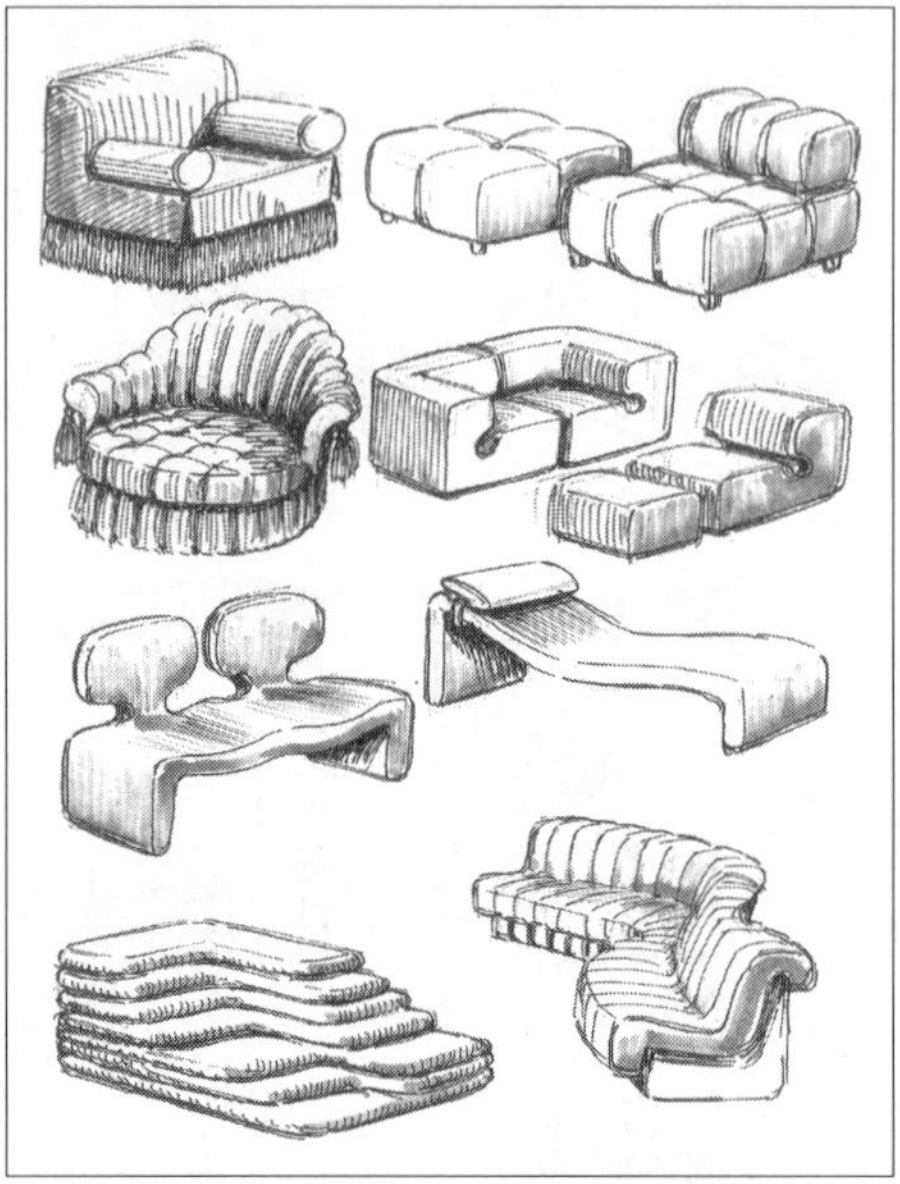

図-10　クッション家具——安楽を求めて

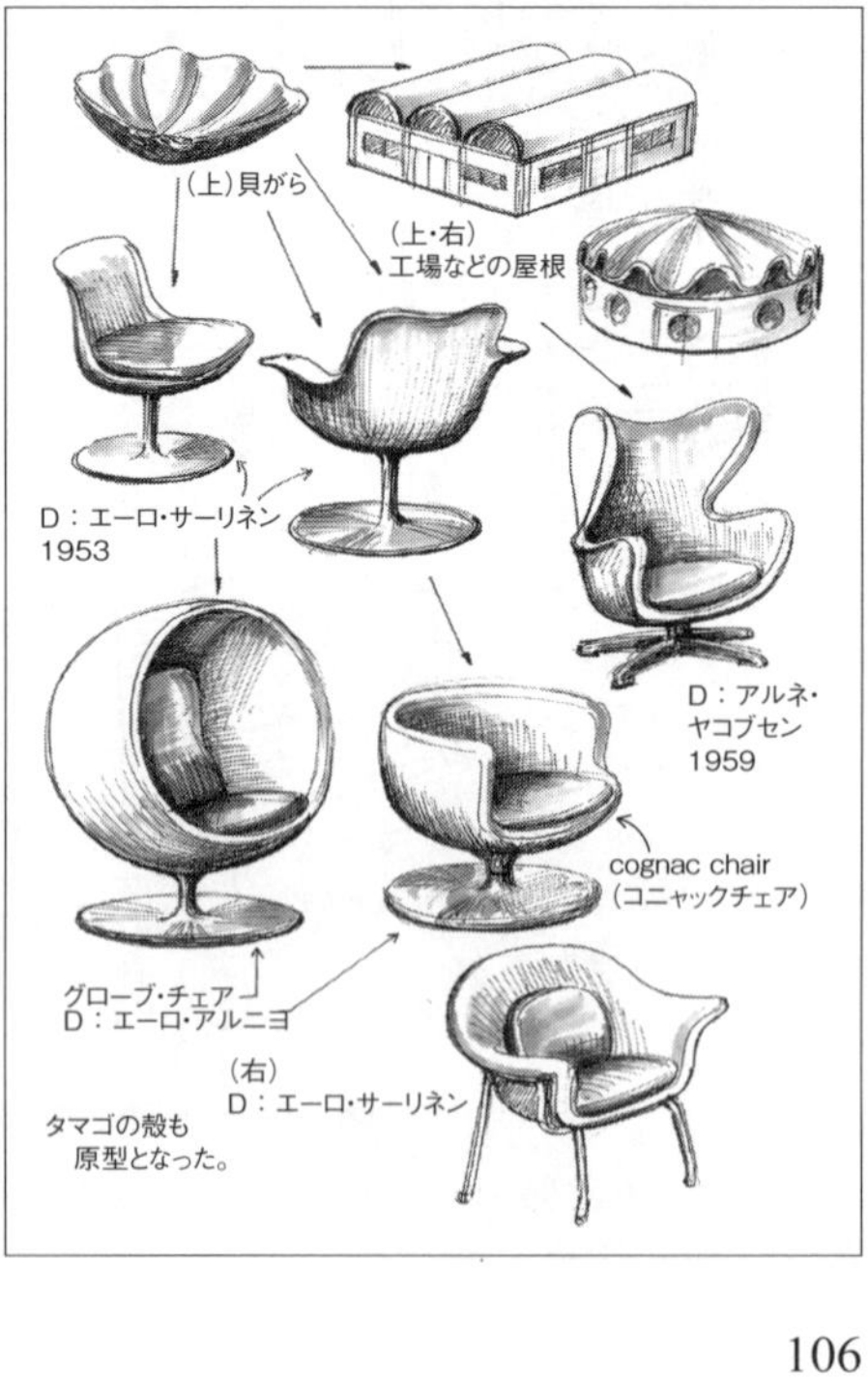

図-11　シェル構造——まさに貝から始まった

図・写真引用元は以下の通り

図-1／「装飾家具意匠集成」、勝見勝解説、技術資料刊行会発行、1951年
図-2／「ものと人間の文化史67『箱』」宮内悊著、法政大学出版局発行、1991年
図-3／「『機械化の文化史』ものいわぬものの歴史」GK研究所・榮久庵祥二訳、鹿島出版会、1977年
図-4／建築史書から
図-5〜9／著者イラスト

テーマ 18 ドアーと引戸についてのお話

住居や部屋の出入口には必ずドアーか引戸が設置されている。最近の統計によれば、とくに都市などでは玄関の建具は九割近くがドアー付きになっている。ただしドアーでも「内開き」か「外開き」かで差が出る。安全面からみてドアーの「泣きどころ」はヒンヂ「丁番」のところなので外（表）に丁番をのぞかせる「外開き」は防犯的には不利である。しかし日本の場合はこの「外開き」が大半をしめている。内開きだと狭い玄関土間がなおさら狭くなるし、ドアーの表面に付いた雨の水滴を土間の中まで引き込んでしまうという難点もある。外開きだと、万一の災害の時（たとえば火災のとき）に逃げやすいというメリットはある。欧米では、おおむね「内開き」とし門戸をかたく閉じるということに徹している。日本の「外開き」だと来客のとき（**図－1**参照）家の者が急にドアーを外に開くとドアーの前に立っている客を突き飛ばしかねないという心配はあるのだが、この点についての不合理を今日までそれほど指摘されずにきた理由について建築家・渡辺武信氏はするどい観察をされている（**図－1**、**3**参照）。また、ドアーというものは「閉めるためのものか、開くためのものか」という論議もあり、日本では従来、扉は「開く」ことを前提に「右開き」、「左開き」、「右勝手」、「左勝手」などとしてきていた。しかし、「ＩＳＯ」の会議で国際的に「閉じる」という行

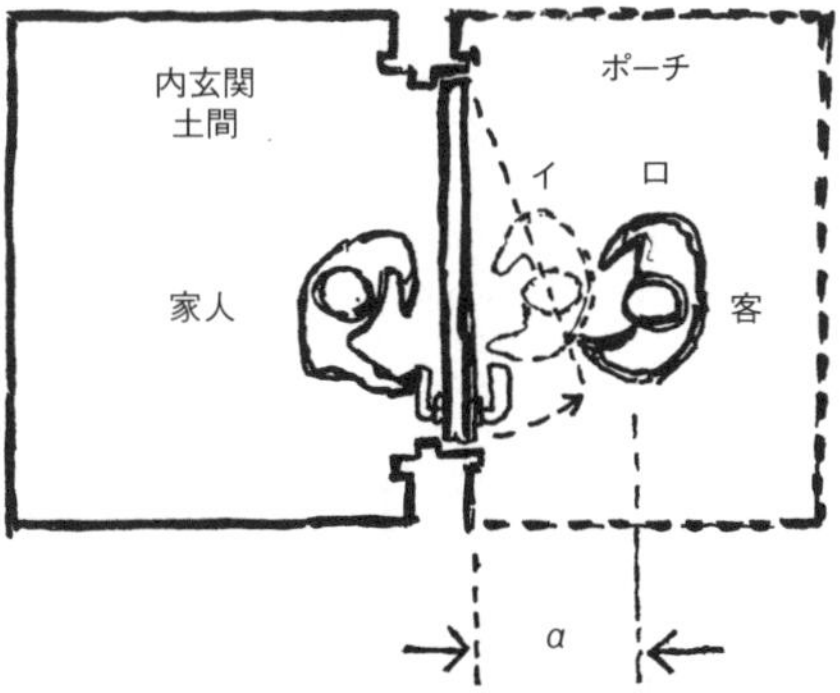

図－1　日本の住まいの玄関

為を前提に問題点を規定することになったそうである。このように考えていくと全く「ドアー」は難問だらけだと言えよう。その点からすると日本の「引戸」は、防犯的に不利というだけでドアーほど難物ではない。もし安全上の問題さえ解決されれば、これほどのすぐれものの建具は世界中さがしても他に見出せないようにも思われる。ドアーは開く方の半径内には何も置けないが、引戸の場合はレール上に障害物が無い限り開閉に問題はない。シニア対策、身障者対策などで車イスを用いる場合などでも「ドアー」より「引戸」の方が使い良いということでその良さが改めて見直されているところである。

　さてこの辺で西洋の人たちが「ドアー」というものをどう認識しているのか、少々内面的に見てみよう。まず西洋の「シンボル学」では、部屋、館の入口として「入門」を意味し、次の段階への「移行」の意も含んでいる。この世から来世への移行では「死」と「再生」を表わし、万物の終りであり同時に始まりでもある段階と区切りを示す。ドアー下の敷居は重要な意を持ち、館に入ることを許されない者には「望みなき状態」、これから中に入る者には「希望」でもあり、新たな「知恵」ともなる。

　ドアーは、幸運や悪霊が「家」に出入りするところとされていたので、家長たちは一家を守るため色々な方法で悪霊除けを講じていた。古代ローマでは入口の敷居を左足でまたぐと不吉と思われていたので、入口のところに客の足を見張る少年を立たせていた。

　画家の岡本太郎氏はいつものように、皮肉っぽくこう言った。「日本の建築家は何も考えずに、ニコニコ顔の門や扉ばかり設計している。欧米人の間では、門、扉というものは〝二律背反〟のものと相場がきまっていて、ある時は人をやさしく迎え、ある時は、ここから先はネズミ一匹通さず、という相反する気持ちが背中合わせになっている。だから扉の設計は難しい」と。また、ドイツの哲学者・ボルノウ（1903〜1991）は、「戸は内部の世界と外部の世界とを関連づける結合節であり、戸の根本規定の一つはその〝半透過性〟、すなわち半分だけ透過させる性質に基づいている」と言っている。また、ドアーがプライバシーを与えてくれたと言うことから、その発明者を「火を発見した人に匹敵するほどの人類の恩人」と呼んだ人もいた。もう一人、フランスの科学哲学者ガストン・バシュラール（1884～1962）は「もし、すでに閉めたり開けたりしたドアー、再び開けたいと思うドアーの説明をすることになれば、その人の全人生を語り尽くさねばならない」と語った。本当にドアーはやっかいもの。

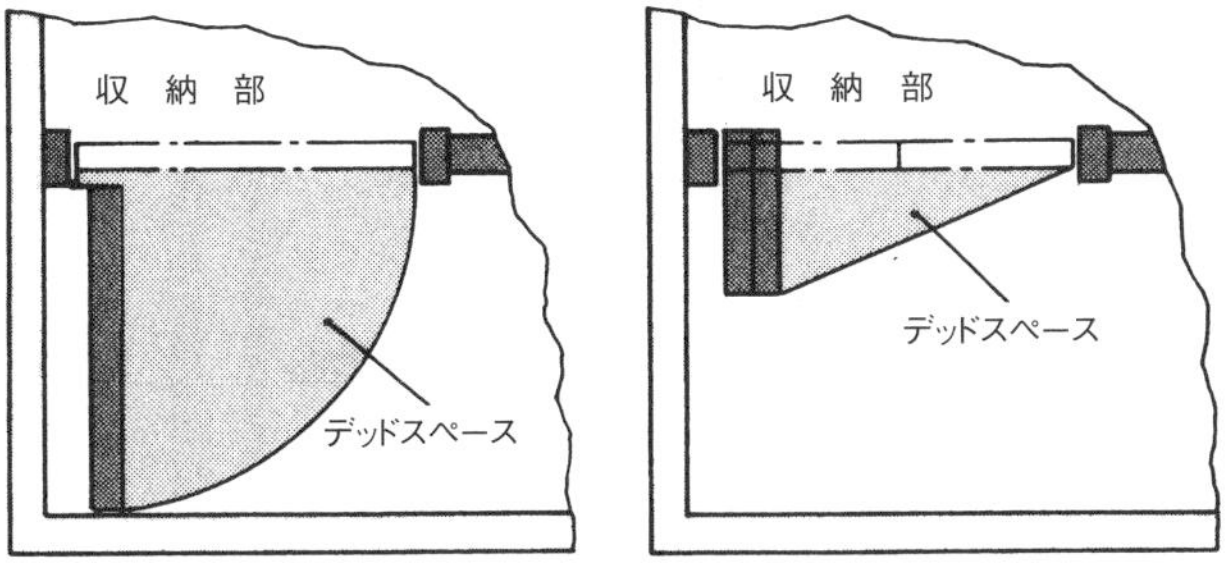

一般のドアーの場合　　　折戸の場合

図－2 「一般ドアーと折戸」のちがい

（朝日新聞2003年1月4日から）

図－3　鏑木清方「鰯」（1937年、韓国国立中央博物館蔵）

“家の防備”という観点から考えても、ドアーの吊元（ヒンヂ側）を外に向けることは、不利（ドアーをはずしやすい）と言われながら、日本の住宅の玄関扉は、ほとんど例外なく、外開きとなっている。この根拠は、色々考えられる。内玄関が西欧などより狭いということ、多雨の日本では、“内”に開くと、ドアーについている、雨の水滴を内玄関に引き込んでしまう、万一の火災時などでも、逃げる方向に開く（安全性）、等々である。しかし、左図のように、来客時に、家人が客を迎える時、客がもし、図－1イのドアーすれすれに立っていたとするなら、家人の開くドアーで客は突き飛ばされてしまう。次は、建築家渡辺武信氏の指摘である。「日本人の習性として（礼儀でもある）このような場合、ある距離αを保つ、必ず二、三歩さがるくせがある」「この習慣が、日本の“外開き”を成立させてきた」というのである。私（著者）は、渡辺氏のこの発見は、するどいものだと思っている。私たちは、日常の現象を、ごく当たり前ととらえがちだが、氏のごとく、ものを成立させている原因というものを深く分析する習慣を身につけたい。それでないと“日本建築”は、根も葉もない“浮き草”のようなものになってしまう。

図－4　シェイカーのミーティングハウスの玄関、親子ドアー

(c)　(b)　(a)

図－5　西洋の3例、ドイツ（1970年頃）

西欧のしっかりとした出入口ドアー。日本の住設メーカーの玄関ドアーとは、全く品格が異なる。ここでも、便利、安全などを優先する日本国民との差が明確に出ている。

開き戸と引き戸（Hinged - door, Sliding - door）

“引き戸”は家具だけでなく、建具（障子、ふすまなど）でも、おなじみのものであるが、西洋の古い家具には、ほとんど、引き戸は使われていない。現代では使われることもあるが、これは東洋からの影響と思われる。

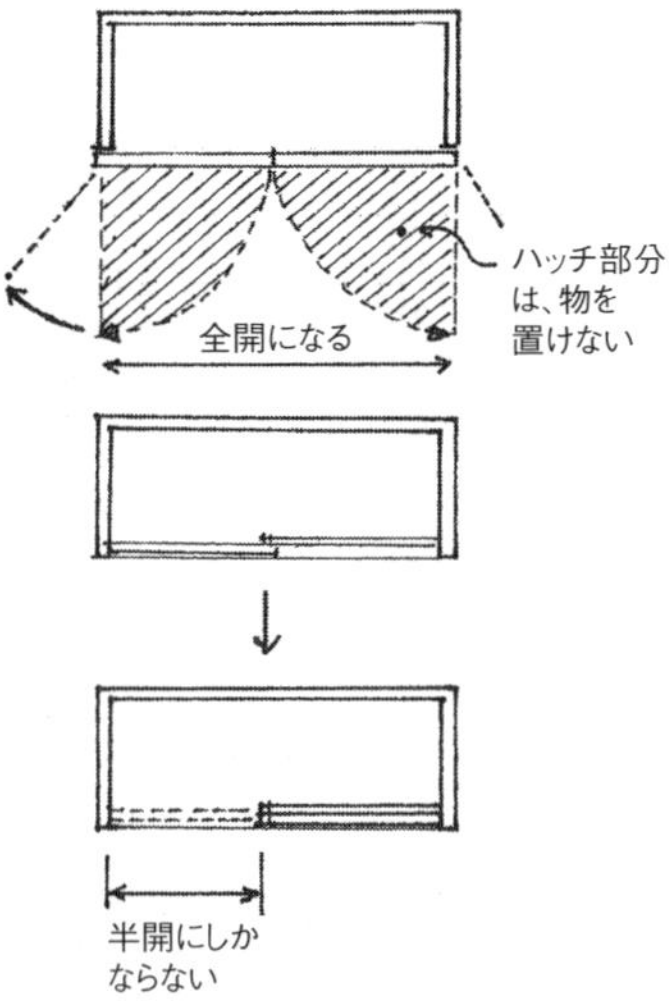

“開き戸”のときは、片開きにせよ、両開きにせよ、戸（扉）を開けるには左図のように、扉の前に斜線部分の余備スペースを必要とするが、引き戸の時には、戸を開けるための余備スペースは不必要である。

これは、たまたま部屋が狭い日本の実状には最適の開閉装置だと言うべきである。開き戸の時は扉の角度を 90°以上に開けば、外光などが内部まで達して手くらがりにならないが、引き戸の内部は、どうしても薄暗くなりがちである。開き戸の方は「全開」するが、引き戸では、戸をはずさないかぎり「半開」しかしない。また、戸の扉をしめた時開き戸は表面が平にスッキリと見えるが、引き戸のときはふすま、障子と同様に、最低でも戸厚分の段違いが発生して、目ざわりだと思う人もいるであろう。いずれにしても、“家具”というものは、どう開くかだけでなく、開けた時、しめた時などの、使いやすさ、美的効果、使い勝手など、こと細かにチェックする必要がある。

図－6

図・写真引用元は以下の通り。

図 -1、6／筆者イラスト
図 -2／「住まいの金物談義／文化の末席・考」、木村瑞次郎著、高橋金物開発部刊、1995 年
図 -3／朝日新聞（2003 年 1 月 4 日）より
図 -4／「Shaker Architecture」、William Lawrence Lassiter 著、BONANZA BOOKS・NEWYORK 刊
図 -5／Holz-Auben, TUREN, Gestaltung und Konstruktion by Klaus Pracht, 1978

テーマ19

収納するって、何だろう

近代デザインの父でもある英国のウィリアム・モリスは言った。「美しいと信じるもの、役に立つと分かっているもの以外は一切、家の中に置くべからず」と。口だけで言うのは簡単だが、さすがに彼はこれを実践していた。

一般的に「空間と年収が増加すると同時にモノも増加する」と言われ、また「収納が増す程に、死蔵物も増す」とも言われている。我が家を考えてみても、いつの間にか「物」が増え続けていることに気付かされる。よく世間では「住まい方の上手な人は捨て上手な人」住宅などで物が占める面積を総床面積の三五パーセントまでに抑えると「ヒト」・「モノ」の関係のバランスが保たれ住みやすく、また管理しやすいとも言われている。最近の住宅を求める時の「いい家」という判断の一つには、戸棚、納戸、押入れ、ワードローブなどの収納スペースが「いかに多いか」という点がある。家族数が多いほど収納物の総量も増すが、よくチェックしてみると収納物が増えた分だけ「死蔵物」も増えるという「悪循環」を引き起こしていることが多い。

今や日本の住宅事情は欧米とそれほど差がなくなってきた。逆に、「モノ」あふれの割に「人」の数は減少の傾向にあり、その結果各家庭に「死蔵品」を沈澱させる現象を助長している。「収納」という行為は単にモノを「収納庫」に押し込めることではなく、一度収納したモノが次に取り出したい時に「いかに取出しやすいか」と「しまってある時でもいかに整然と美しく見えるか」ということがポイントになる。色々な「収納家具」などでも、「良い家具」かどうかは、これらのポイントを実現できる家具であるか否かが決め手となる。見識を疑うような場所に収納庫を増す努力よりも、最初に記した「モリス」の言葉のように真に必要なものを吟味して残し、あとは捨てるという英断が求められていると言えよう。

ここで申し上げておきたいことは、「古くて、いたんでいるから捨てる」という行動は考えもの、ということである。たとえ、いたんでいても「モノ」の中には、その人の歴史や家の歴史を物語るものもある。こうした「モノ」で大切なものは修理にお金をかけても、保存してゆくことも大切である。そうでないと、家の中に自分達の先祖の痕跡がすべて消え去り、家庭の深みというものが失われてしまう。

ちなみに私たちの生活の中に存在する「モノ」はその使い方で次の三つの系統に分類される。その一つが「循環系」のモノで繰り返し使われるもの。二番目が「消費系」のモノで一回限りで使い捨てにするもの。次の三番目が「愛着系」のモノで、これらはモノに愛着があって、それらが沈澱してたまっていくタイプのもので、これらが先にふれた「家の歴史」を物語ることになる。日本では江戸時代から敗戦後の復興期までの間ゴミが少なかったが、戦後、アメリカの影響もあって、大量生産、大量消費、そして大量のゴミを出すようになった。そして「消費は美徳」という生活態度が日本中に及び、「収納」という問題が増々重要度を増してきた。日本には昔から「押入」というものがあったが字の通り「押し込める」というニュアンスのもので、収納した結果、使いやすくするというものではなかった。今後の「収納」は是非とも、〈しまう〉―〈捨てる〉―〈使いやすく〉―〈美しく〉という精神で考えていきたいものである。

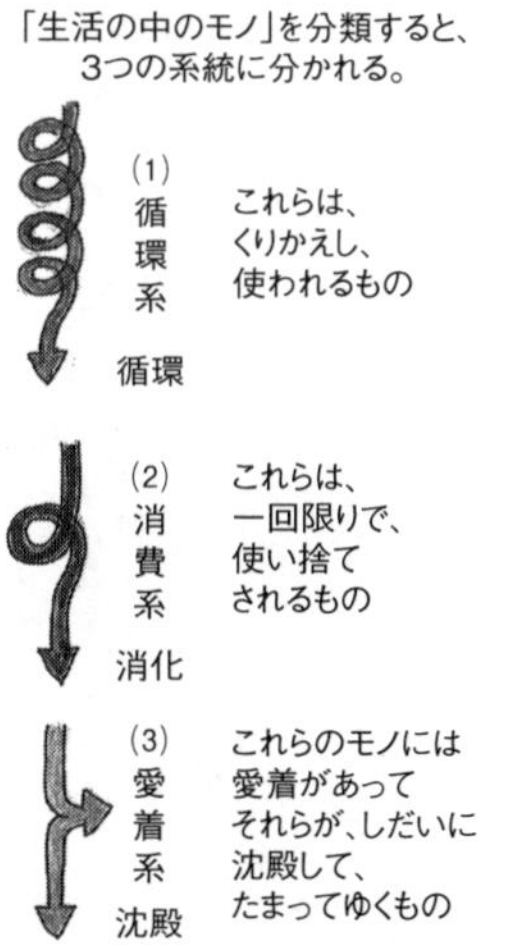
「生活の中のモノ」を分類すると、
3つの系統に分かれる。
(1)
循環系
これらは、
くりかえし、
使われるもの
循環
(2)
消費系
これらは、
一回限りで、
使い捨て
されるもの
消化
(3)
愛着系
これらのモノには
愛着があって
それらが、しだいに
沈殿して、
たまってゆくもの
沈殿

(3)の沈殿される“モノ”が、真に保存されるべきものであれば問題はないのだが、多くの場合「死蔵物」であることが多く、これらが家の中を狭くさせていることが多い。真に“保存”すべきモノと“死蔵物”との選別がとてもむづかしい。

図－1

図－3　欧米で流行している衣裳戸棚（『住宅』大正9年5月号より）。大正時代には日本ではこうした衣裳ダンスは目新しいものだった

図－2　内蔵された暖房用のレジスターが、クツやぬれた衣類などの乾燥を早める

図－5　まずは、品目別に整理されることが第一である。パントリーでは缶詰めとか、ビン詰めとか、ストック品が古いものから順次取りやすく、見やすいことが重要になる

図－4　ナベ、フライパンなどの調理器具は見やすく、取出しやすくする

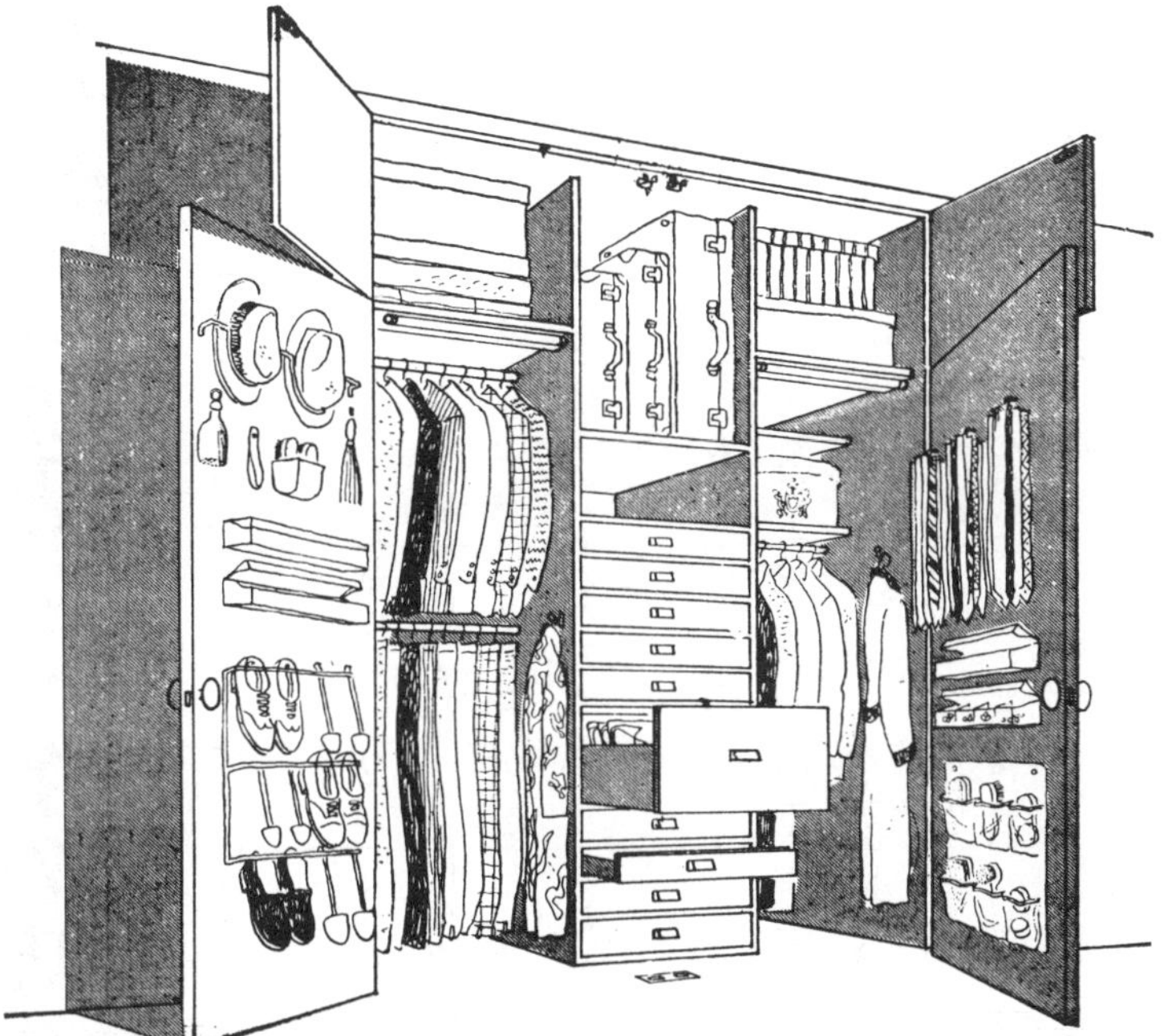

図－6

大きいワードローブ（押入）はとても便利。最近の“ウォーク・イン・クローゼット”にいたっては、扉を開けてその中に人が立ち入れるようになっているもの。雑多なものが上手に整理できて、しかも手早く取り出せることがポイント。総高さが高くて手が届きにくい場合は、内部に踏み台を用意しておくべき。掃除がしやすいということも重要。手前のもので、奥が見えにくくならない工夫も大切である。引出しなども透明にして、中が見えるということも必要になることもある。小物、たとえば宝石・貴金属などは、錠が必要な場合もある。照明なども、適度に配慮しておくことが大切。（図は、メリー&ラッセル・ライト『Guide to Easier Living』から、1954 年）

表－1　トータルの部屋数とか居住面積とモノの収納総量とは相関関係にある

一戸当たり室数・居住面積の国際比較　　（　）は調査年

	平均室数	床面積（m²）
アメリカ（'89）	5.3	156.8
イギリス（'89）	4.9	95.0
フランス（'90）	3.9	85.4
イタリア（'88）	—	80.5
日　本（'88）	4.9	89.3

（住宅新聞社『平成4年版住宅経済データ集』をもとに作成）

図・写真引用元は以下の通り

図 -1／著者イラスト
図 -3／「生活文化史—日本人の生活と住まい」平井聖著、放送大学教材 '94
図 -6／「室内の設計入門」メリー&ラッセル・ライト著、高田秀三訳、鎌倉書房、1963 年
図 -2、4、5／「Ideas for STORAGE -Bookshelves・Cupboards・Cabinet」Sunset Books 編集スタッフ編、LANE BOOKS・MENLO PARK、CALIFORNIA 刊

テーマ20

団欒《だんらん》という名の虚構

「一家団欒」。それは戦後の日本中ですべての国民が望んだ家庭のあり方であった。

戦前までの家長中心の「家父長制度」で成り立ってきた日本の家庭が崩壊し、そのかわりに、夫婦、親子関係などが対等である、欧米的な新しい家族関係が登場し、そうした「家庭生活」と「住まい」とを合わせて「モダンリビング」と呼ぶようになった。

最初は一部の先進的な人々だけの現象だったが、1950年代からテレビの普及によって米国産の「ホームドラマ（たとえば「パパは何でも知っている」など）」が大人気になり、そこに描かれたアメリカの「豊かな」モダンリビングは視聴者の目を釘づけにした。とくに広いリビングルームに燃えさかる暖炉、ふかふかのカーペットの上に寝そべる大型犬、そして素敵なデザインのソファー。キッチンに目を移せば、大型冷蔵庫や食器洗い機、という具合に、ドラマの舞台は当時の日本にとって「目がくらむ」ばかりの「豊かさ」であった。私もこうしたドラマに釘づけになった一人なのであるが、はっきり申して、私はこんなドラマを見るたびに、こんな豊かな国と戦争したって勝てる訳はなかったと思ったものだ。

敗戦一色だった日本もやがて高度成長期がおとずれ、ホームドラマほどではないにせよ、日本の住宅もまたたくうちに一見は立派になって、米国流に「モダンリビング」での「団欒」がスタートするはずだったが、残念ながらそれは「真夏の夜の夢」と化した。毎日残業残業のパパ、受験戦争で塾や勉強部屋に入り浸りの子供、そして夢にまで見てやっと実現した憧れの「リビングルーム」はなんと、ママがただ一人寂しくテレビを見て過ごす部屋となった。残念ながら、1970年代にはこんな家庭が日本の標準的な姿となってしまったのである。世に言う「居間の空洞化」という現象である。この居間の空間を占拠したのはかんじんの家族ではなく、エアコン、カラーテレビ、そしてあふれんばかりの消費財としての「モノ」だけだった。

もともと日本の住居の団欒の場というのは「いろりの周り」か「茶の間」だった。結局、暖房設備のなかった時代には「火床《いろり》」とか「長火鉢」など火のありかが「人々の集合場所（すなわち団欒の場）」であった。そこにはいつも湯が沸いていてお茶も飲めた。朝な夕な、「茶飲み話」に花を咲かせた。別にそこにいれば体が温まった訳ではないが、すべての人が時間にゆとりを持ち、他の人を思いやる気持にあふれていた。たいていの人が貧しくても、人々が「善意」を持って生きていた。だから家庭のそこそこに他を思いやる対話が成立し、それが一時の「団欒」を成り立たせていたのであろう。

ひるがえって今の世情をながめてみると、政治の世界から始まって、一般社会に至るまで、あらゆる世界で他をあざむき、だますことばかりの現代社会となってしまった。

本論をはずれたが、本題の「団欒」を取りもどすには、私たち一人一人の「心の正常化」を果たす以外に方法はなさそうである。

さてここで「団欒」という言葉の意味を新村出の『広辞苑』で見てみると、①月などがまるいこと、②相集まって、車座に座を占めること、③集まって睦みあうこと。親密で楽しい会合、「一家団欒」。――というように説明されていて、なるほどとうなずける。団は團という字の略で、「専《せん》」というのは中国では床などに敷く丸い石や煉瓦をさしていた。そんなことから「車座」という意につながる。

だいぶ以前のNHKのテレビ番組「バス通り裏」とか、山田洋次監督の寅さんシリーズの映画などには庶民の「団欒」の場面がたびたび出現して、何か見ている自分もそのシーンの中にいるように感じたものだったが、そうした気持ちを起こさせるというのは、実は自分たちの生活から「団欒」という場面が失われつつあるという証拠でもあると言える。最近の、毎日のように発生する殺伐とした子供の事件などは、おそらく、こうした「団欒の場」

の喪失によって引き起こされているような気がする。

英語の「HOUSE」というのは、主にハードとしての家屋の意だが、「HOME」というのは、ソフトとハードの総体をさす言葉である。「家づくり」は「ハウスづくり」ではなく、「ホームづくり」を目指さねばならないのである。

図－2　一家の団欒――中等階層

図－1　一家の団欒――上等階層

富める階層でも、それほどでない家庭でも、日本における戦前・戦後あたりの一般家庭での“団欒”は、つつましやかなものだった。近代の都市住宅における茶の間について佐野利器（当時早稲田大学教授）は主張した。「茶の間で一家こぞって食事もする、茶も飲む、談話もする、また主婦は此処で裁縫するもよからう、主人は新聞を読むもよい、そして家庭生活を茶の間に集中せしめる工夫をしなければならぬ、また親戚とか友人とかいふやうな余り隔てのない客は茶の間に招ずる、そしてそれから客の食事も矢張り茶の間でするがよい。…住宅と云へば即ち茶の間という風に考へたいものである。」（『新住宅』、1920 年２月号）

図－3　1940 年代末に撮影された、占領軍向け住宅のリビングルームの様子を写した写真の模写図

図－4　19世紀後半、「置き火鉢でのだんらん」（月岡芳年の絵の模写図）

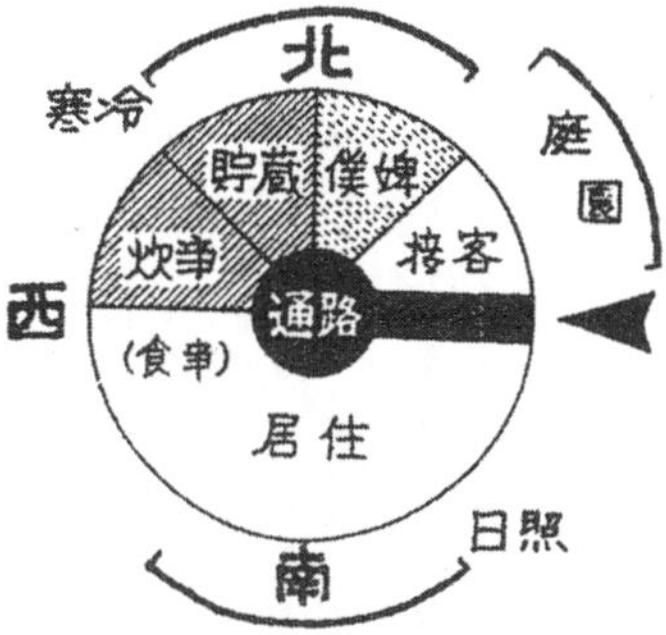

図－5　武田五一教授・室配置の方位図

住宅改良会のリーダー格であった京大の武田五一教授が昭和初期の「住宅論」の講義で住宅構成の配列をパターン化して学生に教えたもの

(b)　昭和 15 年頃の食事時の団欒　　(a)　映画「男はつらいよ」、昭和 46 年、山田洋次監督

図－6　ちゃぶ台中心の団欒

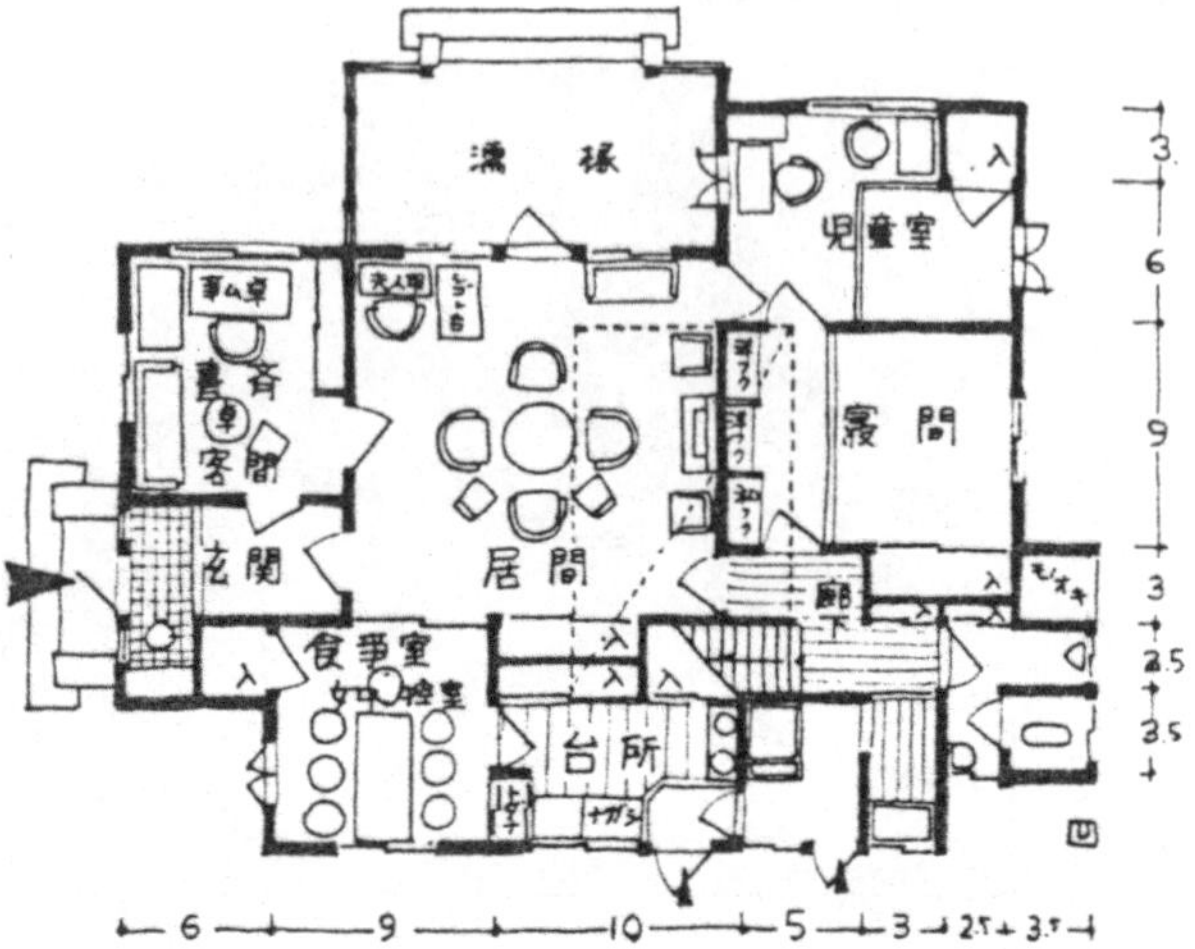

図－7　文化村出品住宅（生活改善同盟会）
間取りは居間中心型、25・25坪、内部は洋風イスザ、寝室には畳敷きの床を設ける。中心の居間は、おきまりだが狭い住まいの中の団らんの場であった

図－8　静かな部屋。床は煉瓦、中央には敷物を置き、かがまないですむ膝の高さの暖炉。これはなるべく動きが少なくてすむように設計されていて、家族の人々が、団欒に集ってくる様子が想像できる。（メリー＆ラッセル・ライトの図、模写）

図・写真引用元は以下の通り。

図 -1、2／「生活文化史」平井聖著、放送大学教育振興会、1994 年
図 -3、4、6／著者イラスト
図 -5、7／「すまい考今学　現代日本住宅史（1）」西山夘三著、彰国社、1989 年
図 -8／「室内の設計入門」メリー&ラッセル・ライト著、高田秀三訳、鎌倉書房、1963 年

テーマ21 鍵をかけることの意義について――鍵と錠

　従来より、日本では「家長制度」があって、家長である主人が家の一切の権限をにぎっていたので、各家人の権限はほとんど認められていなかった。家の周囲には「塀」をめぐらせ家自体の独立性はあったものの、家の中に入れば各個人の独立性というものはないに等しかった。やがて、世の移り変わりと共に、しだいに個人の独立性が要求されるようになり、欧米にならって「個人の独立」を満たすための「鍵」の重要性が増してきた。今日では、冷蔵庫、テレビ、車などでも「鍵」の占める位置は重要度を増しつつある。

　よく、犬が大事なものを地面に穴を掘って埋めたりするが、大昔「鍵」がなかった時代には人間も犬と同じようなことをしていた。自然の洞窟にモノをかくして、その入口を大きな石で蓋をしたりもした。そのうちに人間は人工的に「鍵」というものをつくることを覚えた。世界的にみると「鍵の発明」はびっくりするぐらい古い。こうして誕生した「鍵」だが、それで安心していると、いつの間にか泥棒などにやぶられ、これではならぬと、さらに巧妙な「鍵」をつくるというように「鍵づくり」と「鍵やぶり」とは泥沼試合をくり返しつつ今日まで続いてきた。これは永遠に続く試合とも言えそうである。

　本当のことを言うと「鍵」には一つのジレンマがある。それは「鍵は開いてはいけないけれど、しかし、開けなければならない」ということである。簡単に開いてしまうようでは、「鍵」の役目を果たさないけれど、必要な時にはちゃんと開かなければならないのが「鍵」なのである。

　さて、ここまで私は「鍵」という言葉で表現してきたが、実は「鍵」は英語でいうと「ｋｅｙ」にあたり、これが通常私たちが持ち歩いているものを指し、ドアーなどに取り付いている「機構部」のことを「錠」、英語では

「LOCK」という。したがって、「錠を鍵で開ける」というのは正しい表現である。すなわち、通常「鍵を開ける」というのは間違いで「錠を開ける」と言わねば正しくない。鍵以外でも「捻締り」とか「ラッチ」、古くは「閂」などがあって、鍵を含めそれらの総体で「錠をかけたり」、「戸締り」をしているわけである。

日本では、明治になってから舶来品の鍵が輸入され、それらを真似してつくられたので、歴史が浅く一般的には恰好だけ錠がついていれば安心というような形式主義が多く、これでは三文判が押してあれば安心というのと、そう変わりはない。今日に至るまで「錠」に関する知識は意外に浅いというのが日本の実情である。これからは、もう少し「錠」について研究し、使用する目的をよく見極め、目的に合った手段の錠を選択するということが重要である。それと錠を取付ける「相手」があることなので、建具などの構造をよく見極めた上で、取り付け方も考えないと、せっかくの錠が台なしになってしまう。イギリスには「錠を決めてからドアーを決めろ」という言葉があるくらいだから、扉など建具と錠は同時に考えていく必要がある。

最初にもふれたが、昔は日本の家というのは「錠」はほとんど使われず、唯一、鍵がかかったのは便所ぐらいだったのだが、日常生活の中で錠がかかるか、かからないかということは、たぶん、日本人の思想の構造にまでも深い影を投げかけてきたということも指摘できることである。

警視庁の話によると昔と違って近頃の泥棒は四〇%ぐらいは玄関から堂々と入ってくるそうである。余談だが、昔は、泥棒は正面から入らなかったそうである。

戸締りといえば「百の鍵より一人の留守番」という標語が以前にあったそうで、ある奥様が「一人の留守番って、ソレあたしのことじゃないの……」と憤慨したそうである。外国の古い都市に行くと「錠前師の店」(Lock-smith)というのがまだ相当に残っていて、それぞれが由緒ある店が多い。さすがにヨーロッパ文化は「鍵の文明」というのがよく理解できる。もう一つ鍵を扱う店で「キーメーカー(Key maker)」というのがあるが、これは「合鍵づくり」のことである。

「鍵のついた生活」を上手にするには、「鍵の管理」ということが重要になる。米国のニューヨーク、ロスアンジェルス、ポートアイランドなどでは、錠前師、合鍵づくりの職業に対して、かなりやかましい条例があって、登録を受けるようになっているということである。これらの店では、お客様の住所氏名などを帳簿に記録しておいて、いつでも警察の検査に備えられる用意をしておく義務があるのだそうである。鍵や錠は日進月歩で新式のものが次々と開発されつつあるが、鍵の大量生産によって安くもなるけれど、その反面、増々鍵違いの数も増してくる。とにかく、「自分の使う鍵は世の中に一つ」という原則を忘れないように。

西洋シンボル学で見ると、鍵は不思議な力をもっていて「神秘」「秘密」「慎重さ」を意味し、謎のような「難題」と「その解き方」を表す。比喩的には天国や冥界への「戸口」を表す。キリスト教では、鍵は「知識の鍵」や「誠実」を意味している。十字の鍵は「聖ペテロ」の後継者であるローマ法王の紋章となった。

最後に「世界を開く鍵」に希望を託して。

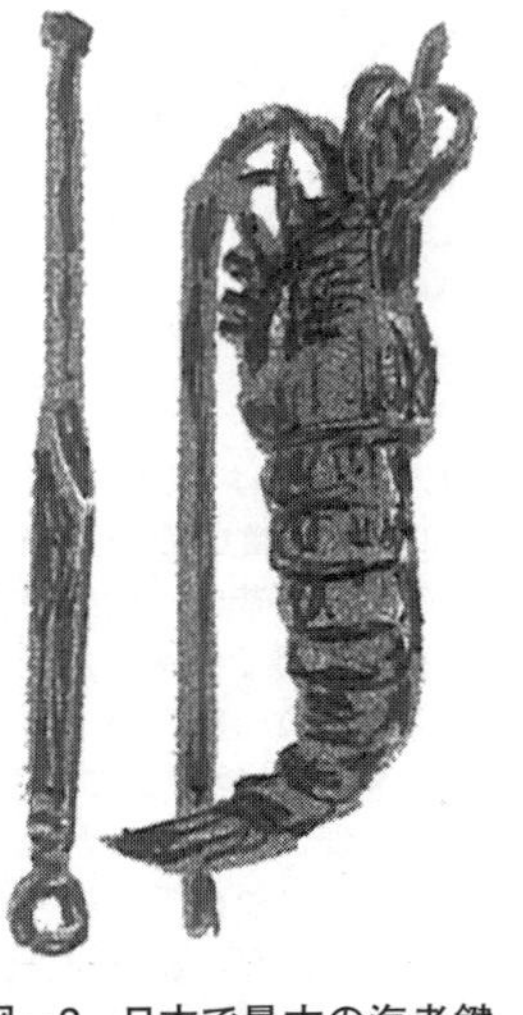

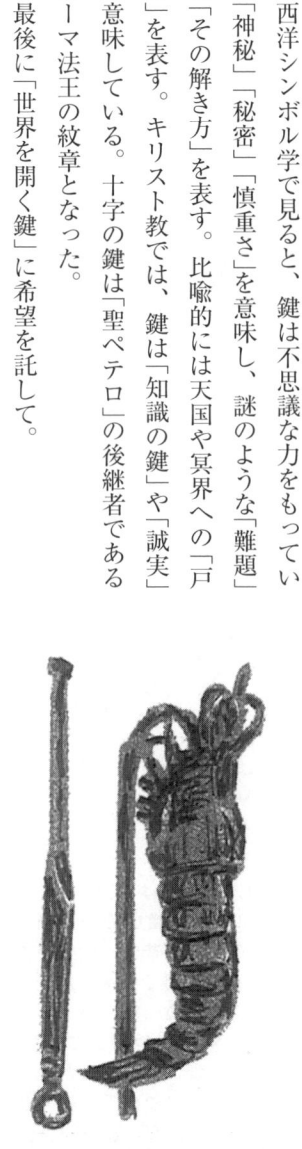

図－2　日本で最古の海老鍵で正倉院の扉についているもの（もともと中国からはいってきた）

図－1　原始人たちは、穴の中などに獲物をかくして、施錠の役目をはたした

「ウォード鍵」
大きくて、長い、昔のヨーロッパの鍵。
ル・コルビジェも、腰にぶらさげて仕事をしていた。

昔の鍵棒はこのように長く、でっかいものだった

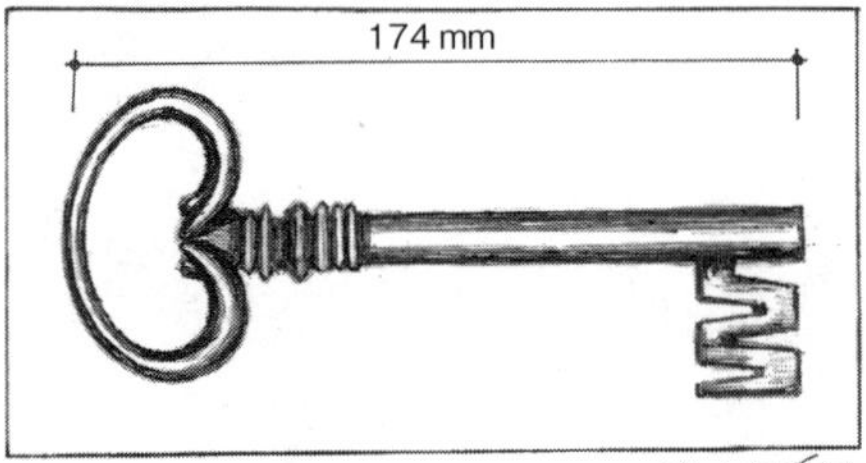

ウォード錠の合鍵　絵・makoto

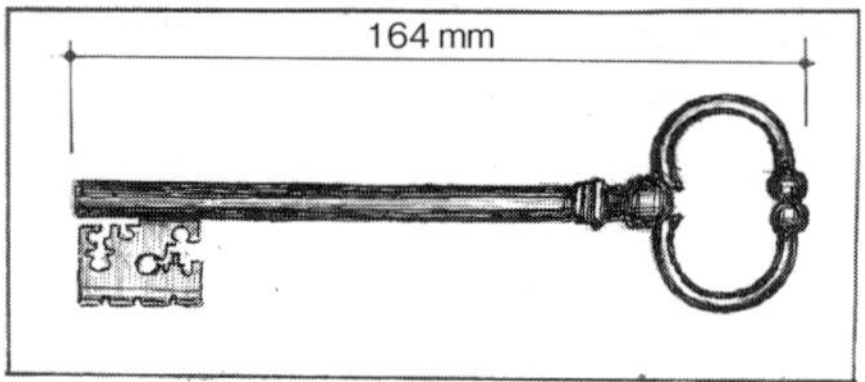

絵・makoto

（新橋、堀商店所蔵品）

鍵は開けたり閉めたりする道具であることから、これを持つ者が「解き放つ力と、つなぎとめる力」を有することを示すシンボルとなる

「鍵は開け、かつ閉じる」
（「シンボル図像集」J. ボシウス、1702 年）

図－5　長大なウォード錠の鍵

（上３点は著者イラスト）

図－3　18 世紀の末、1789 年に勃発したフランス革命で、王妃マリー・アントワネットと共に断頭台の露と消えたフランス国王、ルイ 16 世の趣味が、狩りと錠前づくりであったことは、あまり知られていない

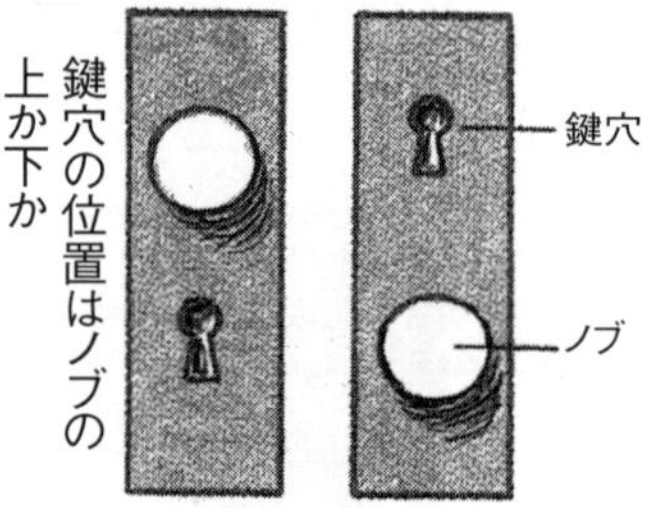

図－4　鍵穴の位置はドアーの「ノブ」の上が良いのか下が良いのか？　昔は、大きい鍵をヒモなどで何本かたばねていたので、鍵穴が下でないと他の鍵棒がノブに当たって使いにくかったので、たいていノブの下に鍵穴が付いていたが、鍵が小型化するに従って、今日では上に鍵穴が一般的になった。その方が良く見えやすいということもある

図－7　ギリシャの錠前というと、「神殿錠（Templelock）」がよく知られている。図はホメロス時代の神殿錠

図－6　ブレーメン市の「鍵」マーク、1000年以上も使用されている

鍵が象徴するもの

欧米には「市民の鍵」という表現（言葉）があって、この表現は、元来は中世時代に城砦都市の戦いで降伏した印として、城門の鍵を相手側（勝利者）に手渡した慣習から生じた言葉であるが、これは、現代においても、外国からの賓客などに友好の印として贈られたりもする。日本では、古くから、神社の新築や改修工事の時に、完工の儀式の時に、宮大工から宮司に、三宝にのせた鉤（かぎ）が手渡される風習がある。現代の大型の建設工事など（工場やホテルなど）の工事の発注方式の一つに、「Turn-key- 方式」というものがあって、これは、企画から完成まで、一際のものを請負会社が責任を持って完了し、最後に発注者は、鍵一つを回せば、今すぐにもその施設が運用できるという、全面委託方式のことをいう。このようなことから判断しても、「鍵」というものは、「富や財産の保有を象徴」したり、「主婦の家政権を象徴」、「支配を象徴」、「名誉を象徴」、「五穀豊穣を象徴」、「管理を象徴」、「儀式を象徴」、「知性を象徴」などと、色々なことを象徴しているのである。これは、単にそれらの意味のシンボルというのみならず、それらの各方面に渡って、きわめて重要な役割を果たしているが故のことでもある。

〈鍵と錠〉

錠は鍵で開閉する、しまり金具のことであるが、「錠」の機構は、「締まり機構」と「鎖錠機構」から成り立っている。締まり機構の方は、一時的に、戸などの開閉を阻止する役目で、種々の方式があるが、日本の門の、「かんぬき」も、その一つである。他方、鎖錠機構は、錠を操作できる、有資格者を、鍵によって判別する機構で、大半の錠前では、鍵は、同時に、締まり機構を直接作動させるつまみの役割を果たしている。

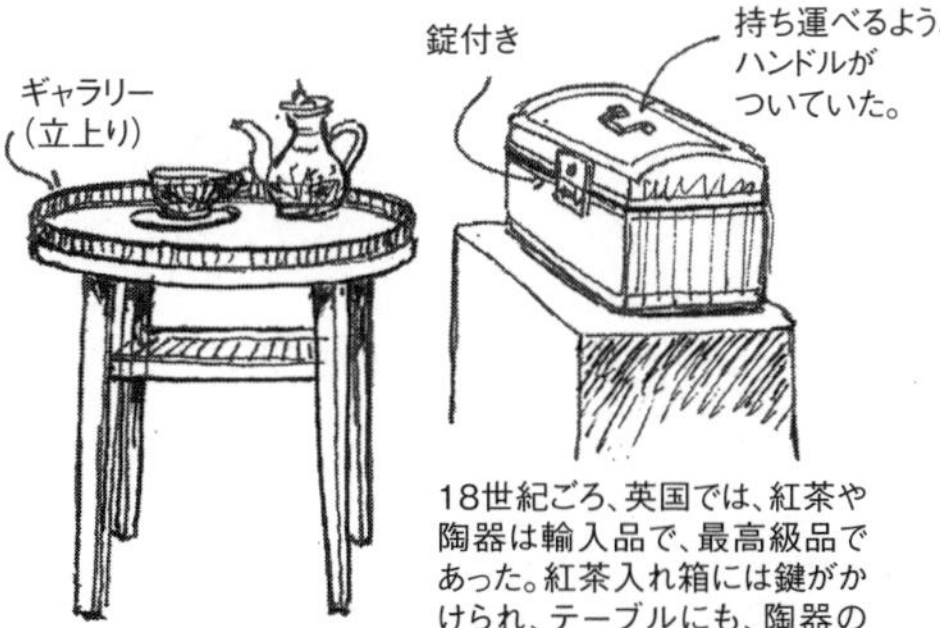
ギャラリー
（立上り）
錠付き
持ち運べるよう、
ハンドルが
ついていた。

18世紀ごろ、英国では、紅茶や陶器は輸入品で、最高級品であった。紅茶入れ箱には鍵がかけられ、テーブルにも、陶器の落下防止のギャラリーが取付けられた。

（著者イラスト）

図－8

〈鍵《かぎ》と錠《じょう》〉（key と Lock）

日常私たちは、気軽に「カギをかける」、「カギをあける」などと言っているが、これは正しくは、「錠をかける」、「錠をあける」と言いかえなければならない。普通、人が持ち歩いている方の、「施錠」、「解錠」のためのものを「鍵（key）」といい、家具やドアーなどに取り付いている施錠のための装置一式を錠（LOCK）と呼ぶ訳である。したがって、「錠を鍵で、開ける、閉める」という表現になる。

錠の歴史は古く、エジプト錠（紀元前 2000 年）が世界最古と言われている。これは、寺院の大きな木製扉に施錠するための木製の錠であったそうである。人間は欲ばりなもので、ある時は「開けっ放し」にしておきたいと思いもし、またある時は釘付けにでもしておきたいとも思う訳で、このような確実性と便利さなど、二律背反のむずかしい要求を解決したのが「錠」であったと言っても良いであろう。「錠破り」と「鍵の開発者」とは、常に競争をしつつ今日に至った。これは世の常で、やむことはない。ぶっそうな話しだが、これが真実である。

図－9　中世の南京錠（堀商店所蔵）
カメラ型のもの

図・写真引用元は以下の通り

図 -1、5、8、9／著者イラスト
図 -2～4／「「住まいの金物」談義—文化の末席・考一」、木村瑞次郎著、高橋金物開発部発行、1995 年
図 -6、7／「錠と鍵の世界　その文化史とプラクティカル・テキスト」、赤松征夫著、彰国社発行、1995 年

テーマ22 テーブルと机について考えよう（その1）

私たちにとって空気や水は、それなしでは生きてゆけない程に大切なものであるのに、「有って当たり前」というぐらい無心に近い状況で利用している。同様にテーブルや机も、これらを欠いた生活などまったく考えられない程に利用されている割には、我々がその有難さをかみしめながら使っているとは思えない。そういう点では、「空気」「テーブル」は同類だとも言えよう。

人によっても差はあるだろうが、私たちが毎日、テーブルや机のごやっかいになっている総時間を集計してみたとすると、びっくりするぐらいになるであろう。イスについては色々な本などが出ているが、テーブルと机の本はほとんど見当たらない。多分、どこにでも転がっているから改めて説明など必要がないと皆が思っているのかもしれない。

今日では、「テーブル」といえば脚が付いているが、その昔は「テーブル」というのは天板の「板」だけであった。富める者から、貧しい者まで同様であった。英語の「Table」という言葉の語源はラテン語の「Tabula」だが、これがまさに「平たい板」という意味であった。人々はこうした「板」を何枚か持っていて、必要に応じて数枚の板を組み合わせたり、長くつないだりして、その上に「テーブル・クロス」のような「布」をかけて使っていた。

それでは脚はどうしていたのだろう。脚は通常は「Trestles」（うまとか架台とかいう）という、**図-8**の⑦のような木製の脚立のようなものを「天板」の安定が保てる数だけ置いて、その上に「天板」をのせていた。昔は戦争も多かったし、自分の領地などの見回りのため居を移したり、住まいを移動する時などには、こうした「天板」と「脚」に分解できるテーブルというのは、移動しやすいという利便性があった。「家具」のことを、フランス語でMeubleといい、ドイツ語でMobelというのも、実は「動かすことができる」という表現であった訳で、英語の「Move」「Movable」などに通じる。家具にとって、「動く」ことが最重要課題であったことがよく理解できる。今のように伸縮テーブルなどのなかった時代にあっては組合せ方一つで「大」「小」自在にテーブル構成ができたという点と、「不使用時」にコンパクトに収納できるということは、きわめて実用的なものであった。

日本では、まだ「寝食分離」が行われない時代に「卓袱《ちゃぶ》台《だい》」という脚を折りたためる座卓がどこの家庭にも必ずあって、狭いながらもとても便利な家具であった。中には角型もあったが、たいていは円卓だった。多くの家族が「車座」に囲めるということで円形であり、片付けの際タタミ上をころがして運ぶこともできた。

食事や会議などの節目に、よく席順などでもめることが多いものである。ヨーロッパでは古くから「円卓は論争を起こさない」、「円卓には席次について議論はない」、「円卓につけば、各人の席が一等場所」などと言われていて、円卓は大切にされていた。英国の家具研究者のジョン・グローグ氏の「家具小事典」の「Table」の項には計百四十六種類のテーブルの名称がのっているので、西欧ではいかに多種のテーブルが使用されてきたかが理解できる。世界中には、大きく分けて「床に座る」―「座卓」方式と「イスに座る」―「立位のテーブル」とに分かれる。日本では用途により、「テーブル」、「デスク」、「机」、「座卓」などと呼び分けている。「Desk」はラテン語の「Discus」（皿の意）から発していて、テーブル同様、「平たい板」を意味していた。

日本にも「折敷」や「箱膳」という一人用の食卓のような家具があるが、西洋でも古代や中世あたりでは「Lap-board」（膝板）という自分の膝の上にのせて用いる小テーブルを用いていた。米国のシェーカー教団などでも「Desk-box」（箱机）とか「Lap-desk」（膝のせ机）という、中に筆記用具を入れて「アタッシュ・ケース」のように携帯し、膝上で使用する家具を使っていた。「机」というものはヨーロッパでも元来は「全方向性」のもので、今日のように「正面」を持っていなかった。だから「引き出し」も各方面に付いたりしていた。すなわち「個人用」という性格が薄かったのである。一七世紀になってやっと「正面」を意識しはじめた。それまでは「knee-hole」（ニーホール）と言われる「足を入れる」スペースもなかったので、やむを得ない時は人は「横向き」に座っていたのである。横向きだと、のぞきこむことができず、本などを見にくいので、傾斜面の「書見台」が開発された訳である。机はしだいに「個人の占有物」となり、色々と「からくり」的な収納部が加えられ、他人が使いにくい内容を持つようになったことから「secretary」（秘書）と名付けられもした。

　このようにテーブルにはつきせぬ話がある。

　最後に、フランスの哲学者、ガストン・バシュラールは「家庭の食卓の上の晩のランプもまた世界の中心である。ランプに照らされた食卓は、それ自体、一つの小世界であろう」と述べた。何の世界でも同様だが、発生源のかたちを見ることは、現在形を考える上でとても重要だということを申し添えよう。

図－1　王の食事風景（木彫リヨン、1508年）

この絵でも、テーブルは「うま（脚）」の上に板をのせ、テーブルクロスをかけたもの、「うま」がクロスの下からのぞいている。

図－2　座している書記像（古代エジプト、ルーブル美術館蔵）

図－4

図－3

図 -3、4　古代エジプトの書記像（カイロ博物館蔵）
図 -2～4 はすべて、膝の上で、Lap-board（膝板）を用いてメモを取っている姿

図－5　アーサー王の円卓の騎士団（1470年頃の写本画―パリ、国立図書館蔵）

騎士たちは円卓を囲んで座るが、これは彼らの平等の地位を象徴するもので、お互いに上に立つ者がいないようにという配慮によるものだった。

図－7　Lap-Desk（右）と Desk-Box（左）の説明図

シェイカー教団の長老などが各コミュニティー間を旅して歩くとき、筆記用具などを入れてゆき、必要な時には、膝の上でミニ・デスクの役目もした現代版のアタッシュ・ケース（attache-case）。

神の使者でもあった宣教師たちは、地の果てまでも歩いて布教に努めたが、山間の山路でも、河原でもこれらの小家具は有用な道具であった。

図－6　日本の「卓袱台」（折りたたみ式円形座卓）（昭和14年刊・徳川義親著「日常礼法の心得」から）

角型のものもあるが、丸だと、狭い日本の家屋でも人数に対応ができ、片付ける時も床上をころがしてゆくことができた。

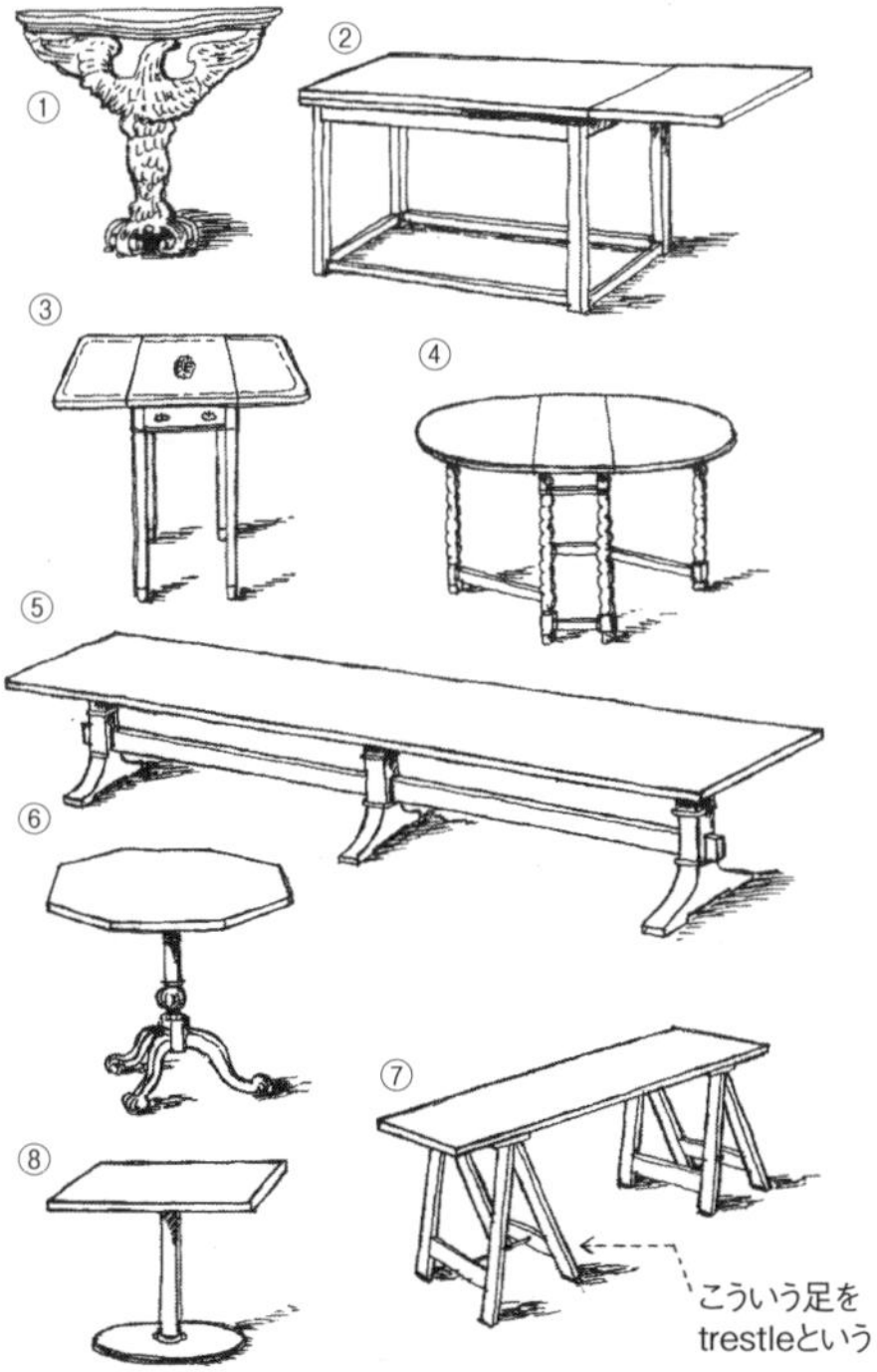

① Console table
壁付きテーブル
（ブラケット式が多い）
② Draw table
拡張式テーブル（引き出し式）
③ Pembroke table
折りたたみ式テーブル
④ Gate-leg table
折りたたみ式テーブル
⑤ Refectory table
細長い（角）テーブル
⑥ tripod table
三脚テーブル
⑦ trestle table
甲板＋架台（脚）の組立て式
テーブル
⑧ Pedestal table
ペデスタルテーブル台座
（柱脚）付きテーブル

図－8　色々なテーブルの絵

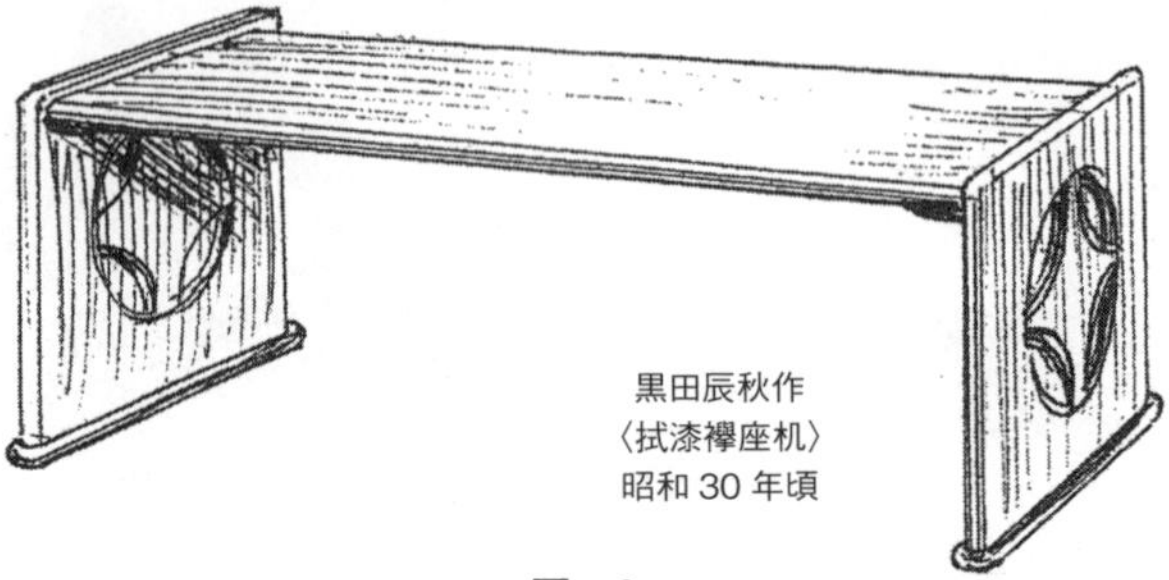

黒田辰秋作
〈拭漆欅座机〉
昭和30年頃

図－9

さすが、「黒田辰秋」は、日本の名匠だ。デザイナーでは、なかなかこんなテーブルは、つくれない。工人の眼と腕とは、こんな名品を生み出すことができるのだ。

図－10　(19世紀後半) 月岡芳年画、日本の火鉢

〈火鉢〉も一種のテーブル

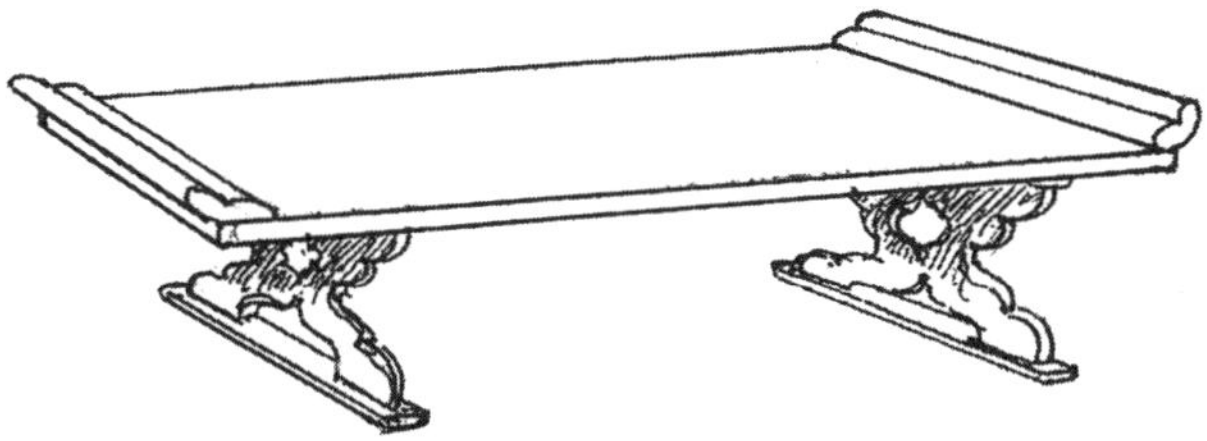

図－11　〈文机〉家具の歴史館

図－12　「ニーホール」と呼ばれる「膝入れスペース」の説明図

図・写真引用元は以下の通り

図 -1、6／『iS』28 号、ポーラ文化研究所発行、1985 年
図 -2、4／『つくえ物語』、桧山邦祐著、青也書店、1979 年
図 -3、5／海外の家具辞典から
図 -7～9、11～13／著者イラスト

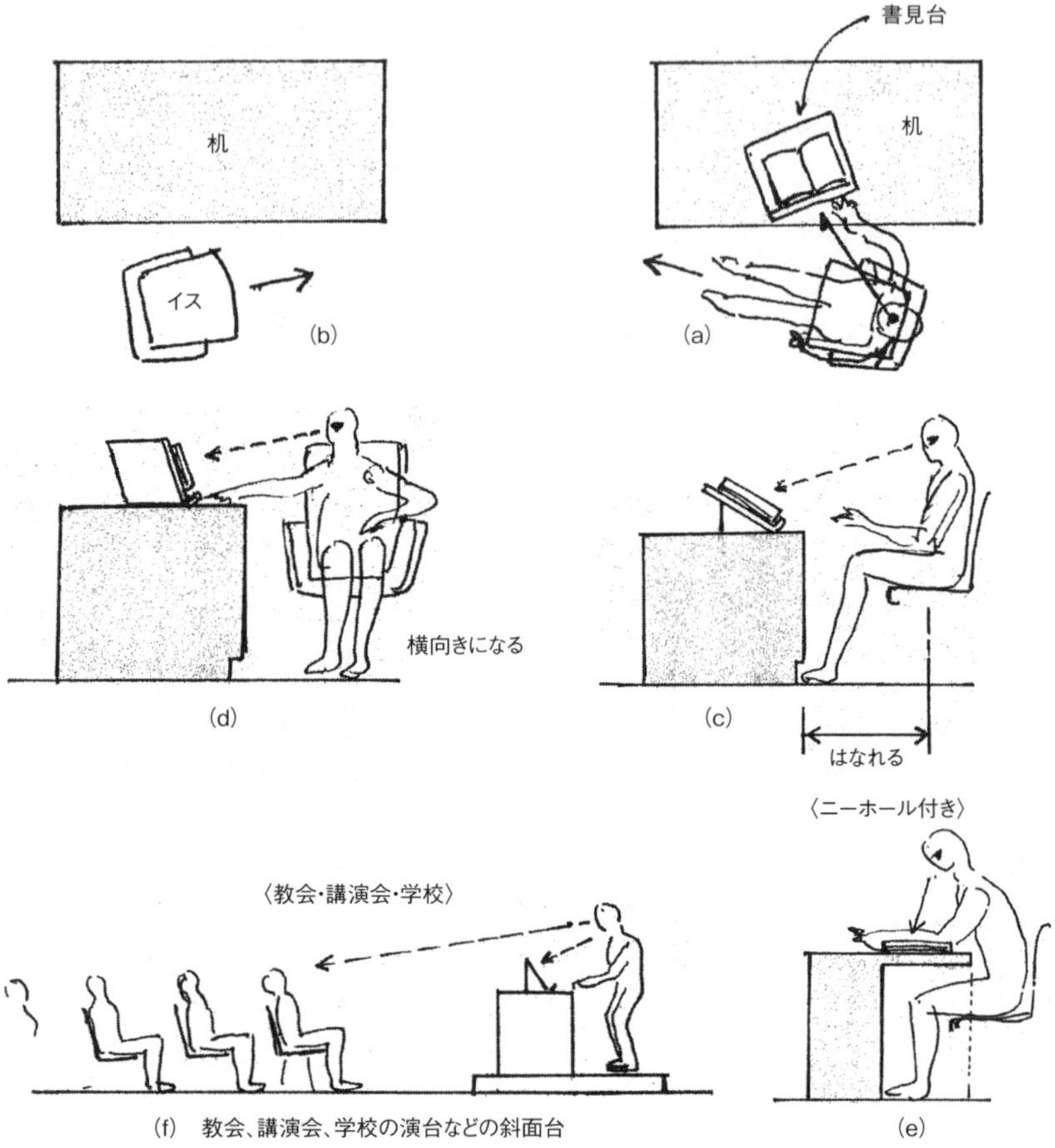

図－13　「ニーホール」と斜面机の関係

今日、机といえば当然膝が入るのはあたり前だが、昔は、膝が入らない机はざらにあったのである。この膝の入らない机を、どう利用したのだろう。

昔の机は“正面”を持たず、“全方向性”のものが多かった。膝を入れるためのニーホールも付いていないものが多かった。机の正面性とニーホールはほぼ同時に発生したものであった。

16～17 世紀の机は、不思議なことに、膝を入れるスペースがないものが多かったのである。当時はまだ、書写本などが多く、書物のサイズも大きかったので、e 図のように、しっかり机の下に膝を入れないと、本の上に覆いかぶさることができなかった。そこで、c 図のように、正面を向いて机からちょっと離れるか、d 図のように横向きに座るかのどちらかであったことは、当時の多くの絵画などが示している（a、b 図も参照のこと）。

c、d の場合、人が机から離れてしまうので、書を水平に広げても読むことはできなかった。そこで考えられたのが、“斜面机”という発想であった。すなわち、本を立てて見るという方法で、書見台などは、常にそうした形態である。実は、この書見台は、講演会の演台の上でもよく用いられている。この使用目的は、講演者などが、下向きで机上ばかり見ていたのでは、聴衆に礼を失するというのが主である。教会などでも同様である。

日本の国会の議場ではあまり見かけないが、この場合は逆に、顔を見られたくないのかもしれない。

テーマ 23 テーブルと机について考えよう（その2）

テーブルや机のような家具は、人の生活方法が「立位」の国であっても「座位」の国であっても、それぞれに特有で、しかもふさわしい家具が存在するものである。日本固有のものは、主に中国や朝鮮あたりから移入されたものが多い。

「机」という漢字は、なんの疑いもなく「つくえ」と読んでいるが、この「机」の偏の「木」は、全くつけたしで、旁《つくり》の「几」が象形文字で「人がうずくまって身を寄せかける台」の形を示している。これは、イスを用いなければならない程の高さでもなく、肘をついて寄りかかれる用具であって、早い話が「脇息《きょうそく》」のようなものであった。もともとの中国ではどうかというと、「机」に相当する字では①几、②卓、③案、④卓子、⑤桌子、⑥擡子、⑦几案、⑧卓案、⑨案几、⑩机卓などがあって、半知半解である。『現代中国語で〝ツクエ〟は「卓子」で、食事用のものは「飯卓」、勉強机は「書卓」という』と陳舜臣氏は言っていて、中国では机は＝機となった。したがって「飛机」は「飛行機」のことになるのである。

もともと「つくえ」の発生は、「食べること」に関係があった。岩波古語辞典でも「飲食物など、広く一般に物を載せる台」とあって、「書を読み、字を書く台」という記述はない。

韓国は〝座位〟の生活が主で、日本とよく似ているので、李朝などの飲食に用いる「膳（**図－10**）」というものは、日本の銘々膳などの祖型と思われる（**図－14**参照）。日本では食器も含めて、「台所」から「座敷」へと食事を運ぶ「食習慣」がその裏にあったため、お膳＝会席膳の寸法は尺二（一尺二寸）＝三十六センチ角がきまりであった。この寸法は経四寸の椀が三つ並ぶ、すなわち、計九個の椀が並ぶ勘定になっていた（**図－12**）。持ち運びの時、肘をひきしめ両手で持つ「身巾もの」につくられていたのである。和風建築の廊下が内法寸法三尺につくられていたので、廊下で膳を持った二人が粗相なくすれちがうには、こうした関係寸法からも、「一尺二寸」が限度寸法でもあったわけである（**図－13**参照）。また、こうした運搬をするため、「軽さ」と「小ぶり」なことに加えて、形としては「シンプルで丈夫」で「凹凸がない形」が要求された。また、使用されない時には、膳でもお椀でも積み重ねやすいようにできていた（**図－11**）。

話は少々変わるが、「つくえ」というのは人間にとって、古い友人である。ものこそ言わねど、そして生まじめなこと、友をあざむかないことなどの点では、愛犬に劣らない資質を備えていると言えよう。それほどの仲間内であるのに、日本の諺などに登場することは案外少ないのは、どうしたことであろう。「上げ膳、下げ膳」とか「据え膳食わぬは男の恥」ぐらいである。

西欧では、とたんに多くなる。「円卓は論争を起こさない」、「円卓につけば、各人の席が一等席」、「テーブルにつくことは、人を老いさせない」、「テーブルでは優雅に、ベッドでは仲睦まじく、家では有為に、教会では信心深く、そして街中では礼儀正しく」、「テーブルに近く、妻から離れて身を持する人は人生を展望できる」、「テーブルに遅れてくる人は骨をつかむ」、「テーブルの前とベッドの中では恥ずかしがることはない」、「テーブルでは妻が、ベッドでは夫が権利を持っている」、「テーブルでは、おしゃべりより食べることが先決」、「机にパン盛りゃ机は王座、机にパンなきゃ、机は板の切れっぱし」、「テーブルについたら泣くな、泣くなら柱のかげで存分に泣け」、「テーブルからナイフが落ちた時は男の客、スプーンが落ちた時は女の客がくる」等々、挙げたらきりがない。それだけに、欧米ではテーブルや机というものが日常の生活と深いかかわりを持っていたということができよう。

もともとテーブルや机は個人の専有物という考え方は無かったのだが、次第に自分流のこだわりとか工夫をこらした机などが考案されたり、鍵がかかるようになったりして、増々、個人所有の物に発展していった（**図－8**参照）。pigeon-hole（ピジョン・ホール）などと呼ばれる鳩小屋のように小区画された分類棚なども発生した。こうして、色々な機能が付加されて便利で実用性が向上したことによって、このような「デスク」を、あたかも一人の秘書の役割を果たすという意味から、「secretary」とも呼んだ。

よく、ある人が亡くなってからでも、形見として書斎のデスクとイス、備品などを、そのまま温存したりするが、それだけに「机」などはその人物を物語っているからであろう。

ここで著名人の愛用の「机」を見てみよう。まず第一番にあげるべきは、「昆虫記」を書いた、アンリ・ファーブルの机で、彼は貧しかった書生の時から昆虫記を書き上げるまで、このごくありふれた小テーブルを片時も離すことなく愛用し続けた。小さいが故に、天気の良い日は日だまりにと、場所を変えつつ使い続けた。ちなみに、岩波文庫の「昆虫記」第九巻、十四章の「数学思い出話―私の小テーブル」の一部を拝借すると、「私の仕事机はタオルほどの大きさ、右には一スウのインク壷を、左には開いた帳面を置くと、ペンを動かすに必要なだけの広さがやっとあった。これは若い頃、最初に買い入れた道具で、私はこの小さな家具机を愛している。これは、好きなところに、例えば暗い日だったら窓の前に、日の光が邪魔だったら、薄暗い隅の方に楽に持ち運びができる。また冬には薪の燃えている炉のすぐそばに持って行くことができる――私の昆虫記には、これ以上適当な机はない。――」と記している。

ここで幾人かの著名人愛用の机を拝見してみることは、その人を見るよりも、人柄をよく表現しているような気がしてならない。

図－1　ファーブル愛用の小さな机

名著「昆虫記」を生み出した机

この小机は、ファーブルがほぼ終生に渡り毎日愛用していた机である。「昆虫記」もすべてこの机で書いたと言われている。薄汚れて、ナイフのキズ、虫喰いの穴もあった。写真から判定して、W ≒ 900、D ≒ 500、H ≒ 680 程度と想定できる。この“小さな机”の“とりえ”は、部屋のどこへでも簡単に“移動できる”ことであった。“日だまり”の場所へも。

日本にも“輸入家具”が多く入ってくるようになって、海外の著名な家具が、お金さえ用意すれば入手できる時代になった。おそらく何人かの人たちは、これらの有名家具を順次入手してコレクションしている人も多いと思われる。それらの人々に私が“水をさす”わけではないが、“真のコレクターの行為”と“収集狂”とは意を異にするものである。遠い昔の時代から世界に存在してきた家具の全体から見れば、たとえ 100 脚の有名イスを収集してみたところで、それは“氷山の一角”にすぎない。象のしっぽにちょっとふれたにすぎない。そうした行為よりも、上記の“ファーブル”の行為のように、どこの中古家具屋にでも並んでいそうな家具の中から、真に自分の生活の中にぴったりと溶け込めるものを見出して、それを己れの日常生活の中でどのように活用し、愛用してきたかという、“行為そのもの”が世界の“家具文化”に大きく寄与できるものだということを強調しておこう。

図－2　円天井の書斎におけるトルストイ（レーピン）の机とイス

図－4　ワイマル市のガルデン・ハウス（庭の家）でゲーテが愛用したという「立ち机」と「イス」。このイスは馬乗りのように、マタイで座るようにできている

この部屋の真下の歩道に、QでDesignした時計塔が立っている

図－3　D・マッカーサーのイスと机

彼は在日中、1日も休まず執務したという。

イスはしぶいGreenの色の皮張りで、ほとんど色がとんですりへっている。脚台は木製で回転式、張りの周辺には鋲打ちで止めている。全体に骨太で重厚な表情をかもし出している。激務だったマッカーサーの体を受け止めるに充分である。

テーブルもイスにまけずにしっかりした形と構造でできていると見受けられる。

図－5　ドストエフスキーが「カラマゾフの兄弟」を執筆した机

さすがにドストエフスキーほどになると、その机やイスもそれなりに一味も二味もあるものとなる。

図－7　文豪・夏目漱石の「漱石山房」における座卓

図－6　「資本論」を執筆したマルクスの机（画）

机の形は見えてはいないが、すごみだけは伝わってくる。

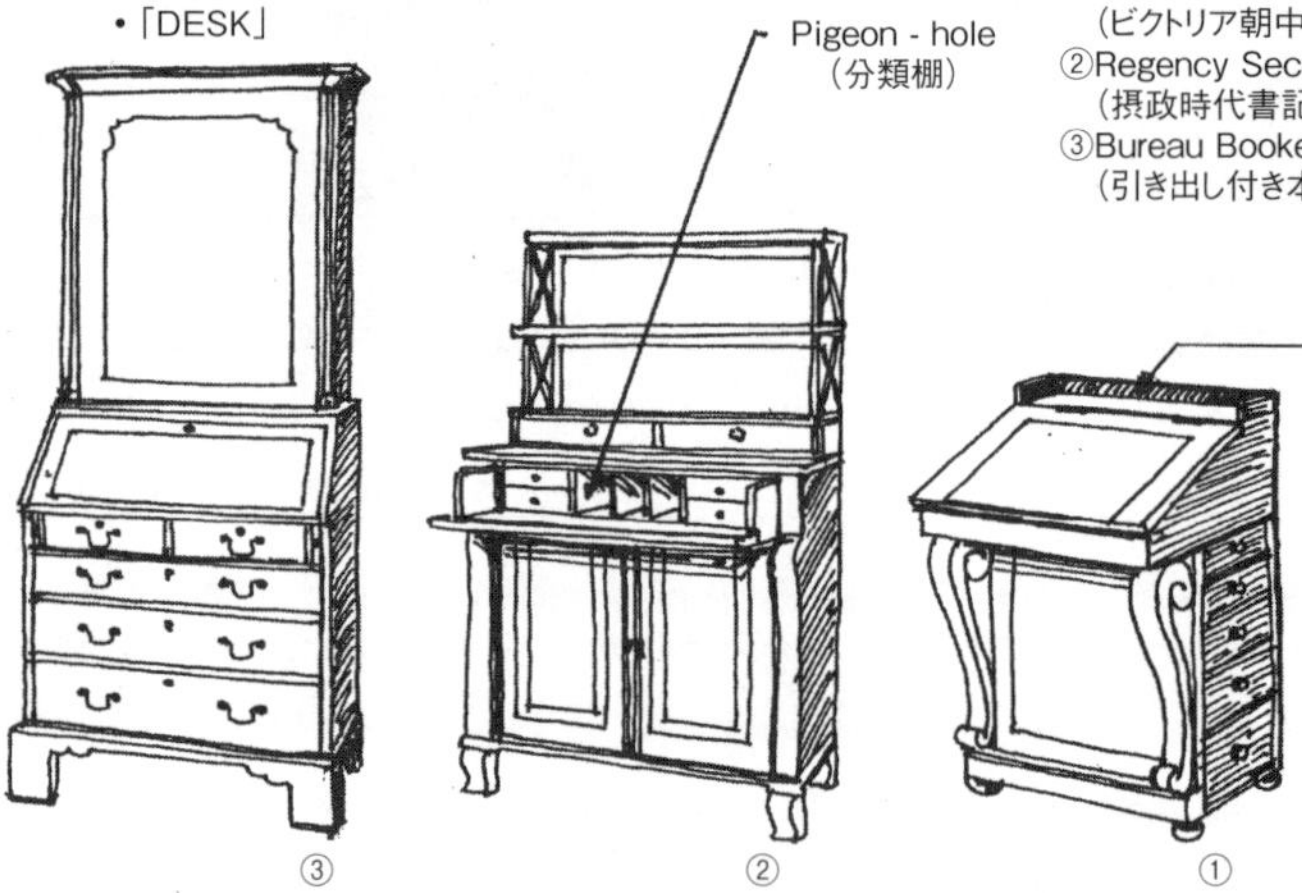

図－8　オックスフォードカラー英和辞典にのった「Desk」の絵

作家の机

戦後30年ぐらいまでは、小説などを書く人のことを「文士」と言っていたが、以後は「作家」とか「小説家」と呼ばれることが多くなった。おそらく最近は、この人たちも、パソコンなどを使うことが多くなってきていると想定できる。パソコンでも、机を使うこと（人によってはラック）については変わりない。パソコン以前には、作家にとって机は、ペン、インキ、原稿用紙の三位一体とともに、不可欠の生産道具であった。こうした作家たちの生産の場をつくり出す机、座卓などは、それぞれの作家の人生観や、生活慣習などが反映されていて、その作家の小説を読んでいるような気がしてきて、興味がつきない。逆に言うなら、これらの机の表情によって、作風も多少は変わってくるということもできよう。住宅では、「人が家を作り、今度は家が人を作る」と言われるが、「机」でも同様に言うことができる。

トルストイのテーブル（ペルシャくるみの木でつくった円卓）

図－9　文豪トルストイには、徳富蘆花をはじめ、多くの日本の文人たちの友人がいた。彼の晩年には、週間平民新聞に「日露戦争論」を書いた。

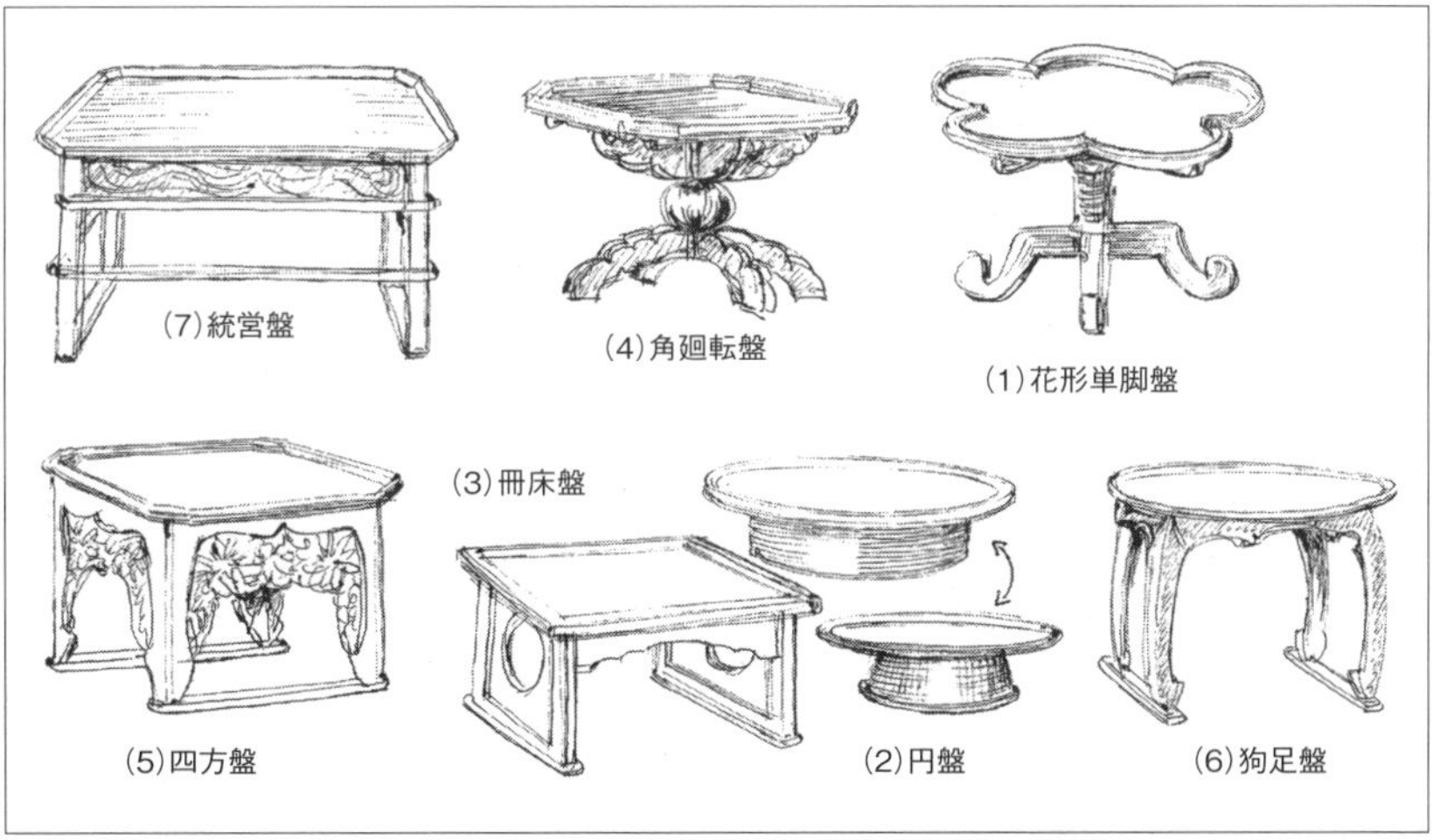

図－10　李朝木工の膳のいろいろ

朝鮮・韓国は日本と同様、「座位」であったので、こうした「膳」は、日本のお手本になったと想定できる。日本民芸館などには、柳宗悦が収集したすばらしい庶民のための朝鮮の膳があって、実物を見学できる。

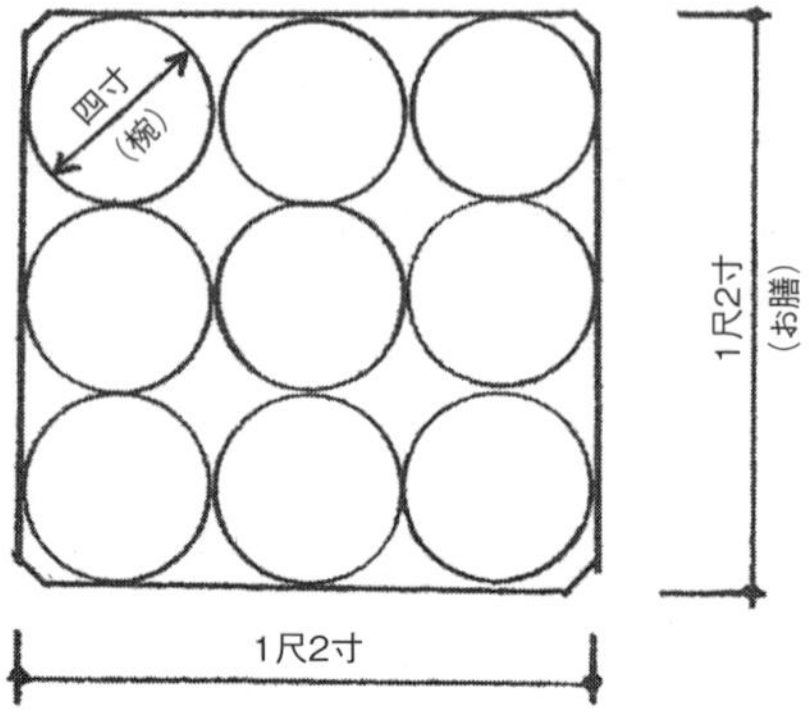

図－12　お膳と食器の寸法関係

お椀は四寸ものが多かったが、この寸法は、尺二のお膳の中に、ぴったり九個並ぶ寸法だった。

図－11　お膳の上手な垂直収納

日本では、何であっても、重ね（スタック）て、収納できるということが重要視されてきた。食器でも、衣服（例えば、キモノ）などでも、全く同様のことが言えた。たまたま、日本のキモノは全て、平面（平板）に畳むことができたので、見事に好都合であった。

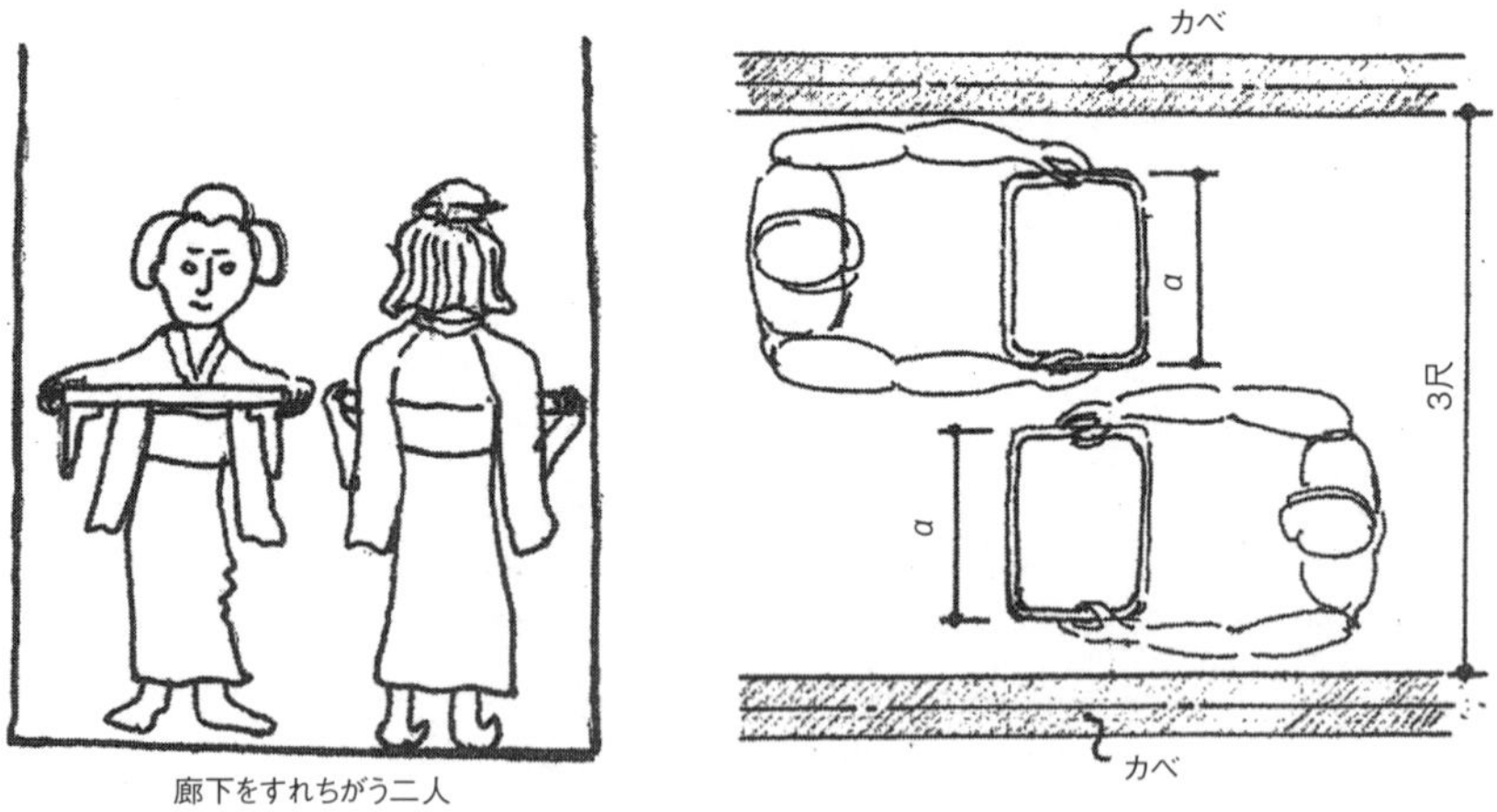

図－13　平面的に見た廊下でのすれちがい

日本の「盆」とか「膳」は「尺二」といって、寸法が一尺二寸のものが多いのは、和風住宅の廊下が通常、三尺幅（内法寸法）でつくられていたので、そこで二人の人が膳などを持ってすれちがうには、図のa寸法が一尺二寸というのが適当であった。

図－14　日本の、主に飲食用の膳、盆など

図－10に比較して、形態的に和家具の系統のものが多く、形がシンプルにできている。材質的にも、朝鮮物が堅木が多いのに比して、針葉樹のものが多い。

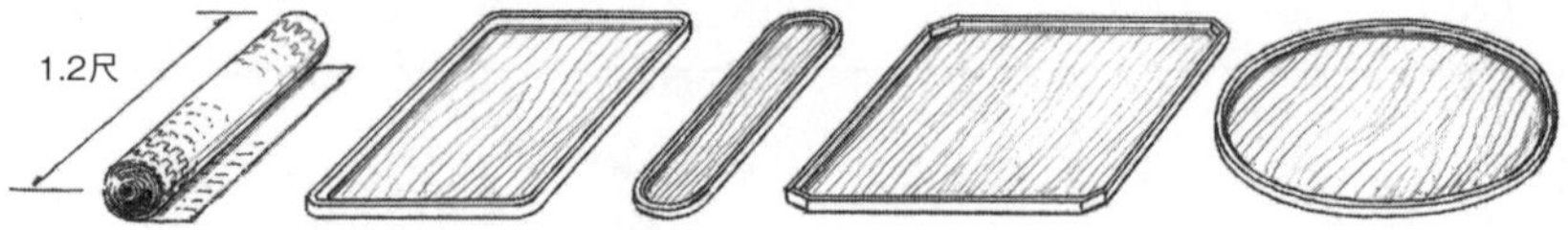

持ち運ぶための工夫——（廊下の幅との関連）

膳をおしりの幅にしたということは、持ったときの手の幅を肩幅と同じになる、寸法にするということなのある。立って下に手を下ろすと、おしりの幅に手の幅が加わることになる、手を前にスーッと上げて、お盆がスポッと手におさまる寸法にするには、お盆の寸法を人間の腰の幅に合わせておけば良いということになる。

人間の寸法は腰の幅に手の寸法を加えると肩幅になる。数字でいうと、肩幅は、45cmで、尺では、1.5尺、手の持つ寸法は、9cm（3寸）といわれている。そうすると、残りが、36cm、尺では、1.2尺、1尺2寸というのは、実は、日本人が手で何かやるときに、無理のかからない手の幅ということになる。つまり、両手を1尺2寸に開くと、色々なことがスムースに行えるし、物を運びやすい寸法ということになる、しかも、物を運ぶ時、手に持っている物が、肩幅の中に納まってしまうので、狭いところを通る時に好都合なのである。

昔の建物の廊下は、ほぼ3尺で、京間では、正味3尺である。江戸間は、田舎間ともいって、3尺から柱の太さ分マイナスされている。その手狭になる前の廊下の幅は90cmで、これは、要するに、二人の人間がすれちがえる、最小の寸法ということになる。このように日本の道具類は、建築などとも「関係寸法」がとても良くできていたということができる。

◉お盆の産地などで「お盆をつくってほしい」というと「じゃ、決まり寸法でやりますか」「うん、決まりで、やっておいてよ」、などと会話がかわされる。このように、“決まり寸法”または“決まり物”といえば1尺2寸を意味する。反物も、1幅が、1尺2寸、1幅で袖、2幅で身頃、を構成する。したがって、日本の着物は、着尺幅（1尺2寸）を四枚でつくられている。この四枚の幅は、両手を広げた広さ、尋（ひろ）という寸法に当たる。

図－15　尺二もの

図・写真引用元は以下の通り

図 -1～4、8～10、12～15／著者イラスト
図 -5～7／「つくえ物語」桧山邦祐著、青也書店、1979年
図 -11／工芸ニュースから

テーマ24 カーペット（絨毯）について考えよう

サルバトール・ダリは言った。「将来の建築は柔らかく毛深いものになるだろう」と。動物たちの「巣」を見てもわかるように、人や動物の肌がふれるところの素材は柔らかさを求められる。それは合理的で数理的に組み上げられた現代建築への〝アンチテーゼ〟でもある。ずっと昔の穴居生活の頃から動物の毛皮などを床（土間）に敷いたりして生活していたことは容易に想像できる。ヨーロッパでも近代になるまで住居などの一階の床は大半が土間であったので、常にじめじめとして土間から臭気なども発生していた。そこで、大切なお客様を迎える時には芳香性のある花ビラをつんできて床（土間）に撒きちらすことが行われていた。砂漠地帯の人たちも、水も木もない砂の上にきれいな「オアシス」のような文様の手織りの敷物を広げれば一気に「楽園」が誕生するという恩恵を、小さな絨毯から得ていた。また、西洋では特別な客を迎える時にロールの真赤な敷物を通路などに敷き広げて歓迎の「花道」をつくったが、これを英語では「Red-carpet welcome」と表現し、「大歓迎」を意味している。このように昔から比較的小型の敷物というのは、とっさの時に、手早く、さっと敷いて思わぬ演出効果があったのでとても大切なものであった。古い時代には床だけでなく、出入口などにドアの代りに掛けることもあった。イスラム教徒たちがメッカに向かってお祈りをする時に祈祷用の小型絨毯をさっと敷く光景もよく目にする場面である。住居用のカーペットに花柄が多いのも元をただせば土間に花ビラを撒いたなごりなのかもしれない。ペルシャカーペットの伝統的パターンの一つに「庭園文様」というのがあるが、これも砂漠の生活で、水や草木を渇望していたこの地の民衆が生み出したものであった。カーペットは時代や国によって、織られる糸の素材は様々だが、なんといってもその主役は「羊毛」である。紀元前五千年も前から羊は人間のかたわらにいた。中国でも羊は「善きもの」であった。漢字の「善」という字は「羊」＋「語」＝「善」というようにつくられ、「美」は「羊」に「大」を加えたもので元来は羊の肉が「美味」である意であった。ちなみに「資本」に当たる英語「Captial」は羊などの家畜の頭を意味する「Caput（カプート）」が語源のラテン語「Capitale（カピターレ）」からきている。

羊はいずこの国でも「資本」であり「富・財産」でもあった。絨毯の素材は「天然繊維」と「化学繊維」に大別されるが、後者は大戦後の「石油化学」の発達によって普及したもので、歴史がとても浅いのだが、前者に比べ、価格が安いので、「絨毯」を私たちにとって身近なものにしてくれる役目を果たしてくれた。それぞれの化学繊維は問題点を持ちながらも技術開発により改良されつつ普及し続けている。当の日本でもだいぶ昔から板張りの床などに用いる敷物はあった。例えば「ござ」、「こも」、「むしろ」、「しとね」、「毛氈《もうせん》」、「座ぶとん」、「畳」など。畳は元来今のように敷き詰めずにふだんは折りたたんで置いていたので「タタミ」という名称になった。輸入品や献上品のような絨毯は奈良時代頃から一部もたらされてきたが、一般的には日本では絨毯を使う伝統はないに等しいと言えよう。〝朝吹登水子〟さんが言っていたが、「日本では訪問の客人は客間の壁にかかっている絵画や飾られた花瓶やブロンズの像に視線を投げるが、床に敷いた絨毯に目を落とす人はまずいない。ところが、フランスでは、客人はサロンに入ってくるとまず家具を眺め、壁の絵画を眺め、次に絨毯に目を落とす」と。カーペットに限らないが、私たちの日常生活の中にあって、「これだけは欠かせない」というような「必要性」があるか、ないかで目を落とすか落とさないかも決まってくるように思われる。畳はまさにそういう存在であったからこそ今日までも生き永らえてこられたが、日本でカーペットが畳のようになるには、デザインや性能などをもっともっと改良したり、使い方（用い方）などの研究がなお一層されるべきであろう。「床」というものは、単に〝見た目〟や〝歩きやすさ〟に限らず医学的、生理学的、心理学的、社会学的、などの諸分野からも学際的な研究がなされるべきものということを申し添えて筆を置きたい。

（b） 古い時代から、絨毯の産地では、仕上がった製品をこのように背にしょって、バザールなどに運んでいた

（a） 3000 年以上も続いた女性の糸紡ぎの作業は、羊毛を西欧全般に普及させた原動力であった

図－1

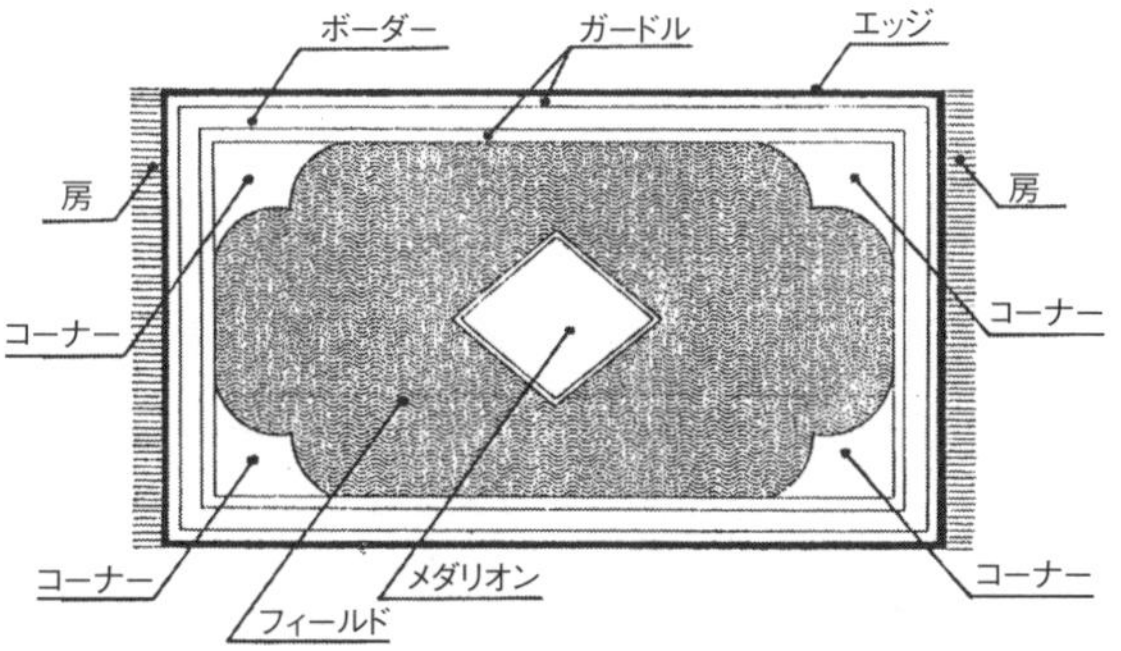

図－2 手織りなどの絨毯の各部位の名称

図－4 ニューヨークのネルソン・ロックフェラーのサロン

設計：ジャン・ミッシェル・フランク、絨毯デザイン：クリスチャン・ベラール、暖炉：マティス作、その上の絵はピカソ。これほどの顔ぶれで部屋をつくったのは、歴史上、これ以外にはない。

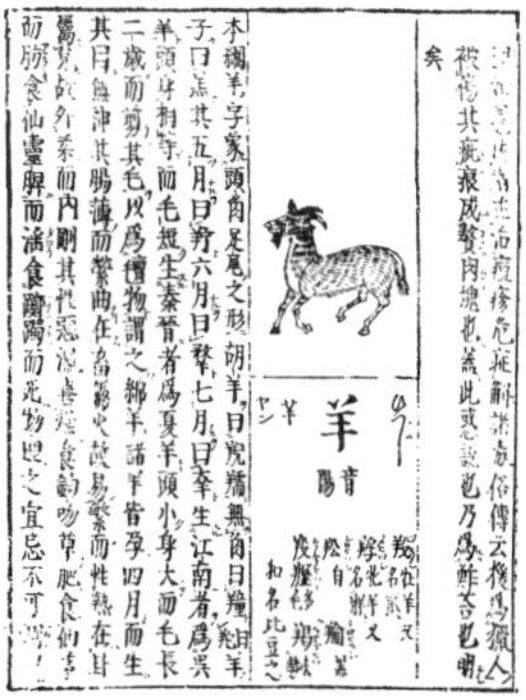

被傷其瘢痕成贅肉塊也蓋此或説也乃爲鮓杏也明
矣

羊
陽 音
ヤン
和名比豆之

本綱羊字象頭角足尾之形胡羊曰羖羊無角曰羶羝羊
子曰羔其五月曰羜六月曰㚘七月曰羍生江南者爲呉
羊頭身相等而毛短生秦晉者爲夏羊頭小身大而毛長
二歳而剪其毛以爲氈物謂之綿羊諸羊皆孕四月而生
其目無神其腸薄而縈曲在畜屬火故易繁而性熱在卦
屬兌故外柔而內剛其性惡濕喜燥食鉤吻草肥食仙
而胼食仙靈脾而淫食躑躅而死物理之宜忘不可

図－3 「倭漢三才図会」、巻 37「畜類」にて

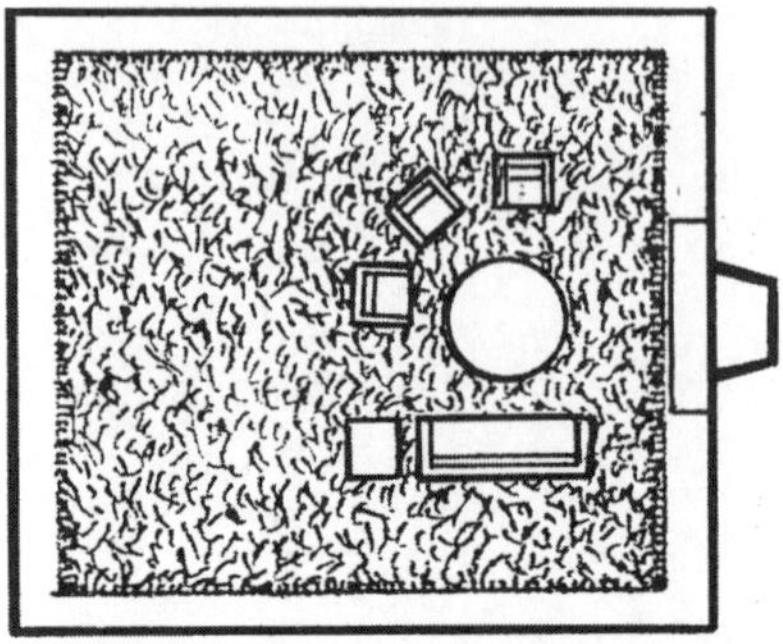

(b)「Roomsize Rug」

日本では「部分敷き」に相当する敷き方。周辺の床が少し見えるように、壁から30～40 程度にげて敷く方法。この方法では「ラグ」といい、敷物の縁は全てトリミング（縁飾り）されている。出入口の付近で、敷物の厚みに足を引っ掛けることもあるが、下地の床仕上材が良いものであれば、図 a の方法よりもさらに引き立って、立派に見えることもある。利点は、傷やシミが片寄らぬように動かせる点と、簡単に取り外して洗うことも可能な点。欠点は、周辺の露出した床も綺麗に掃除しないと美しく見えない点。

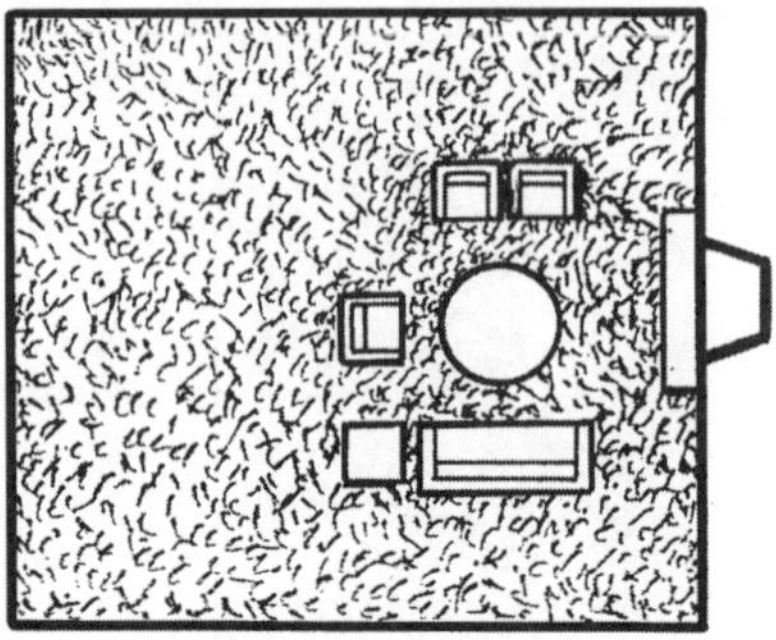

(a)「Wall to wall carpet」

日本では「敷き詰め」または「ウォール・ツー・ウォール」という。カーペットはラグと異なり、一定幅のものを継いで、床全体を壁から壁まで、すきまなく敷き詰めるものをいう。利点としては、部屋を広く見せ、豪華さを表現しやすい。欠点は、いたんだ時に、位置移動や方向転換ができない。ドアー下などで沓ずりなどでおさえれば足を引っかけることもない。

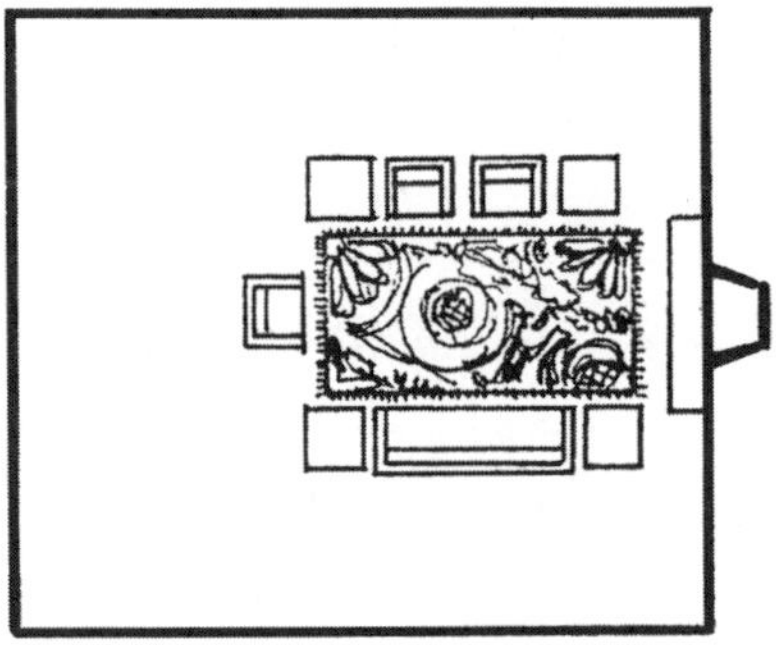

(d)「Art Rug」（アート・ラグ）

日本の呼称は、上の「ピース敷き」の一種であろう。この手のラグはたいてい手づくりで、トラディショナルなものから、モダーンなものまである。壁ではなく、床に絵を置いたという感覚。このケースでは敷物上に家具は置かない。

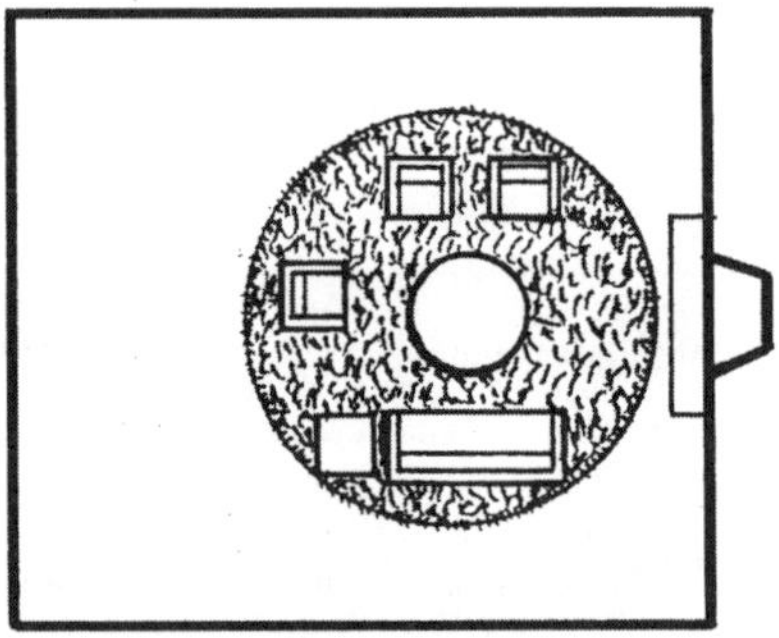

(c)「Area Rug」（エリア・ラグ）

日本では「ピース敷き」などともいう。床の一部分に、目的に合わせて敷く方法で、ラグの大きさは部屋の大きさによってバランスをとる。このタイプのラグは、組合せ、配置などが自由で他の部屋に移すことも可。通常は、一連の家具を配置できる程度のものをいう。

図－5 「絨毯の敷き方」とその「呼称」

（注）Carpet と Rug（ラグ）はよく混同されるが、厳密には同じものではない。ラグは、つぎのない、一枚の敷物で、縁がトリミングされているものをいう。通常、床全体に敷き詰めることはしない。

図－6　ペルシャ絨毯に座して楽器を奏でる女芸人。カジャール朝の油絵（部分）

図・写真引用元は以下の通り

図 -1（a）／「羊毛文化物語」山根省一著、講談社刊、1979 年
図 -1（b）、2、5／著者イラスト
図 -6／「ペルシャ絨毯」イナックス・ブックレット Vol.3、No.2
図 -4／Memoire du style「JEAN-MICHEL FRANK」フランソワ・ボド著、藤田秀子訳、光琳堂出版、1998 年

テーマ 25

クッションについて学ぼう

なにについても同様のことが言えるのだが、〝クッション〟と言えば小学生でもわかりきっているように思っている人が多いと思う。しかし「クッション」というしろものはなかなか奥が深い。英語では「Cushion」と綴り、古代フランス語の「Coussin」に由来している。もともとはラテン語の「Culcita=mattress, cushion」から出た言葉である。

cush·ion *n.* 1クッション、座ぶとん. 2クッション状のもの：a ～ of moss [leaves] しとねのようにふさふさしたこけ［草］. 3（置き物などの）台ぶとん、まくら. 4〔機〕空気クッション《シリンダーに残した蒸気、ピストンに対して緩衝の役目をする》. 5（入れ毛の）たぼ（pad）. 6（玉突き台の）クッション《弾力のあるふち》.

日本の英語辞書、研究社刊『新簡約英和辞典』岩崎民平主幹によると、上のように訳されている。

ちなみに、英国の『O.E.D』（オックスフォード辞典）の一には、「何らかの柔らかい詰め物で満たされた、シルクなどの布のケースを指し、座ったり、寄りかかったり、ひざをのせたりするのに用いられるもの。」となっている。

フランスのInterior Decoration辞典によれば〝クッション〟は、かつては〝Coussin〟とも綴られ、座ぶとん、Carreauとともに用いられたが、両者は区別しがたく、最終的に〈クッション〉Coussinという呼称が定着したと書かれている。その他の海外の辞書数点を見てみると、「クッション」というものが発生したのは、おそらく新石器時代ぐらいまでさかのぼり、すでにエジプト王朝時代には、家庭用品の中でも重要なアイテムであったことが知られている。現物が残っているのは、一七世紀ごろからのものである。

日本では「座ぶとん」が西欧の「クッション」に相当すると言える。座ぶとんも、その上に座るだけでなく、二つ折りにして枕代わりにしたり、壁に寄りかかる時は腰当てに用いたりと、多様性に富んでいる。フランスでは、知日家達が集まって「タタミ」だとか「フトン」、「フスマ」、「障子」など日本特有のものを研究するグループがあって、そうした活動に「タタミゼ」という言葉を創作したそうである。

いずれにしても、こうした「クッション」が、世界中どこの国にもあるが、それではなぜこういうものが発生したのか考えてみたい。

たとえば石器時代などの洞窟のようなところに住んでいた人々は、どうやって「床」（＝地面）に座っていたのだろう。おそらく、〝ワラ〟や〝アシ〟をたばねたり、床に敷いて座ったりしていたはずである。家の主人などは狩猟で得た動物の毛皮なども当然「クッション」のように用いたと思う。今日の人々よりは、大昔の人々は、硬い床などに座ることに慣れてはいたであろうが、それほど人体構造に差があったとは思えない。その証拠に、動物達や、原始住民の人々たちとて、硬い床に直接寝たりはしない。ひるがえって、建築や家具というものをながめてみると、かなり人体にとっては「ハード」な環境であると考えられる。家具の「イス」などでも、人体接触部に柔らかい詰め物などが採用されたのは、ごく新しい時代になってからのことで、それまでの「イス」というのは全て硬い木のままの「座」や「背」であった。それだけでなく、「背の角度」にしても、傾斜せずに垂直であったりしていた。人体の有機的な曲面のフォルムと、幾何学的、直線構造の「建築」「家具」などとの間には、いやおうなしに、各所に「スキマ」が発生していたにちがいない。

原始人たちでも、古い時代の人々でも同じように、この「スキマ」の処理方法には頭をなやませていたはずである。こう感じた時に彼らができた方法は、唯一「応急手当て」であった。恥も外聞もなく、手元近くにあるもので、とりあえずの手当をしていた。こうした人々の要求や欲求というものが、次第々々に各国で、それぞれの形を付けて登場してきたというべきである。たまたま、欲求がほぼ同一であったので、どこの国でも同じような「クッション」の発生をみたのだと思う。

「Cushion（クッション）」の仲間で「Pillow（ピロウ）」と「Bolster（ボルスター）」というものがある。「Pillow」は

O.E.Dによれば、「催眠時または後ろに寄りかかる時、頭を支えるもので、羽毛やダウン（むな毛）などの詰め物を入れた麻製のケースのことで、主にベッドの一部を形成したり、似たような目的に供されるもの」と説明されている。「Bolster」は「①（敷布の下に置く）長まくら（cf. pillow）②重さを支えまたは摩損を防ぐもの、まくら、当てるもの、受け、（車輌の）受け台、まくらばり、横ばり」（英和辞典による）となっている。

クッションの仲間にはもう一つ「Mat」というものがある。日本で言うと、「座ぶとん」や「ふとん」に近いもので、座位での床上の生活を楽しむためのクッションの類で、インテリアのみでなく、芝生の庭園などでも利用できる。折り畳めるので、キャンピングカーなどでも使いやすい。「クッション」は補助パットのようなもののみではなく、**図-7**のように安楽イスや長イスに組み込まれた座や背のクッションもあるので、この場合ある特定の部分だけがよごれたりいたんだりして、その他の部分は新品同様などということがよくある。こんな時、合理精神に富んだアメリカの主婦たちは、座、背のクッションを等厚で正方形にする。そうすることで、裏返しにしたり、横を正面に向けたりすれば、いたみやすいところが計八回も場所変えできて、単純に言えば「八倍もつ」という計算になるという訳である。私は、この話を聞いてとても感心した。このアイディアは、日本でも大いに役立ててもらいたい。

図-1　屋外のデッキ上などでは「マット」や「ボルスター」（長枕）などのクッションが風景と一緒になって、リラックスした空間をつくりだす

図 -2〜4　これらの“張りぐるみ”のイスでは、全体がクッションのかたまりのような表情をつくりだす。

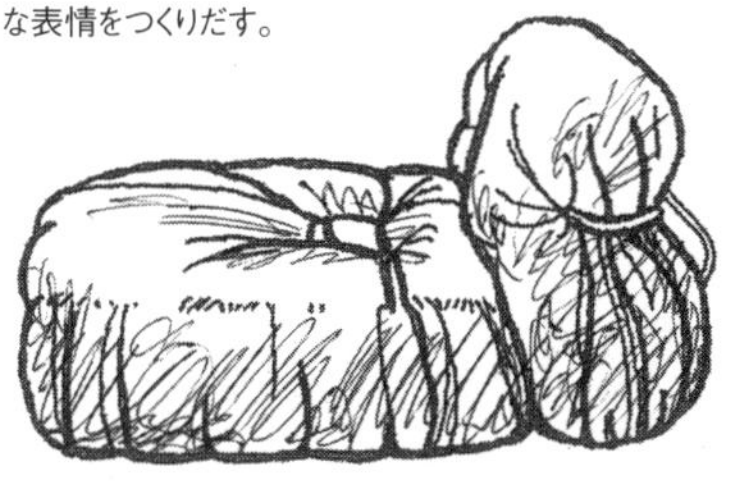

図-4　トピア・スカルパのイス
ソリアナ Soriana1970

ダクロン綿を布、あるいは皮でくるみ、金属棒でしめくくってあるもの。スツール、ソファもある。

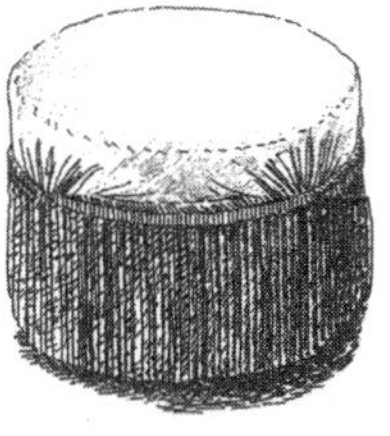

図－3　Houppe
総／パフ

絹糸、金糸、銀糸、綿糸あるいは毛糸を何本も束ねて縛り、先をばらばらにした飾りで16、17 世紀にクッションの四隅を飾るために用いられた。白鳥の綿毛でつくられた、小さなパフも指し、おしろいをつけるのに用いた後者は、houppette ともいう。

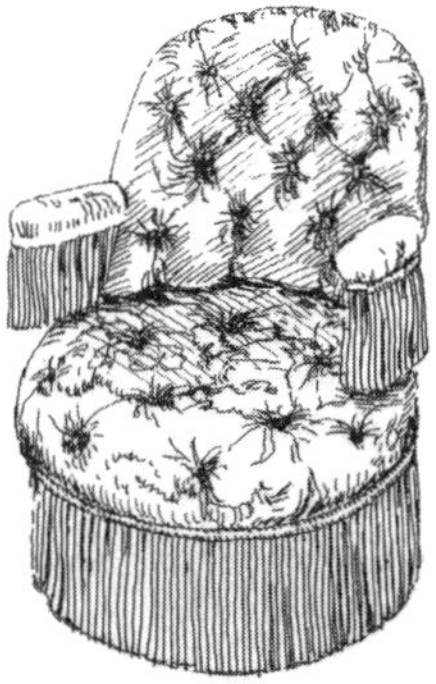

図－2
Crapaud, French, mid c19（Chateau de Compiegne）

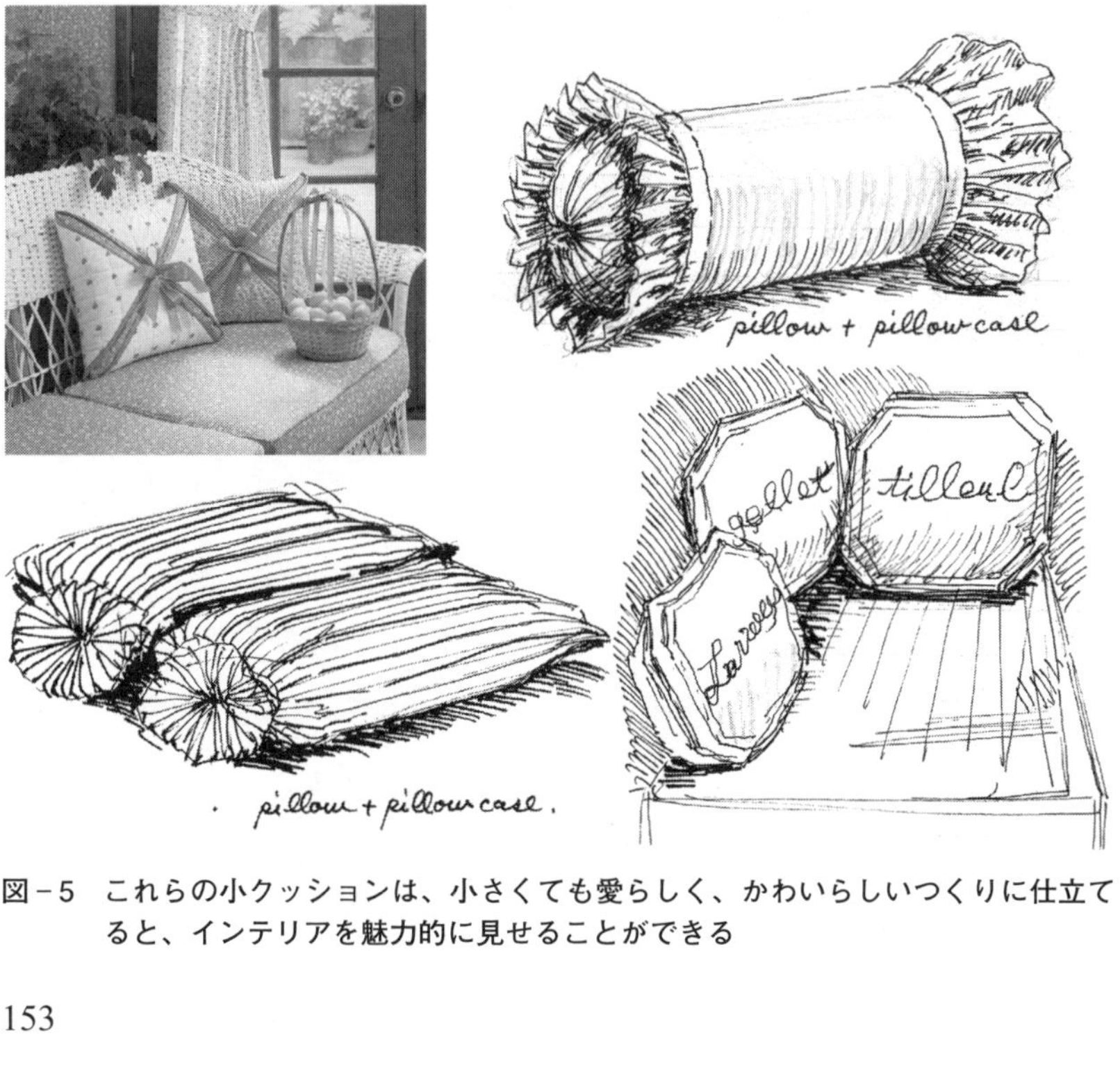

図－5　これらの小クッションは、小さくても愛らしく、かわいらしいつくりに仕立てると、インテリアを魅力的に見せることができる

〈各種、クッション形式・名称〉ピロウには・throw pillowと・floor pillowとがある。前者は、ベッド、ソファーなどに投げ置かれるもので、後者は床の上、(室内やパティオ)に投げ置かれる

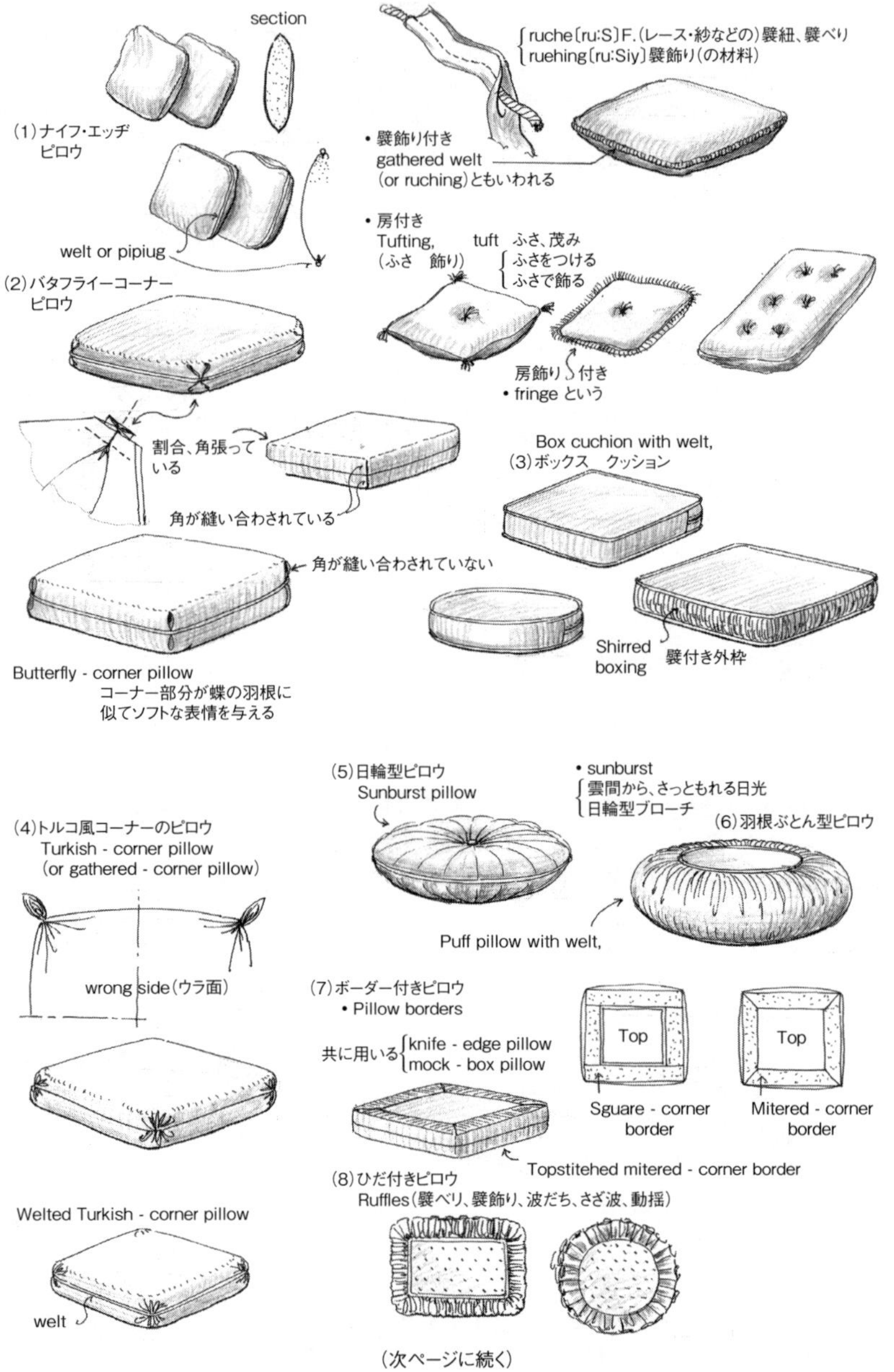

(次ページに続く)

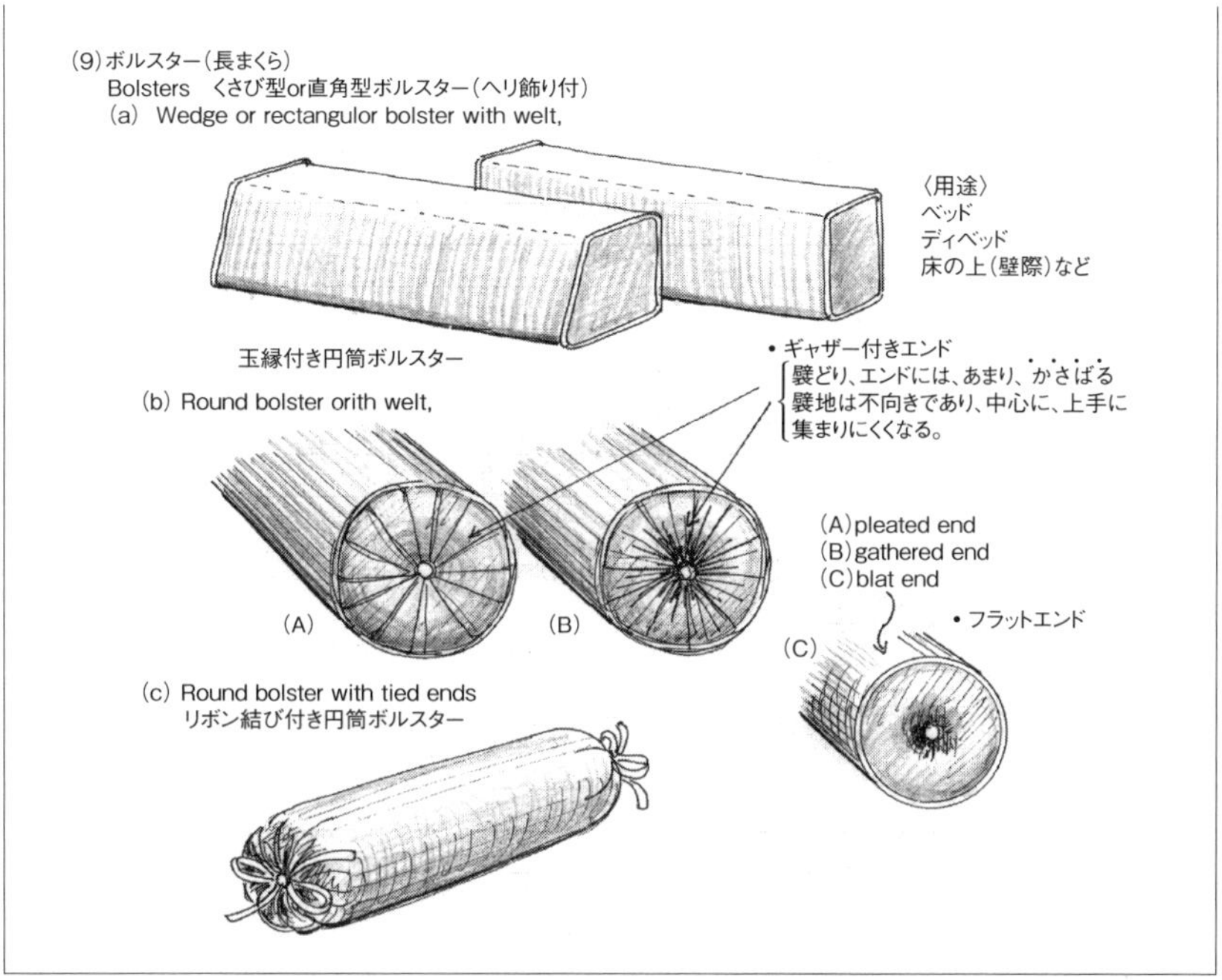

図－6　米国の "pillow"(枕やクッション) づくりの家庭手芸の本から学んだ、それぞれのクッション類で、とても参考になる

「アメリカ合理主義は、角型を選ぶ」座のクッション

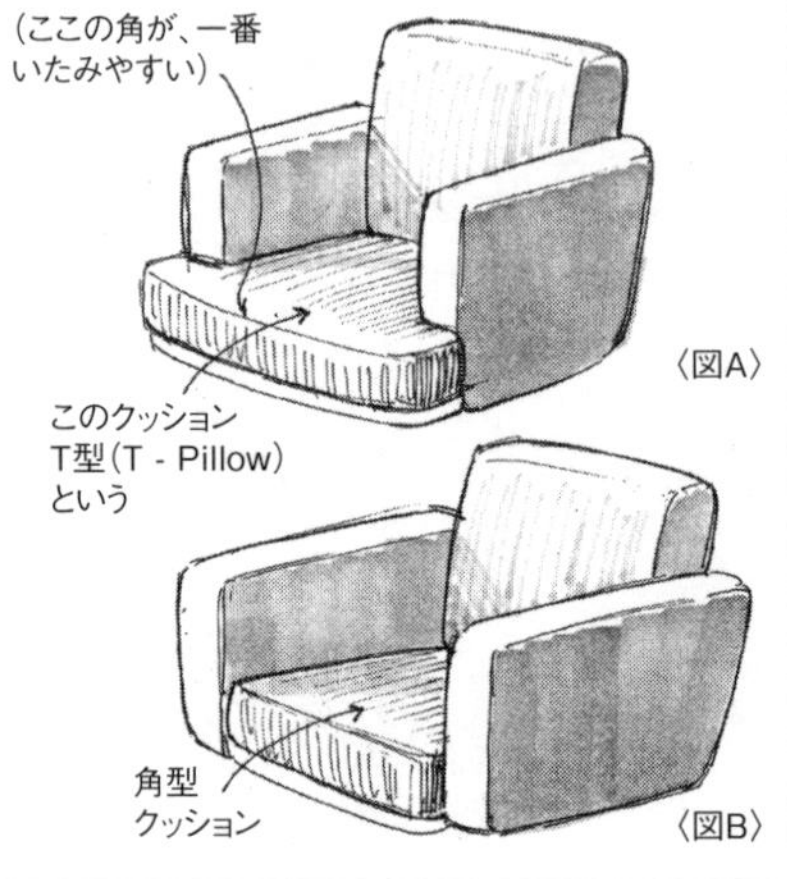

〈布張りのクッション—座〉

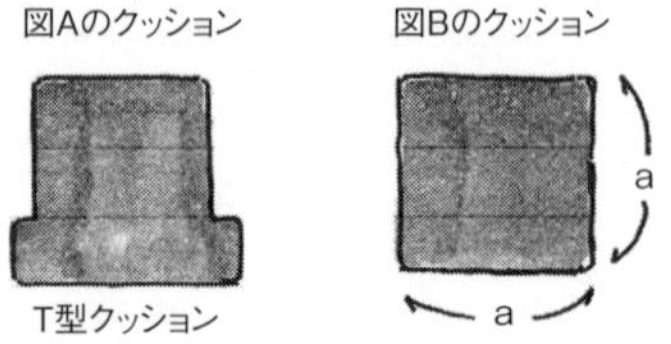

もし、座のクッションが正方形であれば（図 B）、上下、前後、その他左右を前後に向けるなど、位置の変更ができ、クッションも長もちさせることができるが、T 型（図 A）ではせいぜい上下のみの変更のみである。

T クッションの場合は、裏返しにできるだけだが、正方形クッションの場合は、“裏返し”と“方向転換”を含めて、計 8 回場所を変えることができ、単純には“8 倍もつ”ということが言える。アメリカの合理精神はすごいものだ。

日本人でイスを買うとき、こんなことを考える人は、100 人中 1 人いれば上出来だ。

(a)

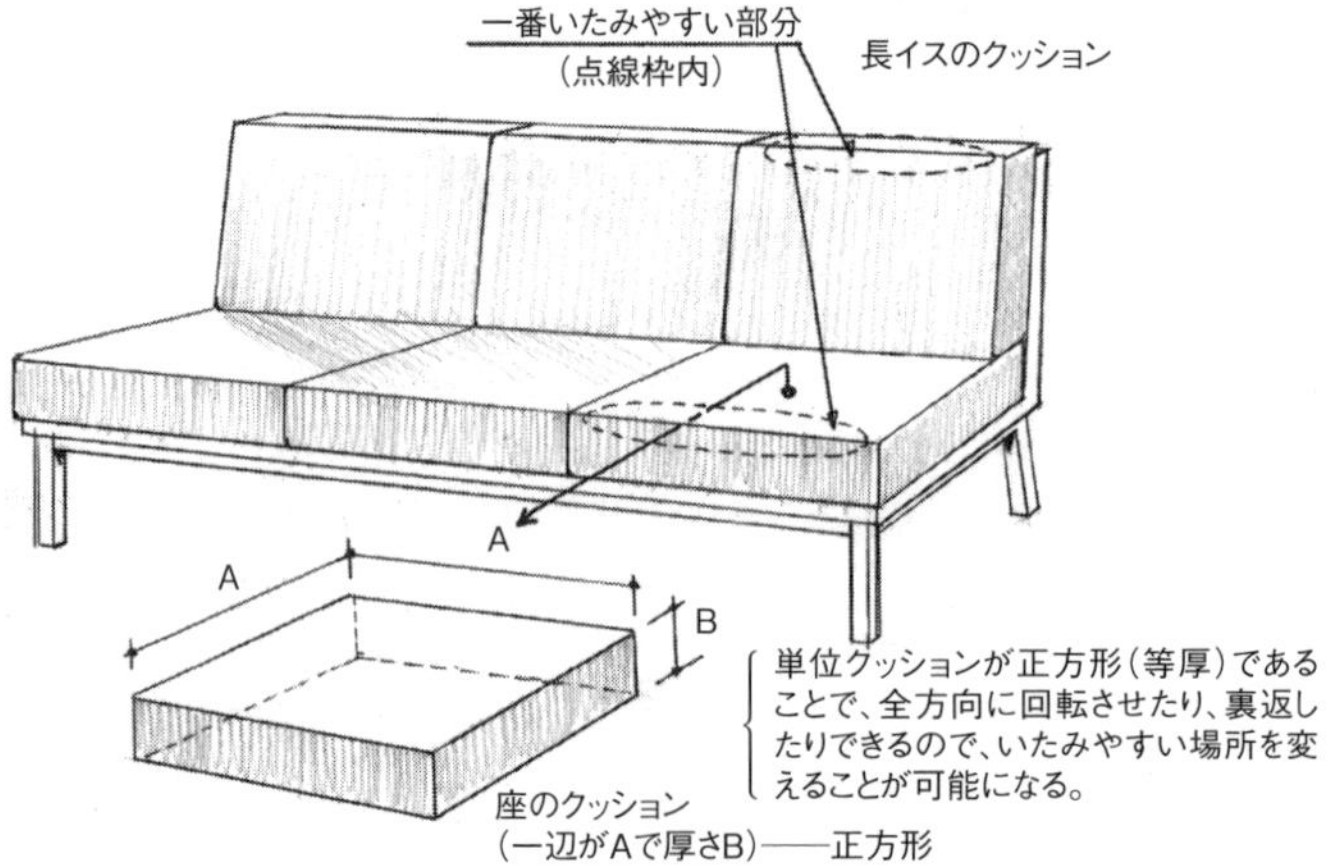

(b)

図－7

図・写真引用元は以下の通り

図 -1～7／著者イラスト

テーマ 26 足を気にしたのは家具だけではない

「足美人」という言葉があるように、ファッションでも建築でも、足元に意をはらうことでは変りはない。とくに家具に関しては、脚部のデザインは重要なポイントだと言ってまちがいはなさそうである。

歴史様式の家具では、足（脚部）をより魅力的にデザインすることにたいへんな努力をしてきたことに異論はないと思いう。形だけのことではなく、たとえば、敷物や、パーケット（寄せ木細工）の床材などとの関係を気にすることもあったであろう。家具が、「移動性」を前提にしていたことを考えると、このような配慮はしごく当然のことであった。動かしやすさのために、足の先にとても小型のローラーキャスターを付けたりもした。いずれにしても、イスやテーブルが美しいと感じるためには、足のデザインが成功したか否かが大きく左右していることは否めない。

米国の代表的近代建築家の一人、エーロ・サーリネンは、出身が彫刻であったので、こういうことにはとても敏感な人だった。彼は一脚一脚の足が美しいかどうかも気にしたのだろうが、それ以上に、数多くのイスが置かれている所などでの、多数の本数の足の洪水による「スラム化現象」がとても気になっていて、ある晩家でワインを飲んでいる時、美しいワイングラスの足を見て、はたと、このワイングラスの足のような家具の足にしたら、きっとこの「スラム化」の悪習を一掃できると確信を得たそうである。さすが彫刻を学んだ人のすばらしい発想だと、私はえらく感動したものである。こうして開発されたのが、彼の代表的なイスやテーブルの一連の足であった（**図－2（c）**参照）。新しいものをつくり出すには、過去を肯定し踏襲するだけではだめだということも言えるだろう。サーリネンのように、現状に疑問を感じることの重要性だろうか。いずれにしても「足元が大切」ということに変りはない。建築でも洋の東西は問わず、柱の根元のデザインや処理には、多くの国々が同様の配慮をほどこしている。家具と同様に「美的」であることと、「実用性」の双方からである。いろいろなものの足元をつぶさに見て研究してみる必要がありそうである。

以前に、私はスイスの会社に数年おられた知人から、次のような話を聞かされた。その知人はある時、スイス人の同僚から、「君は女性の方々を見る時、女性のどこからながめるか?」と質問されて、「そうね、やはり私は顔から眺めるな」と答えたら、そのスイス人は「君は見出すところがあやまっている。女性は足からながめなさい。もし足が美しかったら、全身も美しいし、もちろん顔も美しいものだ」といわれてしまったというのである。蛇足のようなお話で御婦人がたには叱られそうだが、家具やインテリアの足元を考えることがあるたびに、私はその話を思い出し、この話には真理がありそうだと実は思っているのである。何でもそうであるが、「まず、足より始めよ」ということだろうか。

女性のファッションでも、簡単に足そのものに手は加えられないが、だからこそ、靴やストッキングを選んだり、スカートやズボンなどに、たえず気を配るのだろう。**図－1**のように、年々、ミニだマキシだとスカートの丈を変化させたりするのも、実は天から授かった、自分の足をいくらかでも「美」に近づけようとする努力だと思える。

家具やインテリアの足元も、女性のファッションぐらいに真剣に考えたい。

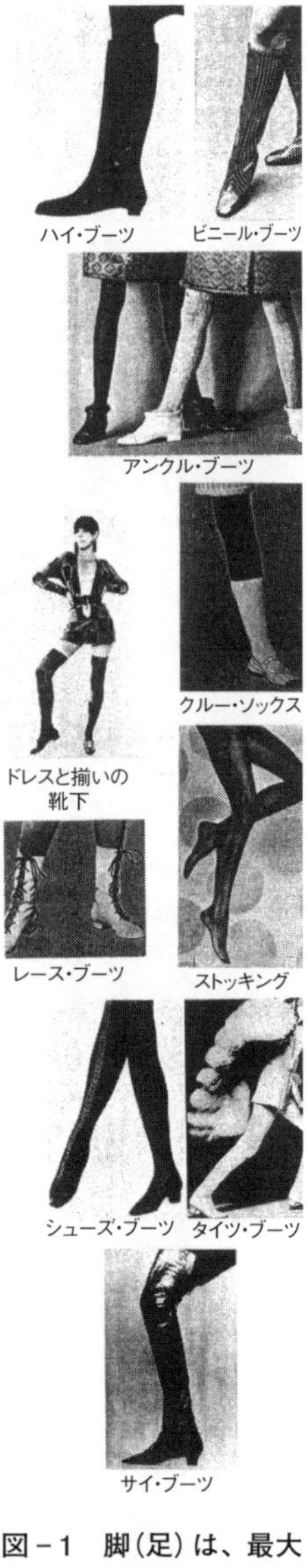

図－1　脚(足)は、最大の関心事

(上)ベン・ジャミン・
ワクンダサン愛用のワイン・グラス
(上)赤ワイン用のグラスと白ワイン用のグラス各2個
(ニューヨーク、バカラ社のワイン・グラスの伝統的形状は、今も昔も変わらない)
(下)「エーロ・サーリネン」の
家具

(b)　着想と展開

(上)人の多く集まる場所、縄、「足下のスラム化」ははげしいものであったが、それをだれも不思議には思わなかった。

(a)　現状に不満

(c)　完成品へ

図－2　建築家、エーロ・サーリネン(故人)のイス、テーブルの足開発

a. 最初は(a)のような現状で、足が“スラム”化していることに不満を抱いていた
b. ある日、夕食時にワインを飲んでいて、ふとこのワイングラスの足のような家具の足ができないかと思いついた
c. 米国、ノル社で完成した家具類の足

(日常の不満から)──→(名品のデザインへ)

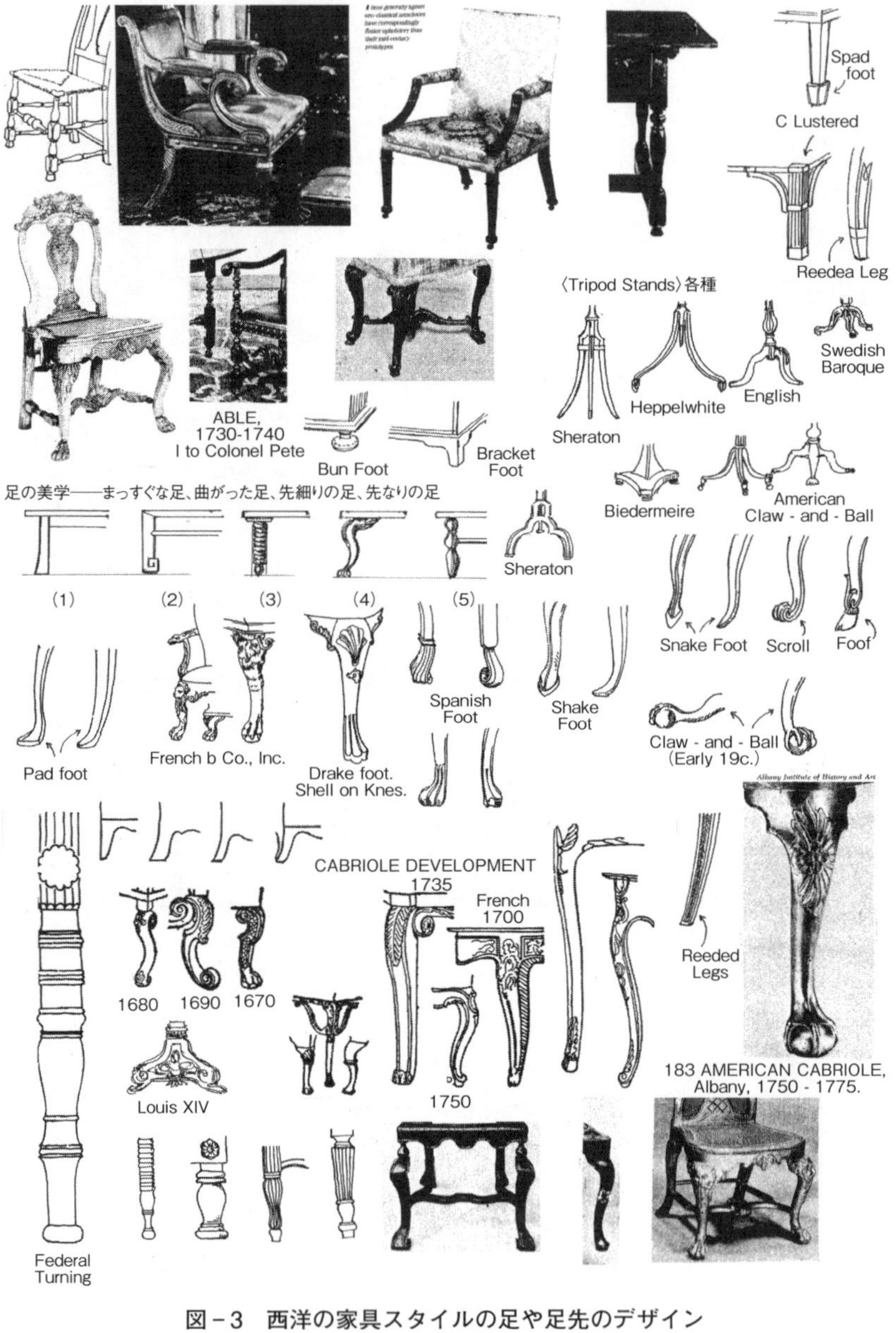

図－3　西洋の家具スタイルの足や足先のデザイン

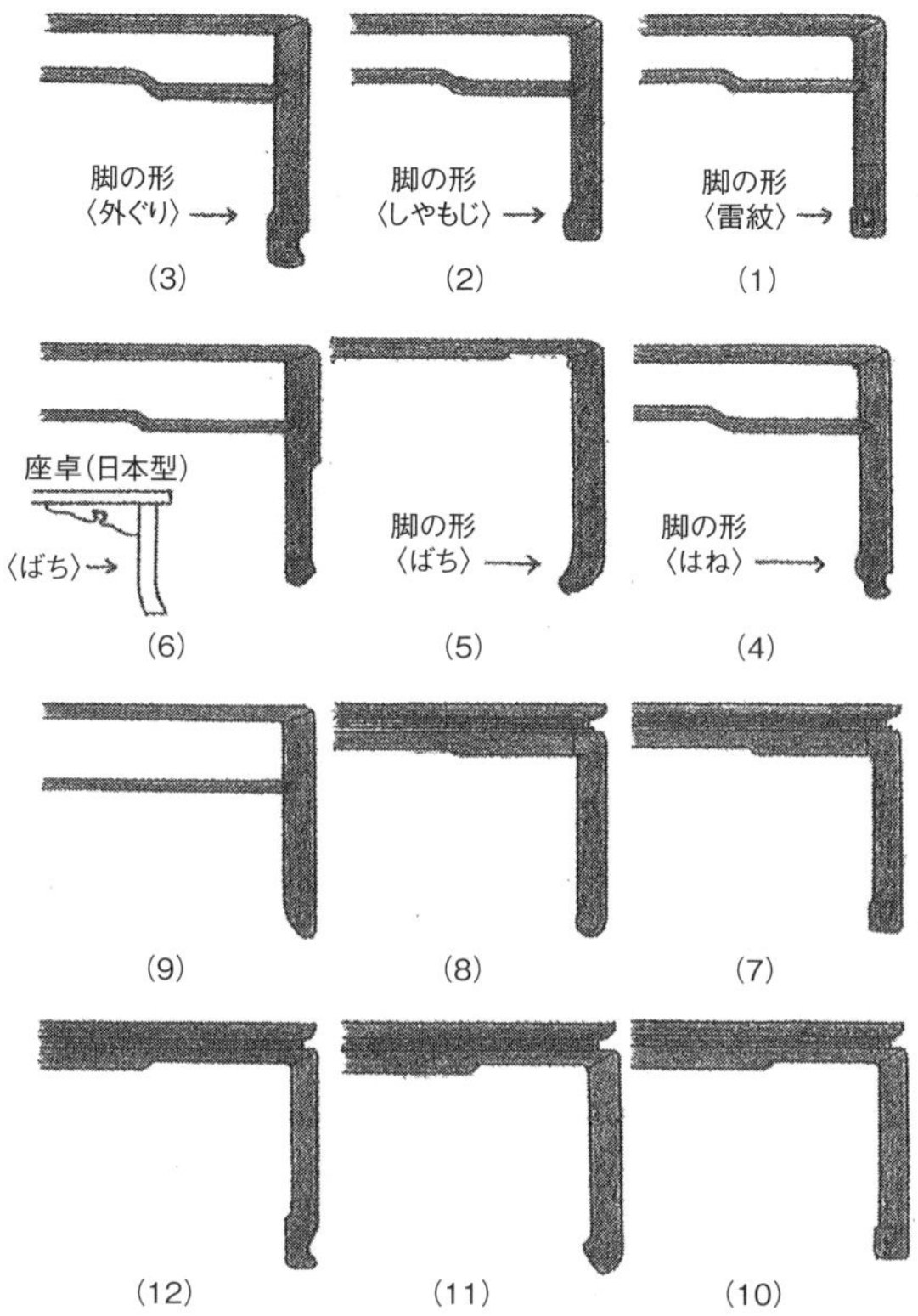

図－5　「唐机(からづくえ)」の形態

座卓は通俗的に、茶餉台、茶布台などと呼ばれ、日本座敷には必須の調度品であり、その中でも“唐机”はそのつくりと形態において最もすぐれたものであった。

ここでも足は重要な要素になっていた。

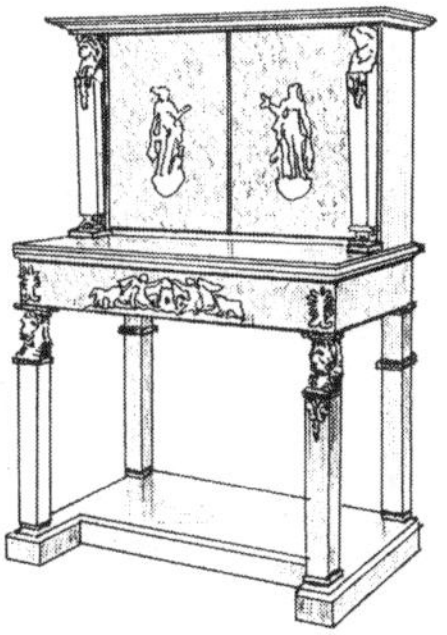

図－4　家具の足もデザインの要

図・写真引用元は以下の通り
図-1／「田中千代服飾事典」田中千代著、同文書院、1969年
図-2(c)／米ノル社カタログから
図-3～5／筆者イラスト

テーマ 27

「引出し・たんす・チェスト」などを考えてみよう

さて私たちが毎日のように使っている「物入れ」としての「引出し（抽斗とも書く）」や「たんす（箪笥）」、そして西洋の「チェスト（chest）」、またその発展型としての「チェスト・オブ・ドロワーズ（chest of drawers）」などを見直してみたいと思う。

今たいていの人は、水や空気のように〝わかりきった〟上で「たんす」を使用している。「たんす」って何かと聞かれると、「衣類などを整理、収納する物入れ」と答えるであろうが、ではそれをなぜ「箪笥」と言ったかと思うと、これは専門家でも答えられないのである。どうも「中国語」だということは、わかっているが、当の中国では日本と異なるものを指しているようだ。

だいたい今の「たんす」のようなものが発生したのは約一六世紀のようで、西洋でもほぼ同じ頃に「たんす」のような家具が世に登場した。おそらく日本も西洋も初期のものは単純に「ふた付きの箱」だった。でも西洋ではこの「箱（チェスト）」が、家具と呼べるものが無かった時代に〝大活躍〟をしていたのである。ある時は「イス」に、またある時は「ベッド」にと、何にでも利用されたのである。

また、この時代は、どこの国でも戦乱にあけくれた時代でもあったので、「いざ」という時には、そのまま〝コンテナー〟ともなった。日本の「たんす」の左右両端に「かつぎ棒」を通すための「コの字型金具」が上に引き出せるようになっていたのも「江戸の大火」のような時に「大切な衣類」等を即、かつぎ出すための配慮であった。

西洋の「チェスト」に相当するものに、日本では「長持《ながもち》」があったが、いずれも中に収納した物で「下の方のもの」を取出したい時は、（だれでも経験ずみでしょうが）中身を全部出さないと、取れないので、大変不便をしていたのは想像にかたくない。そこで**図-5**を良く見てほしいのだが、西洋では「Till《ティル》」、日本では「懸子《かけご》」という、日本でいう「乱れ箱」のようなものにあらかじめ物を入れておいて、それを何段か「チェスト」の中に「積み重ね」ておくという発想だった。これから次第に進展して、ではその「箱」を上に取り出すより、一段ずつ「横引き」すれば、各段がいつでも取出せるではないか、という結論が「引き出し」という「発明」だったのである。誰の発明かわからないが、これは「ノーベル賞」に値するものである。これで世界中の人々が、何世紀にも渡ってその恩恵を受け続けているのだから。

有名なフランスの哲学者、ガストン・バシュラールは、「抽斗は人間精神の基礎である、細心綿密な精神が、実用のために、あらかじめ用意し計算しなかったものは何一つなかった。――一度その中に入れたものをまたたくまに探しだせた。整然と分類された実際的知識の全世界をおさめるのに十分だ」と述べている。今や日本には世界中の家具が輸入されて、一見我が国も欧米並みだとも思えるかも知れないが、これ見よがしの「ルイ14世スタイル」が日常の生活を飾る以前に、古くより私たちの生活を真に支えてきた「引出し」や「たんす」を根底から見直し、研究してゆくことが今後の日本の生活に花をそえるものだと申し上げたい。

貞享の『好色一代男』に描かれている扇屋の店だんす。

図－1 日本の「たんす」

図－2 「ぼてふり」と呼ばれた行商用たんす

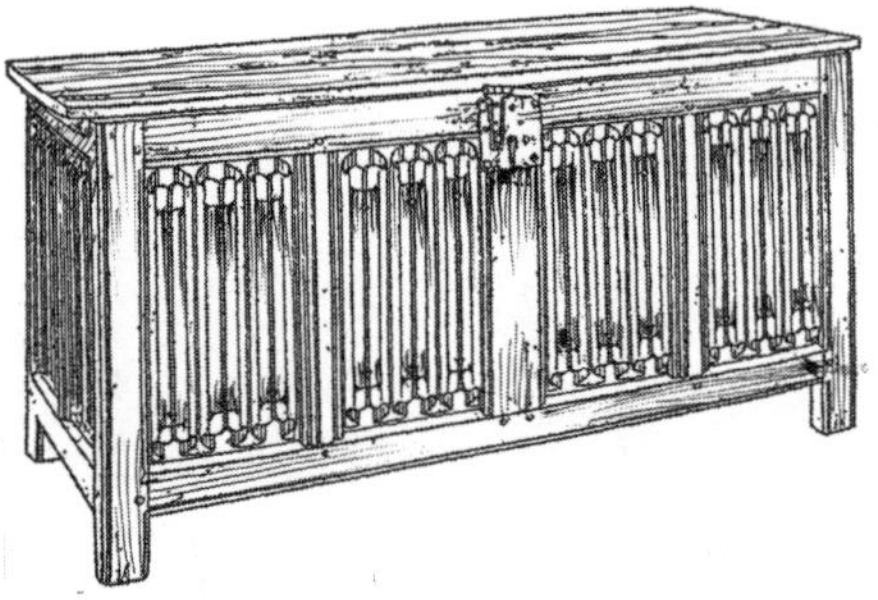

図－4　16世紀初頭、ジョイント・チェスト、リネンフォールドの彫刻入り

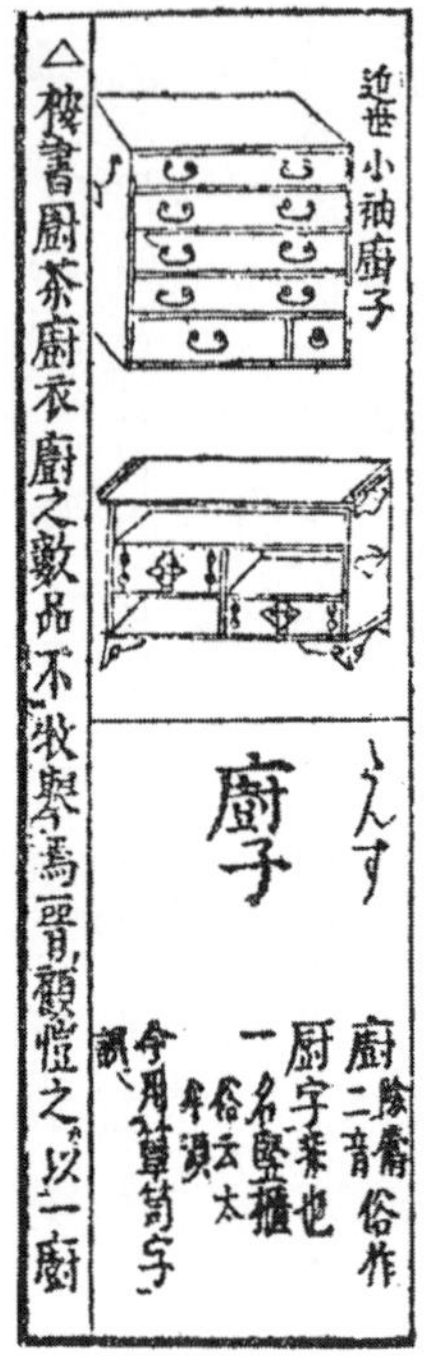

近世小袖廚子

たんす

廚子

廚 二音 俗作 廚字 楽也

一名竪櫃 俗云太牟須

今用簞笥字 誤

△按書廚茶廚衣廚之數品不敢擧焉晋顧愷之以一廚

「たんす」の解説

竪櫃俗に太牟須と云、今簞笥の字を用いる誤りなり

衣厨、今云小袖簞子ナリ近世多ク抽匣《ヒキダシ》ヲ用フ其出納《ダシイルルハ》最捷便《ハヤミチ》也　而ルニ簞子ト名《ナヅ》クル或ハ簞笥ノ二字ヲ用ヒルハ甚ダ非ナリ

図－3　『和漢三才図会』寺島良安著

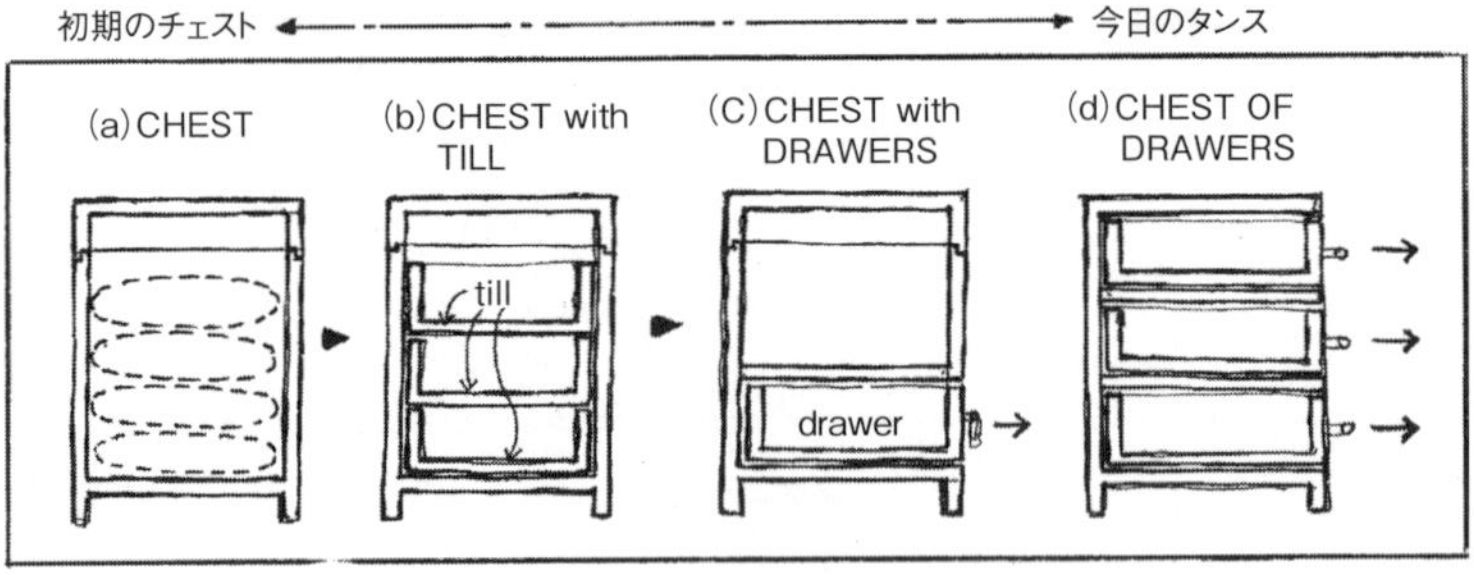

図－5　たんすの発生（引出しの誕生）

ヨーロッパで「チェスト」はすべての家具の先祖のような存在ではあったが、(b) の「Till」という重ね箱を思いつくまでは、底の方に入れた物を取出す時は、全部、上の物を取り出さないと取れないのでとても不便を感じていた。そこで「Till」が開発され、それをしだいに発展させて、ついにその箱を横に引き抜く、引出しになった。これは今で言ったら「ノーベル賞」に値する大発明だった。

図－6 18世紀の「低めのたんす」

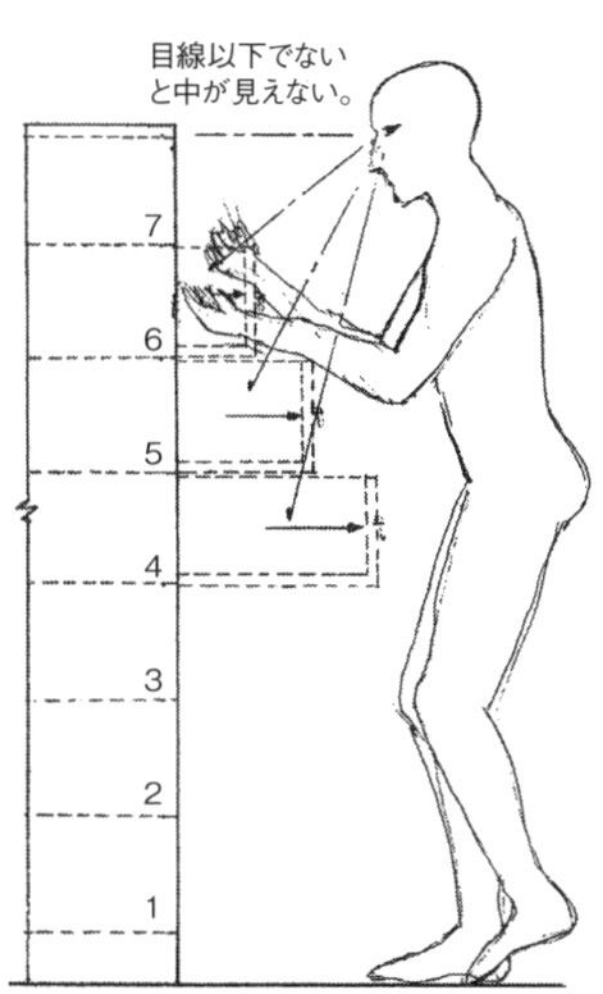

図－7 引出しが７段ある週間たんす。独身者向けに米国などでつくられた

〈衣類もスタッキング〉

「バーナード・ルドフスキーの指摘」（「着物マインド」の中で）

日本の住居が狭かったのに、なぜ、小さなタンスぐらいで衣類などの収納にことかかなかったのかというと、日本の衣類は着物に代表されるように、折りたたむとほとんど平面的にたたむことができ、タンスの中できわめてコンパクトに積み重ねることができることにより、狭小住宅で対応が可能となった。

これが西洋などの立体的な洋服などでは、そうはゆかない。

日本ではタンスの中でも、「スタッキング」が行われていた。

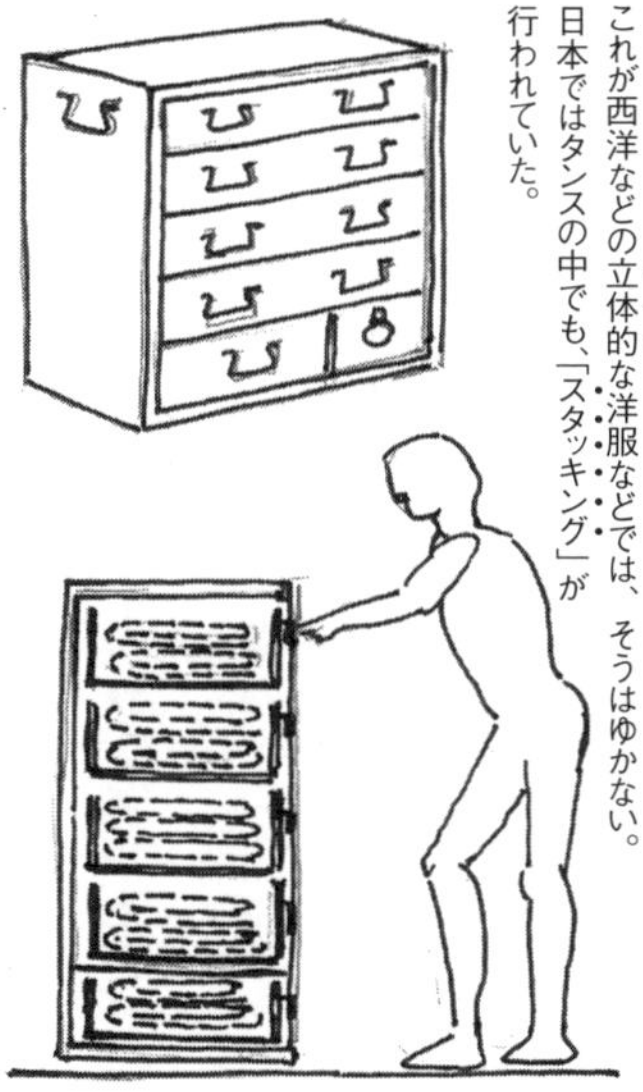

図－8

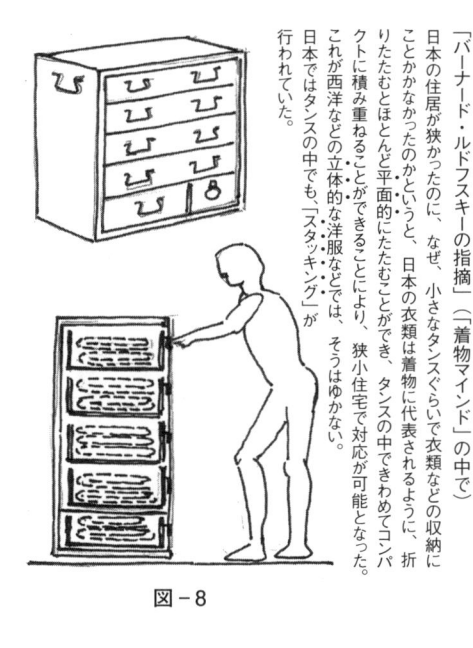

図・写真引用元は以下の通り

図 -1、2／「家具と室内意匠の文化史」小泉和子著、法政大学出版局、1979 年
図 -3／「和漢三才図会」木島良安著
図 -4、5、7、8／筆者イラスト
図 -6／「A Short Dictionary of urniture」John Gloag 著、London、George Allen And Unwin LTD、1965 年

テーマ 28 積み重ねる文化——〝スタッキング〟

「日本の住宅事情もだんだん欧米に近づいてきた」とも言えるのであろう。

その昔のまずしい日本の住宅文化を「川の字文化」とも言って、それは数人の人が横に重なるように（川の字のように）寝ていた表現なのであるが、これは、ヨーロッパでも、都市部の労働者などは日本と同じであった。——こういう情況をヨーロッパでは「オイル・サーディン缶詰（いわしの油漬け缶詰）」のようだと言った。考えてみるとそんな狭いところでどうしのいでいたのであろう。

一つは日本の衣類——「着物」というのは欧米の立体的衣服とちがい、収納する時に、まったく「平面」に「折りたためる」ということに起因していると考えられる。これは世界中の衣類の中でもきわめてユニーク、かつ実用的で、さきの住宅事情に大きく貢献するものであった。小さめの「たんす」でも、それこそ、いわしの缶詰の如くに多くの家族の衣類が見事に納まっていたのである。食器、重箱、お膳、ふとん、座ぶとん——等々、皆ぴったりと「積み重」なるようにできていた。きっとそうしなければ商品になりえなかったとも思える。

話はちょっとずれるが、日本の電車などの座席の座高が割合高いのは、低くすると足を前にのばされて通路が狭くなるからだそうである。「うつわ」が狭ければ、それでしのげるような「モノ」と「方式」をよく考えるものだとつくづく感心させられる。

日本の和室で用いる「畳《たたみ》」という言葉は、大昔、土間や板床などの上で使った「敷物」などを折りたたんだり、積み重ねたりしたことから派生したものと言われ、それがすなわち「畳」の発生であった。平安時代には「置畳《おきだたみ》」と言って「敷き詰め」でなく、人が座ったり、寝たりするところにだけ必要に応じて敷き並べたようで、ストック品は全て「スタック（重ねる）」されていた。こうして考えてみると、言いすぎかもしれないが、相対的に「日本文化を支えてきた」ものはこの「積み重ねの文化」だと言うことができよう。

「押入れ」という言葉も実に日本の切実な収納事情を物語るものである。なりふりかまわず、それこそ「いわしの缶詰」のようにあらゆるものを押込めていた様子が目に見えるようである。でもこのような事象というのは、決して「あわれな」ものでなく、実に合理的なものであった。それでなければ「三種の神器」の如くに普及することはなかったと思う。

現代建築でもホテルの宴会場やオフィスビルの会議室などは多目的に用いる関係上、ある時は家具類を片付けて広場のようにしたい場合もあるので、そんな時にはこの「スタッキング」が可能か否かは命取りとなる。

ドイツの有名な「トーネット社」の曲げ木イスは、全世界を風靡したのだが、なぜそうなりえたのかというと、ある程度部品化して、コンパクトにスタックした状態で世界中に発送したからだと言われている。組み立てても実に簡単なものであった。この救世主のような「スタック行為」はきっと「スペースシャトル」の中でもその実力を発揮していることであろう。

図－1

江戸時代の遊里・吉原の最高級の寝具、大名客の六つ布団（浮世絵師の想像図、三谷一馬『江戸吉原図集』より模写）。昔は畳、ふとんなども積み重ね（スタッキング）されていた

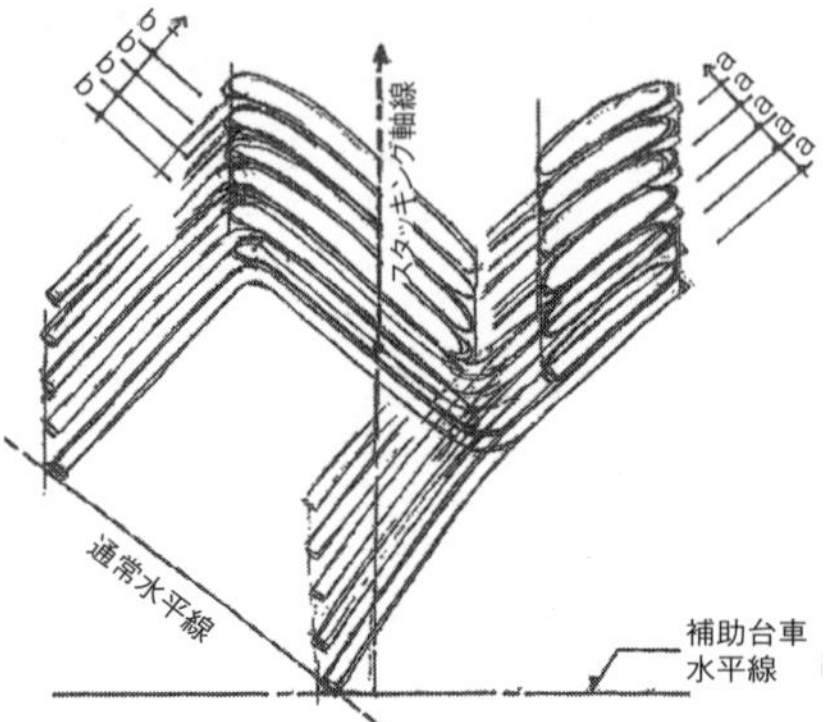

図－4　スタック情況分析図（イスの場合）

〈スタッカブル指数〉について。

この言葉は大分昔に、有名なインテリアデザイナー剣持勇氏（故人）のご令息剣持玲（故人）さんが言った言葉で、とても意義深く私の記憶に残っているワードなのであるが、それについての記事は手元に残っていない。たぶん氏は、図におけるａとかｂとかの寸法が、限りなく、小さくて何脚ものイスが数多く、スタッキング可能である時に「スタッカブル指数」が大であると、表現されたように記憶している。いずれにしても、こうした、家具の「スタッキング」ということを、数値的というか、科学的に定量分析しようとされた、氏の独創性に、私は頭が下がる思いである。これは、世界的に見渡しても、初めての試みであった。ほぼ40年程以前のことである。

図－2

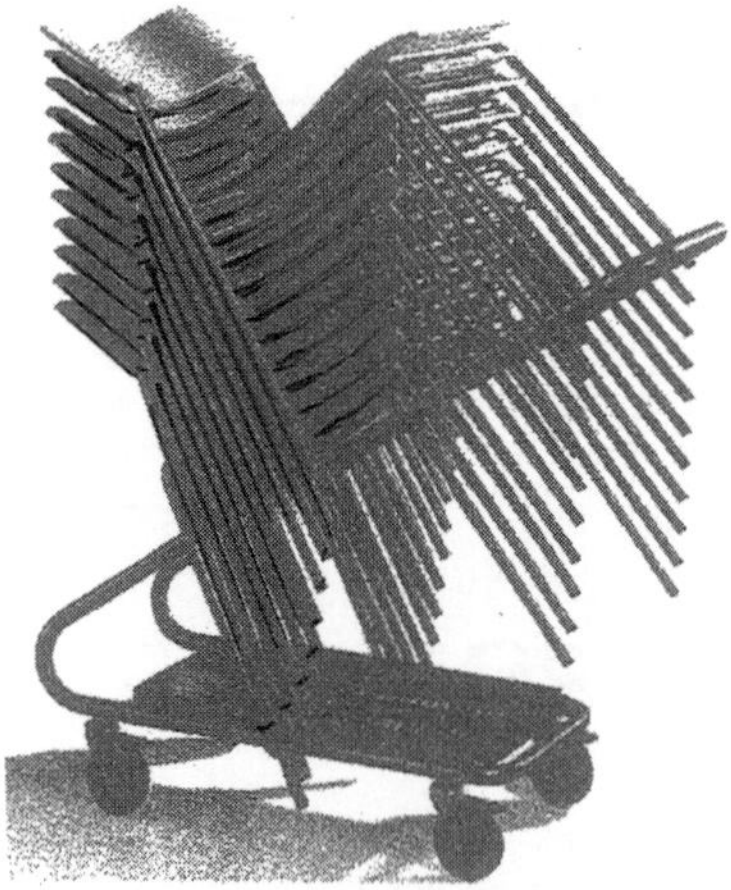

図－5　上下スタック

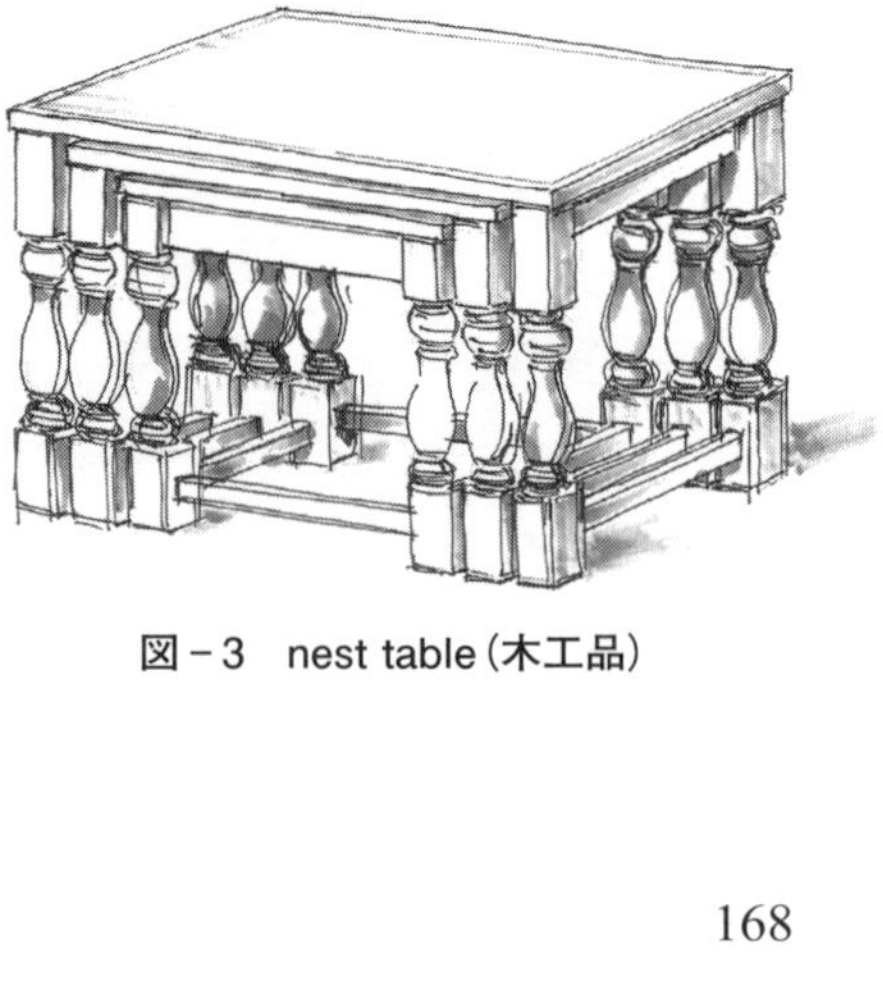

図－3　nest table（木工品）

（1）　KAISER 203400 カイザーアームチェア
W530・D530・H820・SH440mm

（2）　NR.36 スツール
W400・D400・H460mm

（3）　WOODY S-079 ウッディスツール
W380・D420・H450mm

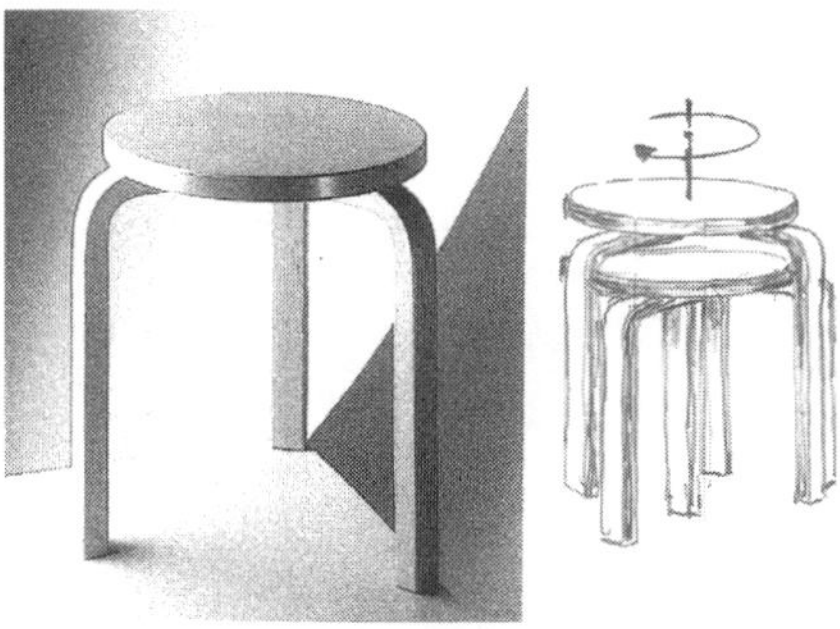

（4）　60 スツール
W380・D380・H440mm

図－6　スタッキングイス（ビゾン扱い）

図－7　戸棚

日常生活を見渡すと、いたるところで〝スタッキング（詰み重ね）〟が行われている。何と重要な行為か。

図－8　食器棚

図・写真引用元は以下の通り

図－1／「寝所と寝具の歴史」雄山閣出版、1973年
図－2／「工芸ニュース」通産省産業工芸試験所
図－3、4／著者イラスト
図－5、6／『家具メーカー・カタログ』その他から
図－7、8／「Ideas for STORAGE-Bookshelves・Cupboards・Cabinet」サマセットBook、Sunset Books 編集スタッフ編、LANE BOOKS・MENLO PARK、CALIFORNIA、1966年

テーマ29 壁装材（壁紙）について考えよう（その1）

私たちの生活空間をとり巻く壁《かべ》を機能的にも美的にも、より良くしつらえるという行為は、遠く原始時代から発生していたと言って良い。狩猟時代でも洞窟の壁に壁画を描いたり、捕獲した動物の毛皮をつたない「なめし技術」で「fur（毛皮）」にしたてて壁に掛けたり、出入口に掛けたりして、「すきま風」をふせいだりしていた。

「織物」などの技術が発達する以前には動物の皮（や毛皮）は、日常生活にはかかせない素材であり、エスキモーやアメリカインディアンや蒙古などでも、住居の囲いを構成する素材として「皮」は大切なものであった。時代が下っても、壁に「皮」を貼るという方法は依然としておとろえていない。皮は吸湿性もすぐれているので空調設備などが無かった時代には幅をきかせていた。「紙」は、中国では前漢時代につくり始めていてその技術が次第に日本や西欧にも伝わって行った（**図－1、2**参照）。初期の「壁紙」はいずれの国でも人間が手で描いたものを壁に貼ったりしていた。英国のウィリアム・モリスの壁紙や日本の「唐紙《からかみ》」のように、「版木」と呼ばれる木版で絵付けする方法もある。また特殊なものでは「金唐革《きんからがわ》」という美術壁紙を明治13年に大蔵省印刷局が製造を始めた。元々は、本皮革でつくられたものでヨーロッパなどの王宮な

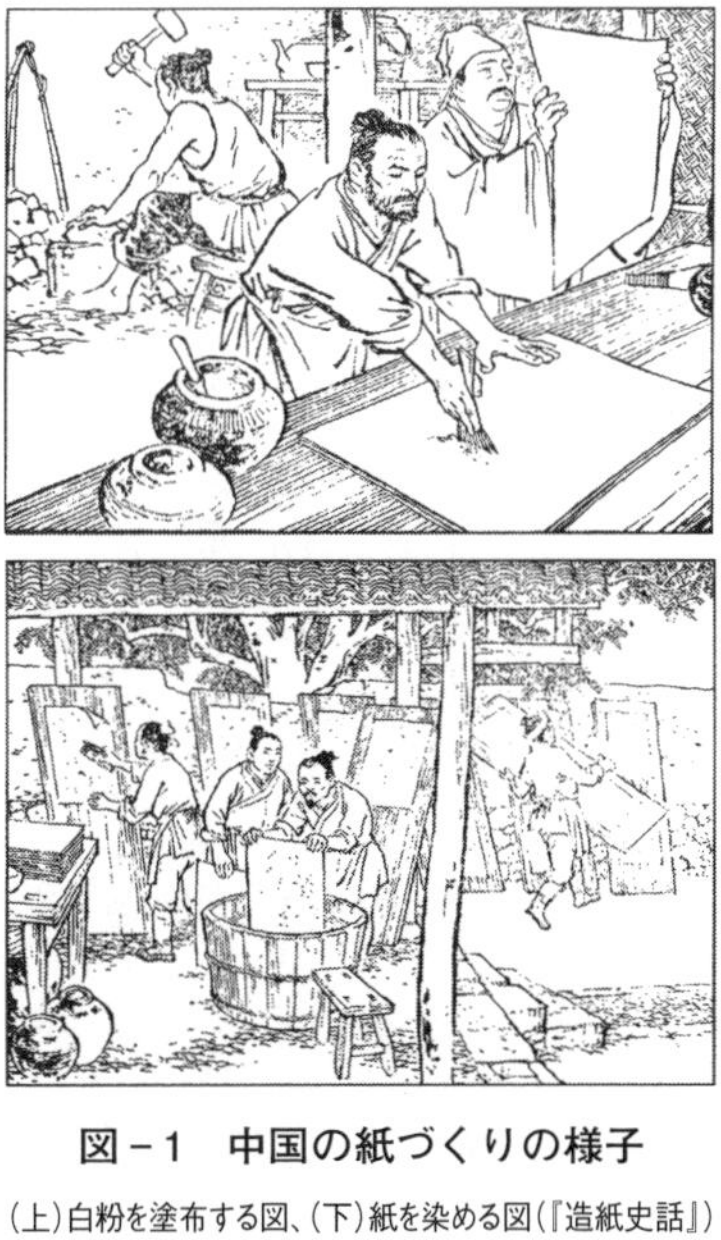

図－1　中国の紙づくりの様子

（上）白粉を塗布する図、（下）紙を染める図（『造紙史話』）

どでも用いられていた。

「織物」による壁装材も、歴史が長く、内容的には紙におとらない。「壁紙」の発生を考えてみると、その源は「壁画」「革壁」「タピストリー」……等々の、いわゆる「壁掛け」を基準にして発展してきたと言える。その証拠に、英語で「壁紙を貼る」という表現は「Hang wallpaper」と言って、糊で貼るにもかかわらず、「Hang（吊りさげる）」と言う（**図－3**参照）。これは実に興味深いことである。遠くギリシャ、ローマ時代から「絵画」や「タピストリー」などは高価な財宝であって、戦争のたびに、こうした物品は大切に、「戦勝品」として自国に持ち帰った。ちなみに、ギリシャの「パルテノン」という神殿はこうした戦勝品を保存、展示のため建てられたものである。「壁紙」が一般化する以前に、室内空間をなんとか居心地良くするために色々な方法で「布」などを吊りめぐらせてい

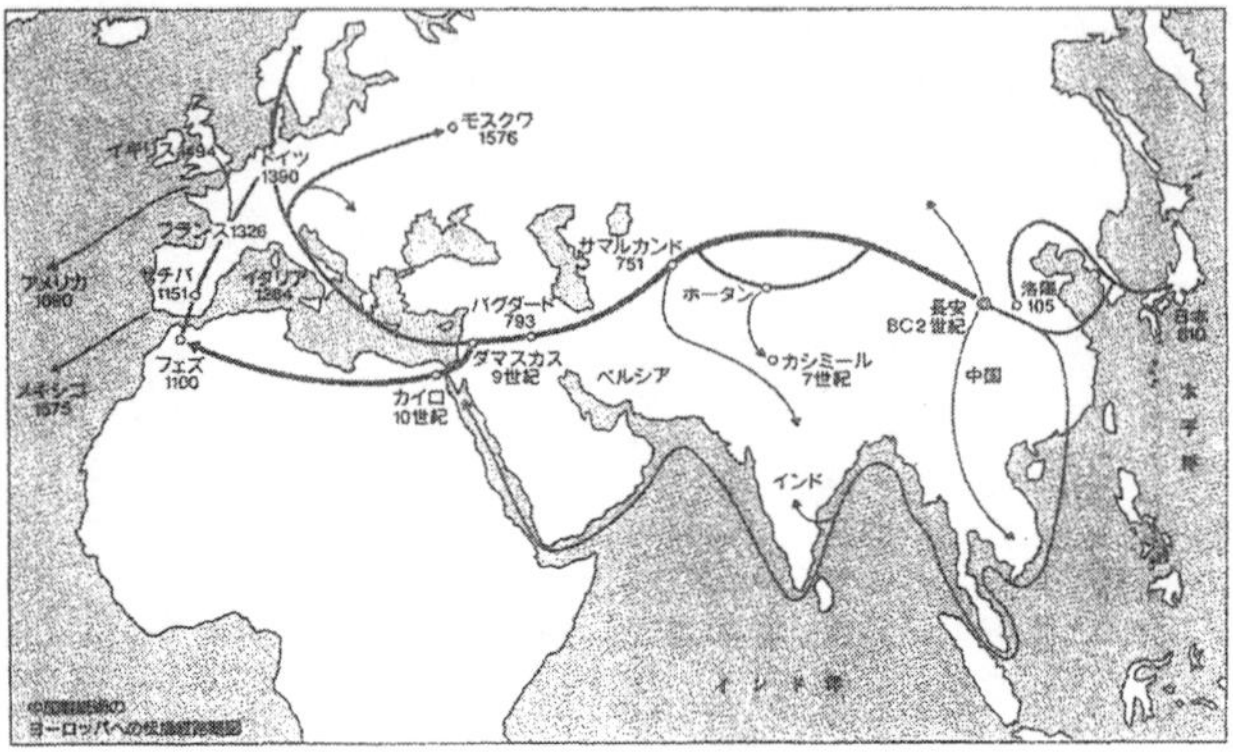

図－2　中国からの紙の伝播（世界各地へ）

図－3

19世紀末から20世紀に入る頃には、壁紙を貼る「専門貼師」の手を離れて一般の家庭の主婦の仕事になってきた。その様子を示す1910年の漫画で、亭主の作業を督励している細君を描いている。英語の表現で「壁紙を貼る」ことを「hang wallpaper」というが、この絵はそのニュアンスを良く伝えている。

る様子は図などで想像することができる。通常「壁紙」とか「壁クロス」などと呼んでいるが、「壁紙」の素材は多岐に渡り「紙」と呼ぶことを疑問に感じることもある。この観点から「壁装材」（総称して）とも言われている。

昭和52年に壁紙がＪＩＳ商品に指定され、JIS-A-692「壁紙」となり、ここでは「壁紙とは、紙製、繊維製、プラスチック製および金属箔製などのもので、可撓性があって接着剤により張りつけるものをいう」となっていて、規格の適用範囲は「主に建物の壁・天井などに仕上げとして張りつける壁紙」と定義されている。壁紙は時代と共にさまざまに変転してきたが、近年は、ビニル系壁紙が全体の九〇％を占め、主流となっており、昭和60年に無機質壁紙が（不燃石膏ボード下地共で）不燃認定を受け、生産を伸ばしている現状である。しかし長い目で私たちの周辺をながめてみると「食べ物」でも「衣類」でも何でもそうであるが「本当に良いもの」というのは必ず復活してくるものである。今現在売れていれば良いのではなくて、真に私たちの生活をうるおわせ、そして我々の心を満たすものとは何かということを常に反芻しながら「壁紙」もつくってゆきたいものである。私はいつも「壁紙の見本帳」を見ていて思うのだが、売れ筋ではなくても「壁紙の文化」を感じさせるものであってほしいと。「物づくり道」の精神を失ってほしくないと。日本の全壁紙メーカーが単なる「あきんど」になってほしくないと。

図－4　1785年頃のロンドンの壁紙商

図－5　最古の壁紙

1509年のヘンリー8世の布告の裏にプリントされた木版画（模写）。ヨーロッパに壁紙のあらわれた最初は、1509年のヘンリー8世の布告の裏に印刷してあったイタリア風の木版画である。それは1911年ケンブリッジ大学クライスト学寮で発見された。

図－6　1700年、英国で刷られた印刷壁紙の断片で、色彩の細部はまだ筆で塗られている

初期の壁紙が賞賛された最大の理由——現代の接着壁紙がいろいろな表面を摸して印刷されているのと同様、初期の壁紙も 16 世紀後半まで、より高価な壁の仕上げに代わるもの、すなわち “ 代用品 ” であった訳である。その当時の、イギリスの広告は壁紙というものが、いかなる仕上げをも装うことができたことを如実に伝えている。

「お部屋に、あらゆる種類の張り紙をお売りいたします——フロック加工、カシ材の羽目板風、大理石風、ダマスク風、等々」。

事実、初期の壁紋はもっともっと値の張る材料の外観そのままに、しかも、たいていの人が手のとどく安い値段で仕上げた。ここがヒットの要因であった。

図-7　ビクトリア時代の典型的な貴族の居間のスケッチで、非常に装飾的な壁紙が使われているのがよみとれる

(b)　(a) の印刷機で印刷された製品で、カラフルなもの

(a)　1878 年、パリで出版された啓蒙書「工業の驚異」に掲載された 10 色刷多色印刷機

図－8

図－9　W・モリスの壁紙とイス

ウィリアム・モリスの壁紙

図－11　CRAY PRINTED COTTON
(1884)

図－10　COMPTON WALLPAPER
(DEARLE 1896)

図・写真引用元は以下の通り

図 -1、2／「彩飾和紙譜」久米康生著、平凡社、1994 年
図 -3～8／雑誌「室内」No.216 号、特集・壁紙のすべて、1972 年
図 -4、5、6／「壁紙百年史」壁紙百年史編纂委員会編集、壁装材料協会、1982 年
図 -9～11／「William Morris・Decor & design」Elizabeth Wilhide、Pavillion Books Limited、1991 年

テーマ30 壁装材（壁紙）について考えよう（その2）

私達はどこにでも、何気なく「壁紙」を貼っているが、では、どんな目的で壁に仕上げ材を貼りつけるのだろうか。一般論としては、だれにでも答えられる疑問である。

それでは、そもそも「カベ」というものは何なのだろうか。いよいよ疑問の「カベ」につき当たる。

ベルリンの東西を分ける壁はとり払われたが、世界には「嘆きの壁」があったり、また、天竺の高僧＝達磨大師は洞窟の同じ壁に向かって八年間も対座していたというし、中世の城塞都市を囲む壁、そしてつくっては壊し、壊してはつくる……こうして「壁」は地図を描きかえ、世界の「意味」を更新してゆく。また、文学の中では「通り抜けのできる壁」があったり「壁の中に異界」があったりして壁はそれ自体が「迷宮」でもある。

壁には見えないが実体の壁、壁に見えるが虚像の壁というように壁は「虚」と「実」の間で増殖し続けていて、「壁紙を貼って、キレイに仕上げましょう」と言うように単純なものではないように考えている。

もともと日本の「壁」というのはせいぜい家、部屋の区画で視線をさえぎる程度のスクリーンのようなものであった。すなわち、「構造体としての壁」ではなく「カーテン・ウォール」であり、戸やフスマのような間仕切であった。「和漢三才《さんさい》図絵《ずえ》」にも「壁は室の屏蔽《へいべい》なり」と記され、徒然草でも「家のつくりようは、夏を旨とすべし」とされ、壁の少ない、開放的なものが推奨され西欧のような、しっかりした壁からはほどとおいものであった。

実は日本にも江戸時代の町家などには防火のための堅固な壁を持つ蔵づくり、塗屋づくりなども存在したが、住宅などでは数寄屋のじゅらく土壁ぐらいで壁体としては虚弱なものであった。

「壁」という字は中国から伝わり、その折この字に「かべ」という言葉をあてはめたのであるが、その中身は中国でいうものとはちがっていた。

ちなみに、新版『漢字源』藤堂明保編（学研）で「壁」という字を見てみると別図のようになる。

土・13

【壁】 1487　4241　4A49　16画　常　ヘキ㊥・ヒャク㊇（bì）㈧錫　かべ

𠃌　尸　居　居立　辟　壁

意味　❶〈名〉**かべ**。もと、牆《ショウ》（家の外をとり巻く長いへい）に対して、薄く平らなついたて式の中庭のかべをいい、のち、家の内外の平らなかべをいう。「題ス壁ニ」❷〈名〉**とりで**。敵を防ぐために築いた防壁。❸〈動〉土や石のかべをつくる。とりで（防壁）をつくる。「項王ノ軍、壁ス垓下ニ」〔史記・項羽〕❹〈名〉かべのように平らにたったがけ。「絶壁」❺〈名〉二十八宿の一つ。規準星は今のペガスス座にふくまれる。なまめ。

解字　会意兼形声。辟《ヘキ》は、璧《ヘキ》の原字で、薄く平らにみがいた玉。表面が平らで、薄い意を含む。壁は「土＋音符辟」で、薄く平らなかべ。　単語家族　碑（平らな石）・屏《ヘイ》（平らなついたて）と同系。

類義　⇩垣1347〔参考〕似た字（壁・璧・癖）の覚え方「かべは土なる辟（壁）、たまは玉なる辟（璧）、くせは病なる辟（癖）」〔名付け〕かべ〔難読〕壁蝨《だに》

〔下付き〕四壁・城壁・塁壁・岩壁・峻壁・峭壁・牆壁・絶壁・鉄壁・隔壁・障壁・面壁・題壁

私がなぜ「壁紙」の話に、「壁」そのものにふれたかというと、全部とは言わずとも、日本の壁紙メーカーの人々や、壁紙販売の人々、そしてその施工会社の人々が、「壁」って本来どういうものなのだろうかということをじっくりと考え、反芻してみたことがあるだろうかと思ったからである。

そうしたからと言って、別に、どうということはないのかもしれないが、「壁紙」を業とされるからには、「壁」についてもある程度の見識を持ち合わせていた方が良いのではないかと思ったからである。

ちょっと耳のいたい話になったかもしれないが、私の本意は「日本の壁紙」が内容的に実のあるものになってほしいと常々考えているが故のことなのでご了承お願いしたい。

さて話を壁紙に戻すと、戦後の混乱期を脱し民間景気が回復した昭和28～29年頃が、壁紙が世の中に一般化した始まりとされ、昭和30年代には織物の壁紙は装飾材として好まれだし、その中でもナチュラルな風合いの麻布壁紙がはやったが、麻の黄変現象からレーヨンと麻の混紡が用いられだし、やがて合成繊維の織物壁紙が多く生産されるようになった。東京オリンピック前後の何度かにわたるホテルブームやオフィスビルラッシュ、相次ぐ商業ビル建設ブームにのって、さらに高級感を求める内装業界の需要もあって高級織物壁紙が昭和40～50年にかけて全盛時代を迎えた。

その後、「壁紙」の需要が一般のオフィスビル、商業ビ

ル等に広がるにつれて、壁紙にも「建材としての性格」が求められるようになり、それにつれて織物壁紙の生産は減少し、ビニル壁紙に変わっていった。

壁紙総体が急速な普及をなし得た一大要因は建築工法の「乾式工法」化によるが、「壁紙」そのものが「防火材料」として認定を受けたことにもよる。昭和44年、建築基準法改正に伴い、「内装制限」が強化され、施工法でも、伝統的な「袋張り」などの「下張り工法」に変わって「直張り工法」が全盛を迎え今日に至っている。

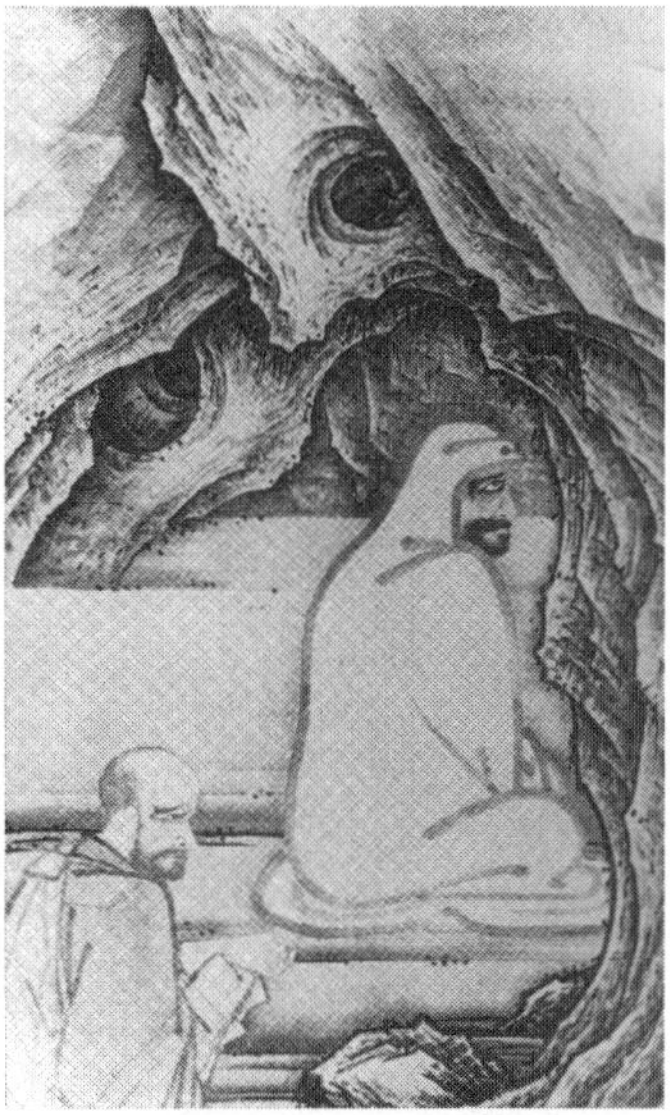

(a)　雪舟画「恵可断臂図」

天竺の高僧達磨大師は、8年間もの長きに渡り、洞窟の同じ壁の前に座し続けたと言われている。そこから「面壁8年」と言われるようになった。こんなことに耐えられる壁紙はあるだろうか。

(b)　ウルビノのパラッツォ・ドウカーレ宮殿の書斎

これは書棚に見えているが、すべて「トロンプ・ルイユ」と呼ばれる「だまし絵」(木ゾウガンによる)でできている壁画なのである。かなり手のこんだ高級なつくり。

図－1

（b）　18 世紀のキャラコ印刷の様子

キャラコ印刷と壁紙印刷には昔から、その工程に共通性が多かった。どちらも、はじめは木版によって印刷され、のちに、手描きや、ベンシリングと呼ばれる仕上げが行われたのである。

（a）　15C以後、紙が安く手に入るようになると、図のように壁に紙を張っておいて、壁面の題材になる場面、情景などを手描きしたりした。

図－2

図－4　東京府中市内の高級すし店「竜の鮨」（著者の設計）

木版の京唐紙を用いた壁面。

図－3　ブントパピエールづくりの図

ドイツでは装飾文様紙のことをブントパピエールという。これは「色紙」と訳されるが、“bunt”には「斑色の」「多彩な」「諸色いりまじった」などの意で、単色の紙というより、多彩な文様紙をいう。英語でいうと patterned paper である。

日本のふすま紙（唐長のもの）

中国では、紀元前100年頃から紙がつくられていた。最初は、中国から日本に渡来したので「唐《から》もの」と呼ばれた紙であった。藤原時代、日本では、木版によって文様を加工した「からかみ」が、書道用のものから、しだいに、建築の壁、ふすまなどに用いられるようになった。下図は、京都「唐長」の、代表的な、文様付和紙である。パターンは、版木によって色々なものがある。刷り色は色々できる。図－4の壁面は下図の文様のものを用いた。

約25～30cm

「唐長」の光琳大波　（下図、唐長・見本帳から）

図－6

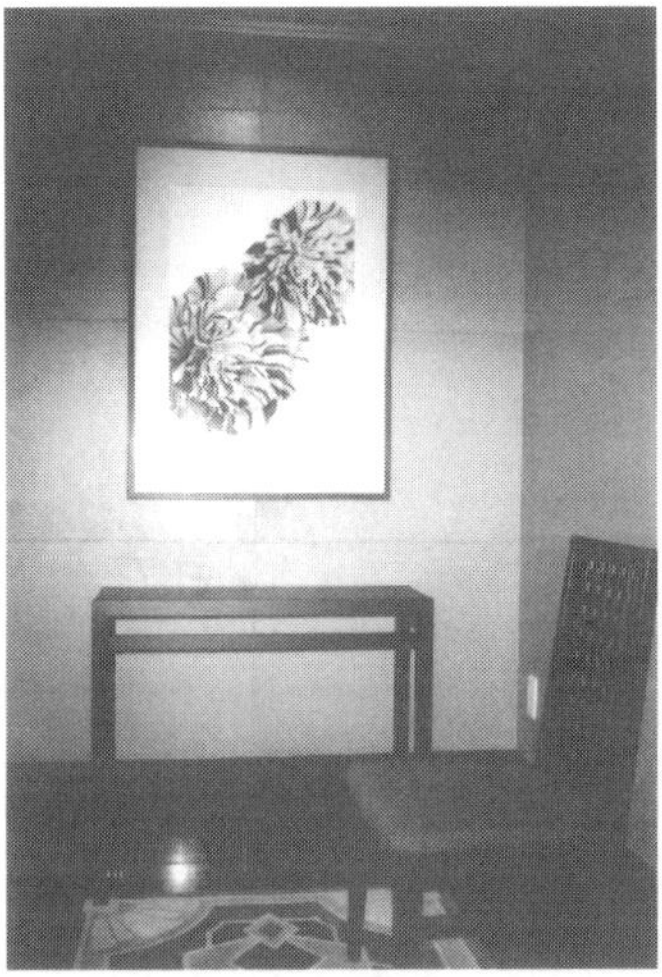

図－5　図－4の壁は、和紙壁紙（川島企画販売）によるもの。フスマ状のところは「光琳大波」パターン、図－5の壁は、ウルシ和紙（木曽アルテック）によるもの

図－7　昭和47年、三越迎賓館レセプションルーム、設計・吉田五十八（写真：月刊誌『室内』No.216から）

壁貼：川島織物、製作の段ぼかしという手法――高級織物壁紙によるもの。

図・写真引用元は以下の通り

図－1（a）／（季刊）「Panoramic Magazine IS（イズ）」No.53、ポーラ文化研究所発行、1991年9月
図－1（b）／「視覚トリック」福田繁雄著、六耀社発行
図－2（a）／壁装材料協会、1983～84年刊小冊子「壁紙」から
図－2（b）／「壁紙百年史」壁紙百年史編纂委員会編集、壁装材料協会、1982年
図－3／「彩飾和紙譜」久米康生著、平凡社、1994年
図－4、5／著者撮影写真
図－7／雑誌「室内」No.216号、特集・壁紙のすべて

テーマ 31

日本の床仕上げ材について考えよう

建物の中で日夜、最も人間と密接している個所がどこかというとそれは「床」である。建築を形づくる構成要素（英語では Building element という）で一種の空間の「仕切り」の役目も持っているのだが、その他のものと異なるのは「床」が人やものを乗せるという機能を持っている点である。

これは「床」という字を〝ゆか〟とも〝とこ〟とも読み、〝とこ〟という言葉が〝寝床〟や〝高座〟を意味し、その上に人が寝たり、座ったりする場所を示していることからも理解ができる。

こう考えると「床」を仕上げる材料というのは、他の建築の部分の仕上材よりも人間に密着して問題がないものでなければならない。

異色の芸術家ダリは「建築はより毛深くなるだろう」と言ったが、「床」の場合は、人が安全に歩けなければならないので、柔らかく、毛深ければ良いというものでもない。

また「床材」を考えるに当たっては、日本流に玄関あたりで〝下足〟から〝上足〟に切り替えるのか、欧米流に下足のまま室内に入るかをまず前提にする必要がある。

もう一つ家具が〝洋家具〟主体なのか〝和家具〟主体なのかも考慮した方が良い。洋家具は〝足もの〟が多いのでイス、テーブルなどの足先に集中荷重がかかって、柔らかい床材だと凹んでしまうからである。

それからここで私が強調しておきたいことは、ある「床材」を用いようとしているその床が建物の中で「最下階」の床であるのか、「最下階以外の床」なのかを見定めておかなければならないという点である。

ここで床を壁に置き換えてみると、前者は「外周壁」、「外壁」に相当し、後者の場合は室内どうしの「間仕切壁」

に相当するものだから、「床材」に要求される性能自体が全く異なるものとなるのである。床材や施工方法の選定については、この点をよく認識していないと、大変なことになってしまう。

私は建売住宅の会社で五年ほど働いたことがあるのだが、半地下や地盤面より一階の床が下がった部屋にカーペット類やクッションフロアのような材料を用いると、床下から浸入して来た水分によって〝カビ〟が発生したり、貼った床材が浮き上がって剥がれてしまうようなことが多発していたのである。したがって、「材料メーカー」「材料販売店」の人々も、この材料はある使用場所には不適の材料であり、そういう所に使用可能なのはこの商品と言えるような科学的な判断を持ってものの生産・販売をしてゆかなければならない。

近年はプラスチック系の床材が数多くなってきて、性能、デザイン性なども改善され、量的にも安定供給が可能で価格面でも利点は多いが、反面、問題点も共存している。こうした床材は必ずあるサイクルで「張り替え」が行われるので「張り易さ」と同時に「はがし易さ」も考えなければならないしビルの高層化と共に〝難燃性〟や火災時の〝有毒ガス対策〟なども念頭におく必要がある。商品の魅力づくりと同時に納めた後のメンテ問題やトラブルも同時に配慮すべきである。

〝床仕上げ〟(Flooring)とは、通常は表面の仕上材のことを言っているが、表面材をどういう〝下地〟に取付けるかということが重要であって、下地が悪ければ仕上材もだいなしになる。下地選びは重要なテーマである。

〝建築コスト〟としても、本来は「表面材＋下地＋手間賃」という総体で考えるべきで、表面材だけでとらえても意味が薄い。

話は変わるが以前に、ある偉い先生が「建築の素材というのは、基本的に時間がたって古くなり、キズがついてくる程に美しくなるようなものを用いないとだめだ」と言われたが、私はその通りだと思っている。そして次に、「合理化・省力化とはていの良い〝手抜き〟のことだ」とも言われた。

さて近年の合成系の床材で、前記の言葉に該当する素材があるだろうか。無理な注文かもしれないが考えてみる価値はありそうである。

昔から、世の中には何かの〝代用品〟としての建材などが開発されると、必ず本物の石や木をまねてつくるということが行われてきたが、私はこれは邪道だと思う。

新しい素材は〝新しい顔〟を持つべきである。

表－1　床材に要求される性能

床材に各用途から要求される性能は、多岐にわたるものがある。

色、柄をはじめとする室内の床面を美しく保つ装飾性、人が安全快適に満足な生活をする上で必要な環境のための居住性、それに、人が行動する上で必要な機能と機器類が正常に作動するのに必要な機能など、さらにこれらを長期間、できればいつまでも維持したいと願う耐久性などがあげられ、次のようにまとめられる。

〈要求性能〉

①装飾性････････色、艶、光沢、柄、形状、質感、風合
②居住性････････弾力、硬さ、滑り、感触、暖かさ、冷たさ
③耐久性････････磨耗、傷付き、窪み、へたり、破れ、剥がれ、変形、変色（水・熱・光・薬品）
④省エネ性 ･･････断熱、熱伝導率、床暖適性
⑤難燃性････････防炎、発煙係数、着火温度、発生有毒ガス、酵素指数、耐シガレット
⑥防音性････････軽量・重量衝撃音、遮音、残響・吸音、発音
⑦帯電防止性････摩擦・剥離・誘電印加帯電圧、減衰速度、電気抵抗値
⑧耐放射線性････X 線遮蔽、放射線汚染
⑨清掃性････････易掃除、ワックス塗布、防汚、防菌
⑩施工性････････反り、柔軟、寸法安定、裁断加工、接着力、剥がしやすさ

図－1（北三カタログから）

図－2（北三カタログから）

図－1、2は典型的な寄せ木床の例

表－2　寄せ木床の色々（北三カタログから）

⑥ CHAUCER ショーサー 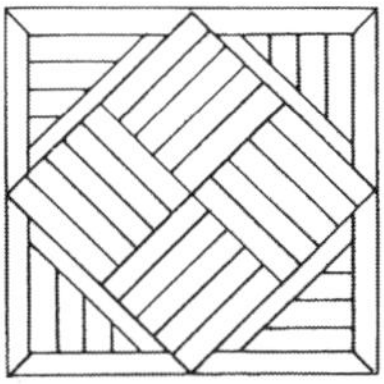 〔寸法〕 8×341×341mm 〔等級〕 Par&Better 〔材質〕 ホワイト・オーク *ブラック・ウォールナット *アンジェリック・チーク	① HERRINGBONE ヘリンボーン 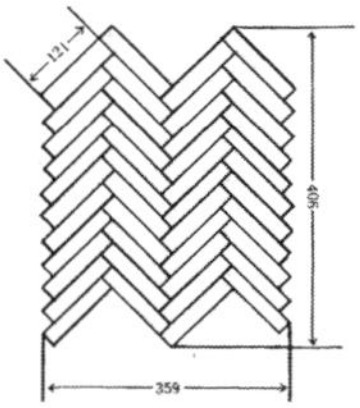 〔寸法〕 8×359×460mm 〔等級〕 Par&Better 〔材質〕 ホワイト・オーク *ブラック・ウォールナット *アンジェリック・チーク
⑦ HADDON HALL ハドン ホール 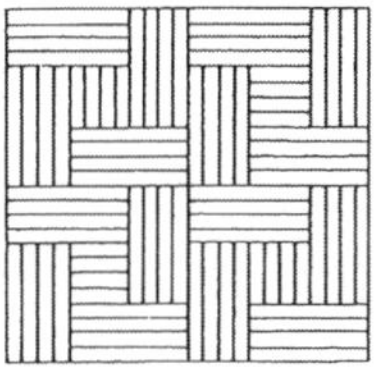 〔寸法〕 8×362×362mm 〔等級〕 Par&Better 〔材質〕 ホワイト・オーク *ブラック・ウォールナット *アンジェリック・チーク	② MONTICELLO モンテセロ 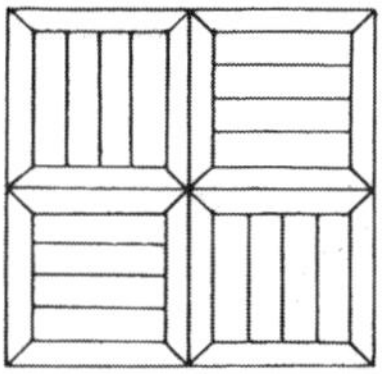 〔寸法〕 8×337×337mm 〔等級〕 Par&Better 〔材質〕 ホワイト・オーク *ブラック・ウォールナット *アンジェリック・チーク
⑧ SAXONY サクソニー 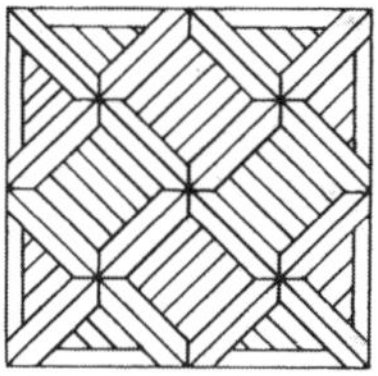 〔寸法〕 8×483×483mm 〔等級〕 Par&Better 〔材質〕 ホワイト・オーク *ブラック・ウォールナット *アンジェリック・チーク	③ PARALLEL パラレル 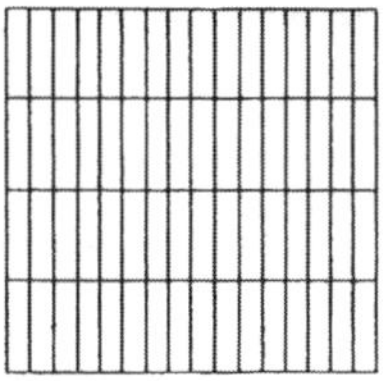 〔寸法〕 8×483×483mm 〔等級〕 Par&Better 〔材質〕 ホワイト・オーク *ブラック・ウォールナット *アンジェリック・チーク
⑨ STANDARD スタンダード 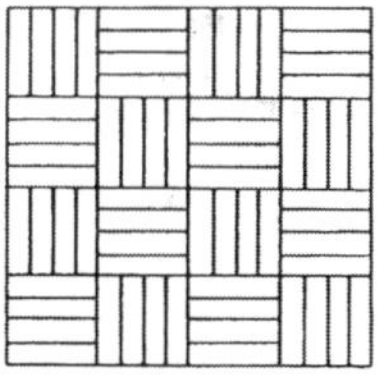 〔寸法〕 8×483×483mm 〔等級〕 Par&Better 〔材質〕 ホワイト・オーク *ブラック・ウォールナット *アンジェリック・チーク	④ RHOMBS ロームス  〔寸法〕 8×384×384mm 〔等級〕 Par&Better 〔材質〕 ホワイト・オーク *ブラック・ウォールナット *アンジェリック・チーク
⑩ HERRINGBONE ヘリンボーン（本ザネ加工） 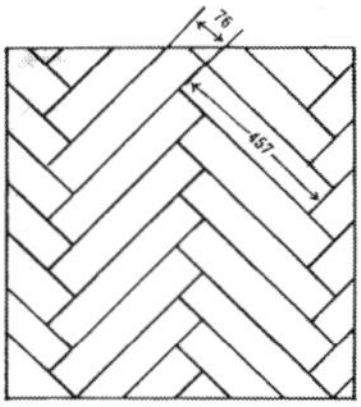 〔寸法〕 8×76×457mm（Vカット有） 〔等級〕 Select&Better 〔材質〕 ホワイト・オーク	⑤ CANTERBURY カンタベリー  〔寸法〕 8×337×337mm 〔等級〕 Par&Better 〔材質〕 ホワイト・オーク *ブラック・ウォールナット *アンジェリック・チーク

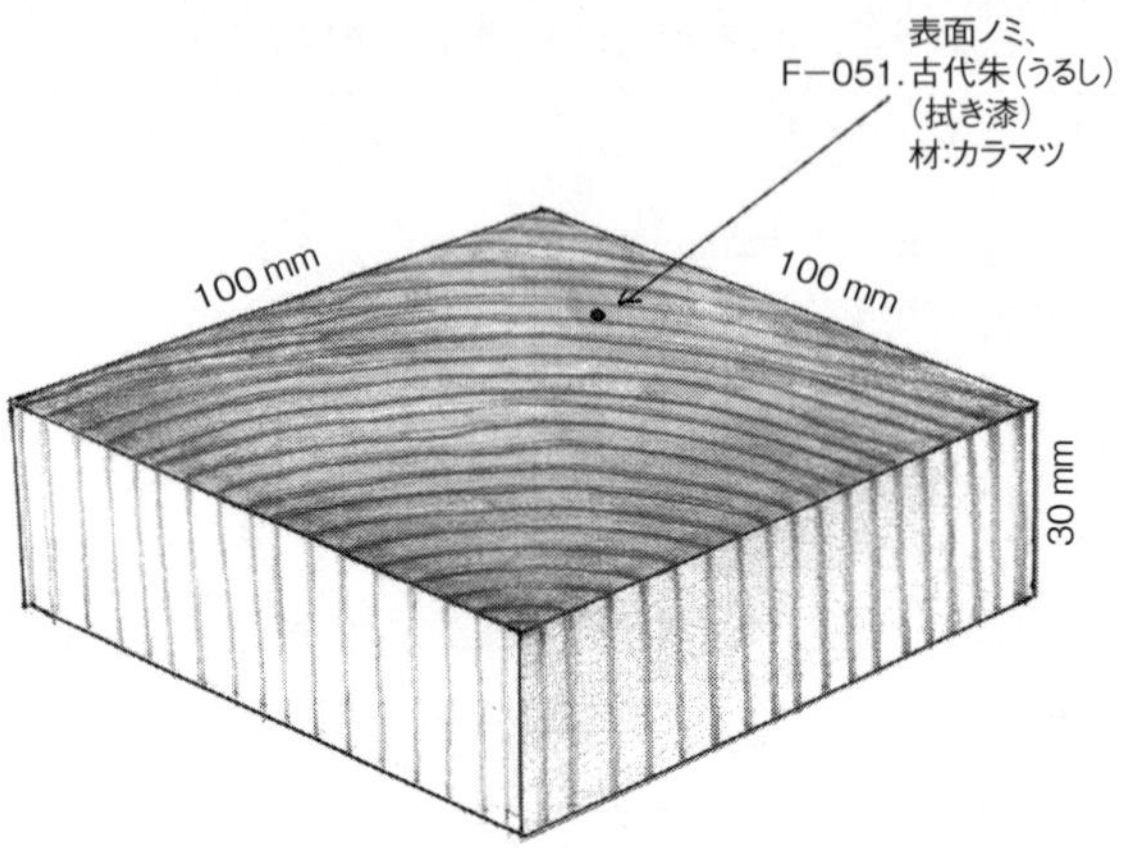

図−3　木の「床タイル」（メーカー：木曽アルテック社（実物をスケッチ））

ミカゲ石などの床では、人の歩くときの振動が脳まで響くように思えるが、このような厚みのある木の床材では、そういう現象は、起きない。

表−3　床材の種類（材質）

- 無機質系
  - 石材（本石、擬石ブロック、玉石洗い出し）
  - セメント（テラゾブロック、現場研ぎテラゾ、モルタル）
  - 陶磁器
    - 磁気
    - せっ器（クリンカータイル）
    - 陶器
    - れんが
  - 金属（アルミダイキャスト、ステンレス）
- 有機質系
  - 木質
  - プラスチック
    - リノリウム（油脂）
    - ゴム
    - アスファルト
    - プラスチック（合成樹脂）
      - ポリ塩化ビニル
      - エポキシ
      - ポリエステル
      - ウレタン
  - 繊維
    - 天然（シルク、ウール、獣毛、麻、い草など）
    - 合成（ナイロン、ポリエステル、アクリル、ポリプロピレン、レーヨン）

図-4　大徳寺の縁側

1枚のタイル　300×300×6t(8",12",18"角)

図-5　床用・革タイル（米国製）、エデルマン社（写真は、エデルマン社カタログから）

革タイルの厚さは3ミリ程度

図-6　桂離宮

廊下は、内側がタタミ敷き、外側が板張り

「日本の伝統的座具――たたみ、そうとん、しとね、など」敷物

日本のタタミは、「床材」ではなく、“タタめる敷物”であった。必要な所にだけ敷いた。ちょうど、必要なところに“ふとん”を敷く行為と同じであった。下図のような、タタミの敷き方を「廻し敷き」と称する。（イラスト：イナダ）

図－7

昔、タタミは、今日のような厚い敷物でなく、筵（むしろ）やござのような薄手の敷物で、通常は、折りたたんでおいて、来客、休息、臥寝の時のみに広げて用いられた。そこからこのような“座席”をつくるものを総称して「たたみ」と呼ぶようになった。その観点から言うなら、「ふとん」も、“たたみ”の一種と言うことができる。

（イラスト：イナダ）

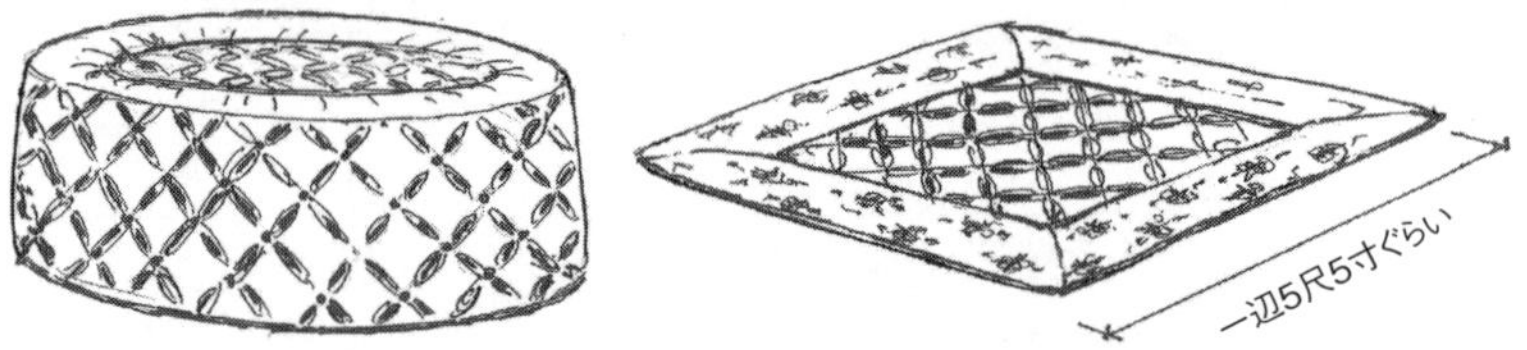

「草墪」(そうとん)　「茵(しとね)」

図－8

図・写真引用元は以下の通り

図 -3、4、6～8／著者イラスト

表 -1、3／「プラスチック床材編」日装連技能テキストプラスチック床材編改訂編編纂委員会編集、日装連、1987 年

テーマ 32 一品製作とマス・プロダクションについて

物をつくる時に、「一つ」だけつくるのか、「大量」につくるのかは、大きなちがいとなる。

以前は「物」はたいていの場合「注文」があってからつくられるのが慣習であった。それでも軍隊などがある物を必要とするような場合に限っては、程度の差こそあれ、機械生産を主として量産が行われていた。でもこれも一種の「注文」であったことは否めない。これらのケースでは「物」の品質というのは、売手と買手との間ではあらかじめ「協約」ずみのものであった。

ひるがえって今日の大量生産はどうかと考えると、どこのだれともわからない買い手に対して生産が行われ、買い手がその製品をどの様に使うのかについては、「見こみ」のつけようもないのが実情と言えよう。

古い売買契約では、物の形態や機能の決定がとても容易だった。買い手は物に対する自分の希望を述べ、生産者は彼等が納得できる「物の値段」を決めていた。そこで「双方の折合」がつけば製品は「製作の良心にしたがって」仕上げられた。これが共に侵せざる「不文律」となっていた。価格も業者の勝手はゆるされず、破ることができない「適正価格」というものが存在していた。

買い手が決まっている場合でも、買い手は未定で製作者のみの判断でものをつくる場合でも、「一つ」だけあるいはごく少量の「ものづくり」の場合は基本的に「一品製作」とみなして良いと思うが、この場合肝心なのは「デザイン」が「生産」そのものから切り離されていないということで、反面今日の工業生産（大量生産）では、買い手がデザインに関与することから締め出され、デザインは「生産」から切り離されて良否が決められるという状況である。

マス・プロ（大量生産）の市場は〈適正価格〉とか〈芸術の法則にしたがって〉というような考え方を「死文化」に

させてしまい、「市場価格」というのは「需要」と「供給」とがお互いに競り合った挙句に達成された価格をいい、市場に対するデザインでは「人気」ということに最大の関心が払われ、デザイナーの地位は「二の次」になって、要は「売れさえすれば」という点が「眼目」になりやすい。量産では企業家はこれで「多くの利潤」を獲得し、他方消費者はこれで「廉価な製品」を手にし、両者が共に繁栄することが「理想」なのだが、往々にして現実は「営利の追求」に急で社会経済的に負うべき「公共任務」が忘れられて、でき上がった製品が具備すべき「美」と「用」とが犠牲になってしまう傾向が大きいのが最大の難点でもある。今後の「マス・プロ」や「インダストリアルデザイン」にとっての最大の課題はこうした欠点の「是正」をどのようにして行うかという点である。

もう一度、近代工業以前の伝統的様式による「物の生産」について考えてみたい。

生産様式が限定され、伝統と結合している場合、生産品も当然限定される。ごく簡単な生活什器などは手仕事でも機械生産でもその仕上り具合に大差はなく、この点では機械化された今日でも手仕事が残り得る下地は温存されている。でも手による〈少量生産〉が今日において「コスト高」になることは自明のことであり、手でつくるものでは原則的に「同一」のものは、複数つくることはできない。それ故に手仕事のものは「一品製作」になりやすい。したがって「一個づくり」のものは「高級品化」し、実用品であっても「鑑賞品化」する傾向にある。

卑近な例を挙げると英国の「ウィンザー・チェア」というイスはイギリスのウィンザー地区の農民たちが、農閑期などを利用して、庭先で簡単な手工具などで手づくりでつくっていたイスなのである。実用的で、安価で、安心して使える家具であったので、世界中に広まって今日では近代的な工場でもつくられるに至った。

「手工の良さ」を残しながら日常生活の要求を満たすというのは今日では「クラフト」の世界が受持っているのであろう。

ちなみに、ざっと私の頭の中に浮かんだ「ものづくり」、「生産」の諸形態をひろって見ると、**表-1**のようになる。日本では「職人」を養成する教育機関がきわめて少ないが、ドイツなどは「マイスター制度」が充実している。

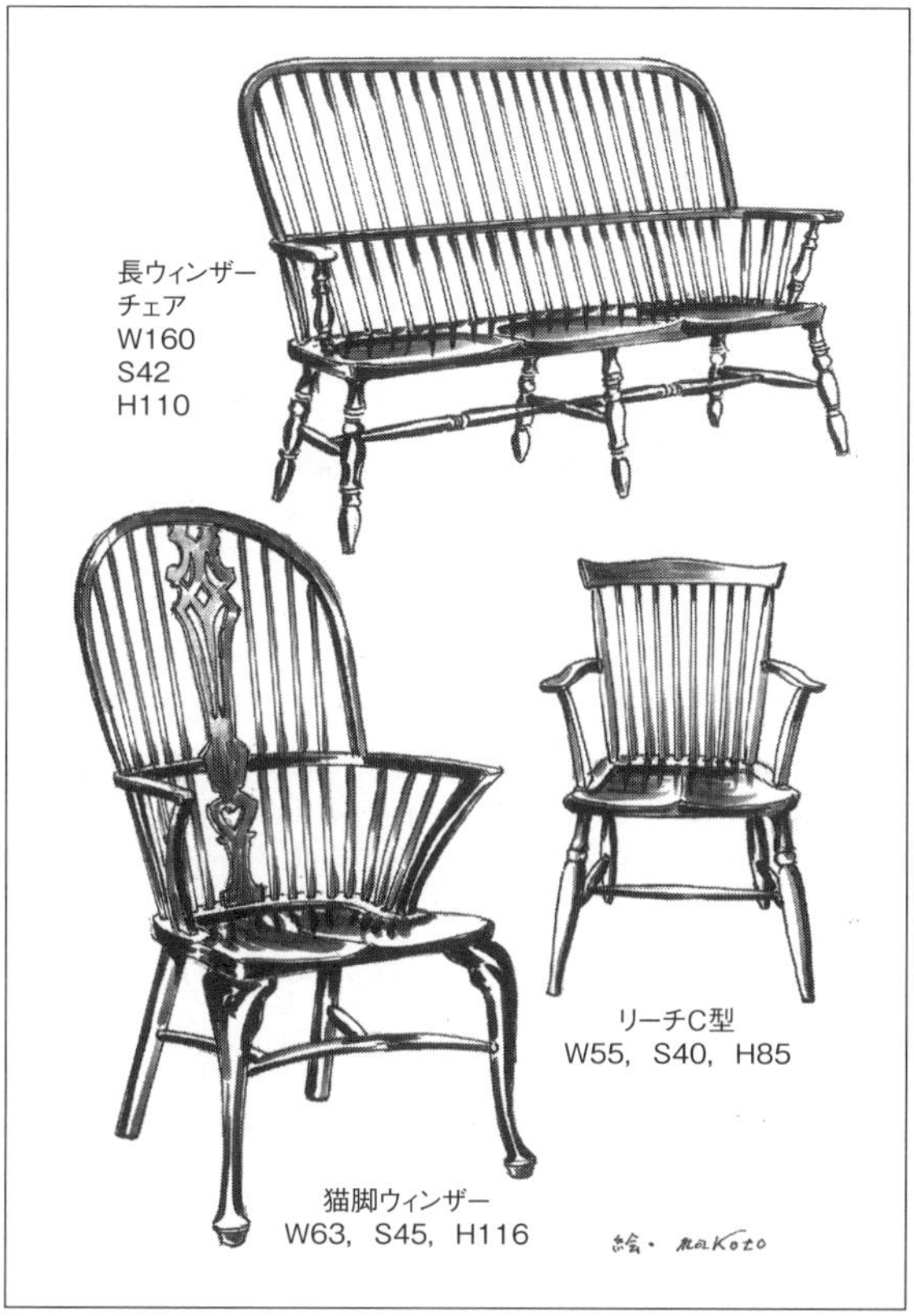

図－1　「日本・松本民芸」のウィンザーチェア

図－2 黒田辰秋作　拭漆欅円テーブル、1951 年頃（大原総一郎邸）

表－1　現代における生産の諸形態

マス・プロ ――	少量生産 ――――	一品製作
工業生産 ――	手工業生産 ――――	クラフト
機械生産 ――	ハンドワーク ――――	伝統的手工芸
計画生産 ――	任意生産 ――――	受注生産
工場生産 ――	工房生産 ――――	自家生産
常時生産 ――	農閑期生産 ――――	適時生産
パパ・ママ生産（主人単独生産）―	使用人による生産	

図－3　マス・プロの代表選手 T 型フォード、1908 年

自動車というものが、「特権階級」のシンボルであった時代に、ヘンリー・フォードは「自動車をつくる方法とは 1 つの自動車を、他の自動車と同じようにつくることであり、全てのものを同一の仕様につくることであり、工場全体から自動車がどんどん流れ出るようにすることである」（彼の自伝から）という考えに沿って彼の「大量生産システム」をつくり上げた。この「フォード・システム」とも呼ばれる方式は、「1 車種・大量生産」であった。これによって彼は、年々車の価格を下げることに成功し、1908 年から 1927 年までの 20 年間に、なんと 1,500 万台を生産・売り切るという偉業を成し遂げた。大量生産には、単に「人海戦術的」方式もあるが、彼は今日のマス・プロにも通用するような、「四項目」を満たす方法を取り入れた。「①部品の互換性、②分業、③流れ作業、④労働力の科学的管理」の 4 点である。こうして大成功した彼であったが、しだいに、車が各家庭に普及してしまうと、フォード・システムでは市場のさらなる要求を満たせなくなった。次に登場したのは、GM（ゼネラルモーターース）の考えである。GM は「あらゆる財布とあらゆる目的にあった自動車を」、しかもマス・プロでというもので、「最低の価格から高級車に至るまで、ラインナップをつくる」という「多種・大量生産」であった。GM にスタイリストとして入社し、副社長にまでなった「ハリー・アール」のことば「Seeing is Selling（見てくれが良ければ売れる）」は、端的にフォード時代から GM 時代への移行を物語っていて、考えさせられるプロセスである。つまるところ、大量生産というのは、大主消費を促して、それを実現させる「宣伝」に結びついた、一連の活動を指すと言えよう。

D：アルネヤコブセン（3 本脚）
480W × 480D × 770H、SH = 440

図－5

図－4　スケッチ・ナカシマ／
ニューチェア、アーム

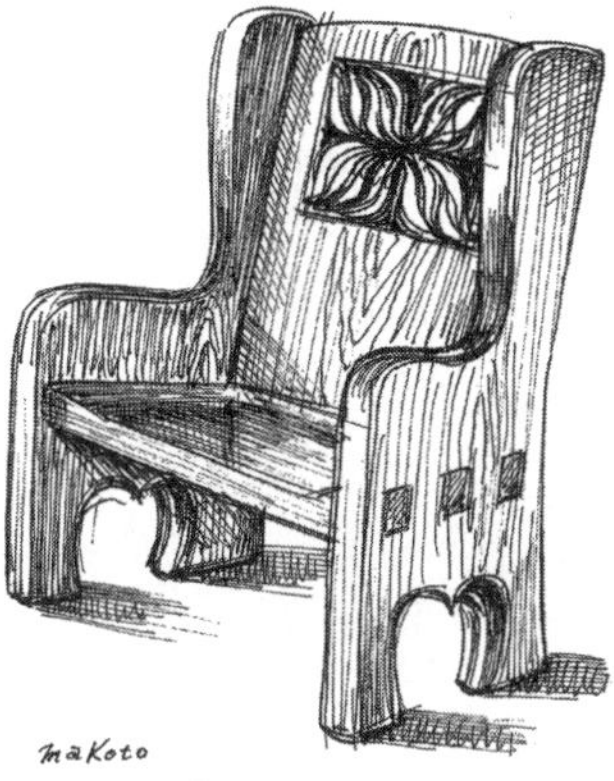

(b)　1964 年、黒沢明、御殿場山荘のイス

(a)　木工作家・黒田辰秋氏（1975 年）

図－6

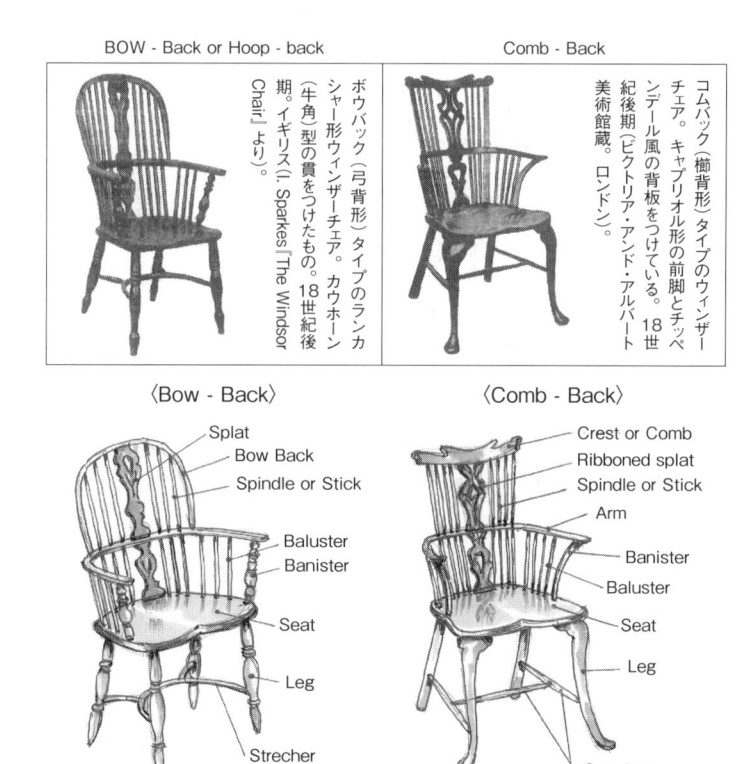

BOW - Back or Hoop - back

ボウバック（弓背形）タイプのランカシャー形ウィンザーチェア。カウホーン（牛角）型の貫をつけたもの。18 世紀後期。イギリス（I. Sparkes『The Windsor Chair』より）。

Comb - Back

コムバック（櫛背形）タイプのウィンザーチェア。キャプリオル形の前脚とチッペンデール風の背板をつけている。18 世紀後期（ビクトリア・アンド・アルバート美術館蔵。ロンドン）。

〈Bow - Back〉

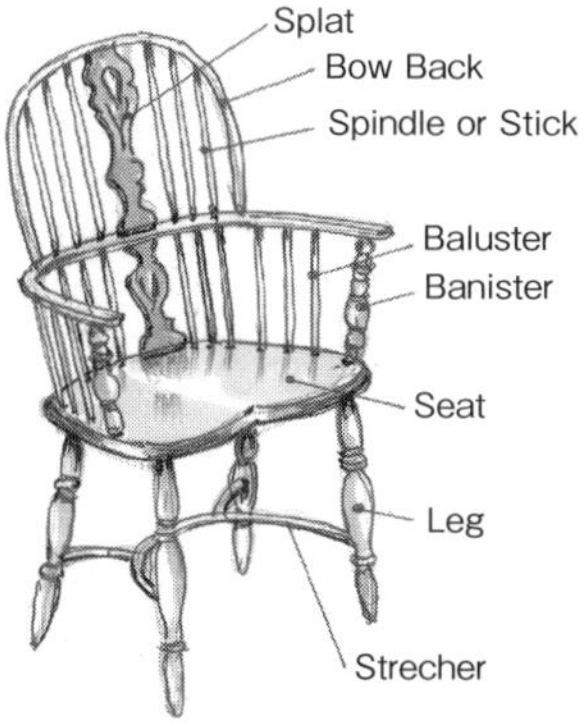

〈Comb - Back〉

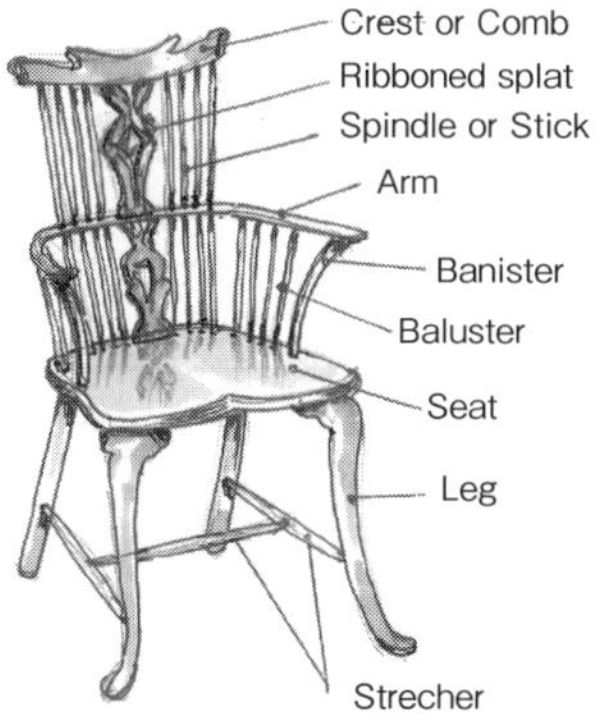

図－7　ウィンザーチェアの形態

1960 年　柏戸チェア
デザイナー：剣持　勇
製造：天童木工

図－8　剣持勇の木の家具（注文生産品）

よく乾燥された、同一の木材を積み木のように接着して、大きなブロックから削り出されるので、量産はむりである。重量も、そうとうな重さになる。

図・写真引用元は以下の通り

図 -1～4、6、7／著者イラスト
図 -8／家具カタログから

テーマ 33 病院とは何をするところか

日本ではよく「医は仁術」と言った。では「仁」とは何かと漢和辞典をひもとけば「自分と同じ仲間として、すべての人に接する心、隣人愛や同情の気持ちをさし、そのような気持ちを持つさまのこと」となっている。

英語で「病院」のことを「hospital」というが、この語はラテン語の「hospitalia」から来ていて、これは「stranger's apartments〈hospitalis of a guest〉」、すなわち「見知らぬ人または客を泊まらせる場所」のことを意味していた。英文学者の小川芳男氏はこれについて次のように説明する。「古代ギリシアやローマでは見知らぬ人を客として扱い遇する習慣があり、見知らぬ人、即ち客を意味した。見知らぬ人を泊めるくらいの厚意があれば病人を泊めるぐらいは極くあたりまえのことで、やがて病人を泊まらせる場所をさした」。

日本では、八世紀の奈良時代に、施薬院・悲田院が設けられ、病める貧民、年老いた僧侶などが保護され「癒しの場」となった。中世のヨーロッパでも「修道院」や「教会」などが巡礼者や旅人たちに「医術」を伴った「癒し」を提供していた。主な「治療」は「薬草」によるものと「神に祈ること」が多かった。

日本で昔、「医を行う者」を「クスシ」と呼び漢字にすれば「薬師」であったが、「クスリ」という言葉は薬をつくるため草を煎る行為「草煎」（クサイリ）から来ているという。チベット・ラサのラマ教大本山の寺には、六千種に及ぶ薬草が保存されているそうで、いずれの国においても初期の医療というのは、大半が薬草による施療であった。

イヌ・ネコなどの動物でも、負傷や病気のときに傷口のところを「嘗め」たり「草を噛んだり」して治そうとするように「医」の始源的行為は人類発生よりも以前から存在していた「生きもの」の「本能」の一つであったといえよう。

「醫」という漢字はさらに古型は「毉」であって、下の「酉」は酒を意味し、「巫」は魔法をする人を意味して、酒はかなり昔から「薬物」として用いられることで病気からのがれようとしたことを示す。上部の「殹」は箱に入れた矢と右側が槍を意味して、全体で「外科手術」や「悪魔の姿」を表わしていた。

さて病院に話を戻したい。私自身も何度か現代のいくつかの病院のお世話になっているが、おそらく最新の医療設備・技術としては、諸外国（先進国）と比較しても、互角だろうと思っている。でも入院のたびに感じることは、病気自体は治ったとしても、「何か後味が良くない」のである。

病院建築が専門の長澤泰教授（東大）が以前に「ＷＨＯ」の技術者を日本の病院に案内した時に見学者の彼は「この病院はまるで自動車工場ですね。職員が各部門で待っていて、患者がベルトに載せられてくるのですから……」と言ったそうである。この言葉は、世界のトップレベルにまで達していると私達の大半が考えている日本の「病院」というものに、「何が欠けているのか」を実に良く表現してはいないだろうか。

別に医学分野には限らず、明治以来、「追いつけ、追いこせ」で経済大国に成りはしたものの、何か「心」の問題をおきざりにしてきてしまった。過去において、基本的に病気は「家族」で癒すのが普通で、何かの理由で家族療養ができない人を収容する場所として、宮殿、邸宅、修道院などを転用して「病院」に使用するケースが多く、環境も悪くて、退院する人より、「院内感染」で死亡する人が多かった。

一九世紀になって、Florence Nightingale 女史はクリミア戦争の夜戦病院での経験を元に、病院建築の向上に革命的貢献をなした。病院は「患者に害を与えないこと」、「外観が見事なことではなく、患者に新鮮な空気・陽光・室温を供給できるものであるべき」などと主張し、パビリオン型の病院を提唱実践して死亡率の低下に成功した。

ナイチンゲール以後、日本も含めて近代設備を満載した立派な大型病院が各地に競うように建てられて今日に至ってはいるのだが、次世代の人々から、今の病院が「病人の宮殿」とか「医師の治療工場」だとか「前世紀の医療機械の博物館」などと言われずにすむよう、一人一人が病院のあるべき姿を模索してゆかねばならない。

つまるところ、病院の診断・治療に重きを置いた「シックケア」のテクノロジーから、セルフケア、ホームケア、予防医学、精神身体医学などを含めた「ヘルスケア」への転換が求められている。

以前に「伊藤喜三郎建築研究所」代表の伊藤一章さんが、私に「これからの病院は、ホテルチックになる」と言った言葉が思い出される。今日ナイチンゲール病棟（大部屋式）から個室タイプに移行する趨勢ではあるが、双方の長所と欠点は合わせ考えねばならない。

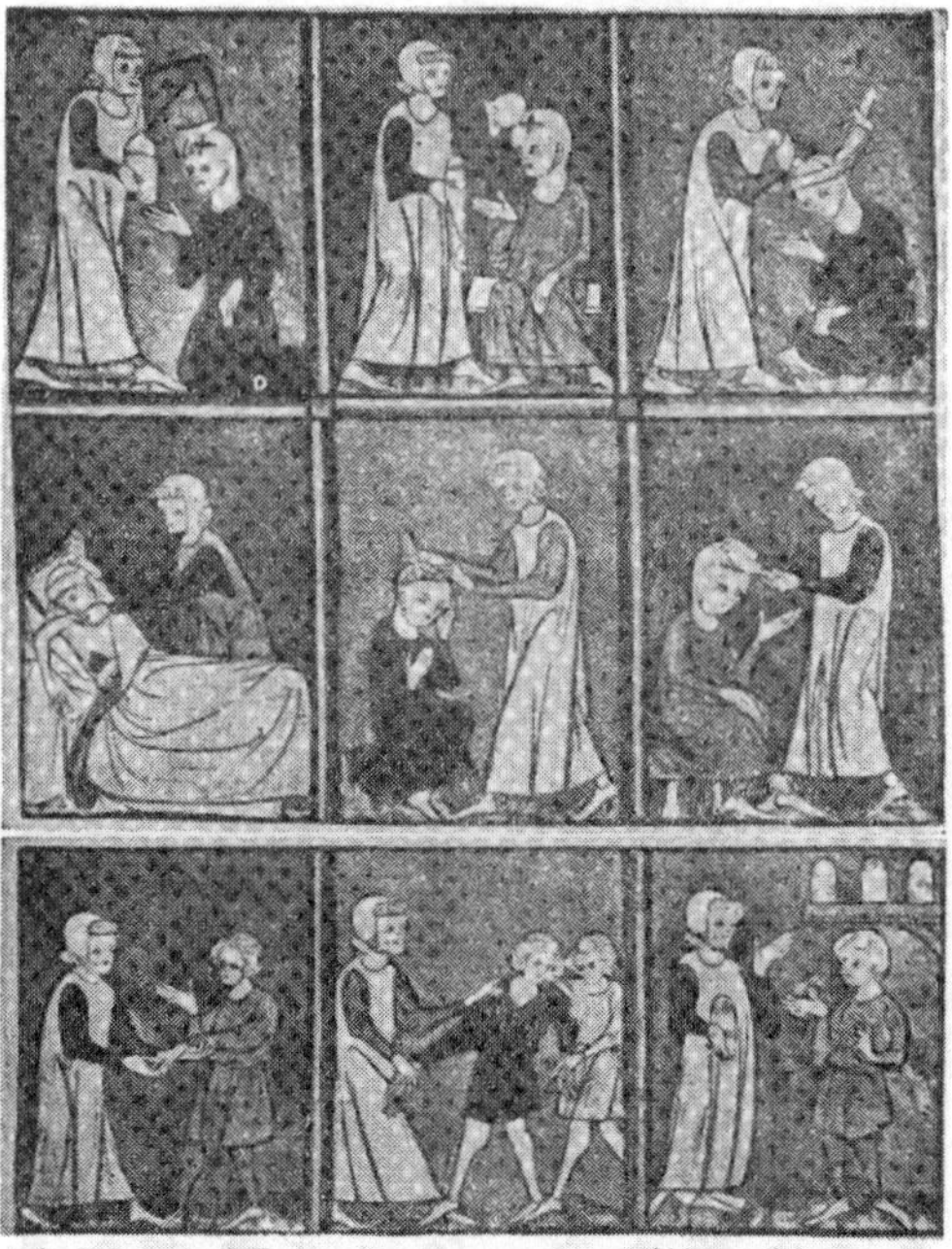

図－1

これらの九コマの図は、13 世紀頃、南イタリア、サレルノにあった医学校（4 世紀間も存在していた）における外科手術の様子を示している。上の二段は頭部手術、下段は脱臼の治療の様子が描かれている。

図－2

この図は、英国王チャールズ二世の「ローヤル・タッチ」の様子。医療の初期段階では、「Royal touch」と言って、王様が病人の体に触れただけで病気が治るという迷信がはやり、アンリ四世は、このローヤルタッチで、一度に1、500人の病気を治したとその侍医が記している。現代に於てさえ、天皇・皇后などが施設などで、病弱のお年寄の肩にさわってなぐさめる様子などは、同一である。

図－3

ベルギー北部、ブリュージュの「聖ジョンズ救貧院の大部屋」（A.Van Mieghem の絵ハガキ）建物は、おそらく古い宮殿や修道院などを再利用したものと考えられる。

図－4　「オテル・デュー（Hotel-Dieu）の大部屋（パリ）」（銅版画）

15 世紀の大部屋構想の病院（救貧院）の一つである。今日は博物館（病院の）になっている。

図－5　ニュルンベルク市立総合病院外科病棟（大部屋）1896 年頃

この病院は、1880～1920 年頃の入院看護の特徴を良く示している。

図－6　「ナイチンゲール病棟」の平面図（『綜合看護』現代社、1979 年 4 号から）

図－7　現代の病院のロビー

受付のコーナーであるが、窓から庭の自然がのぞけて、病院をおとずれる人々の心を、一時いやしてくれる。

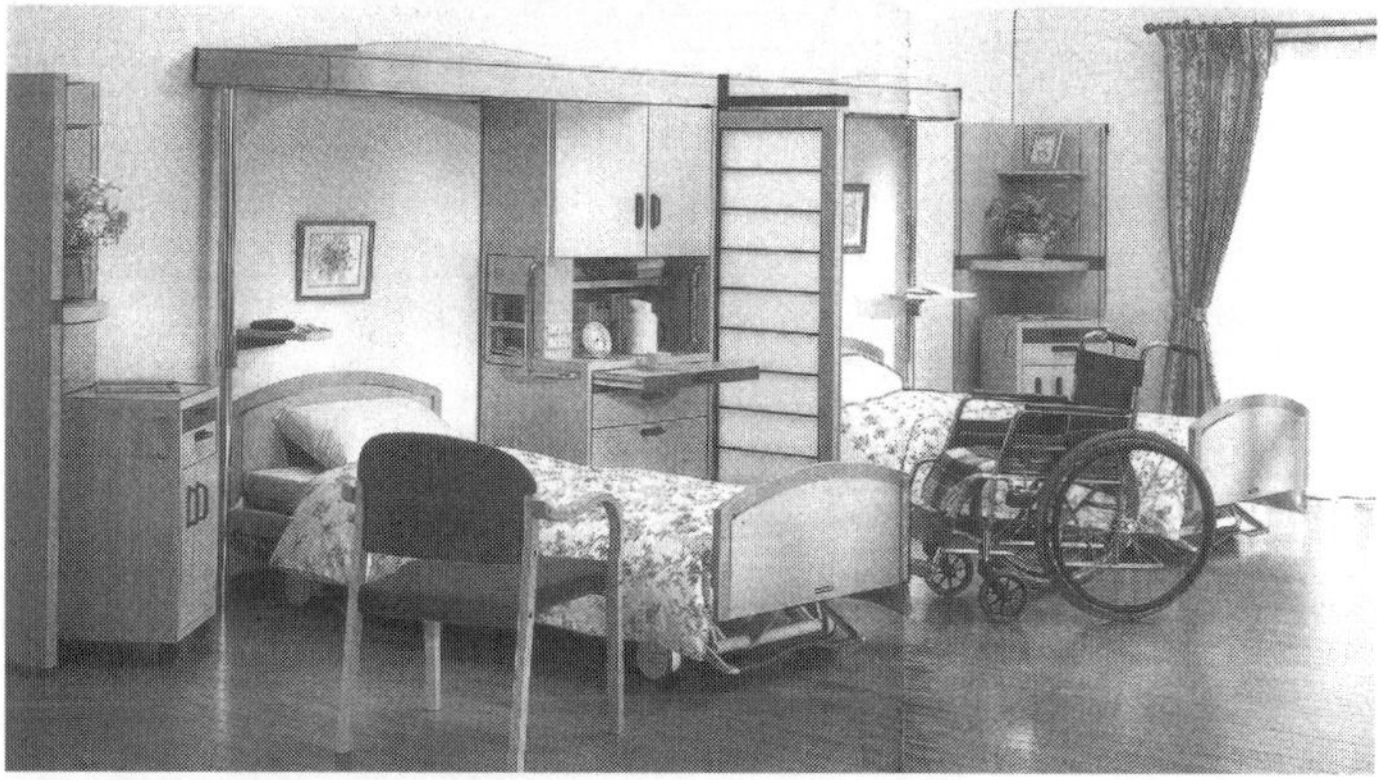

(a)　収納とポールで天蓋を支える構造。スライディングパネルによりプライベート空間がつくりだせる。

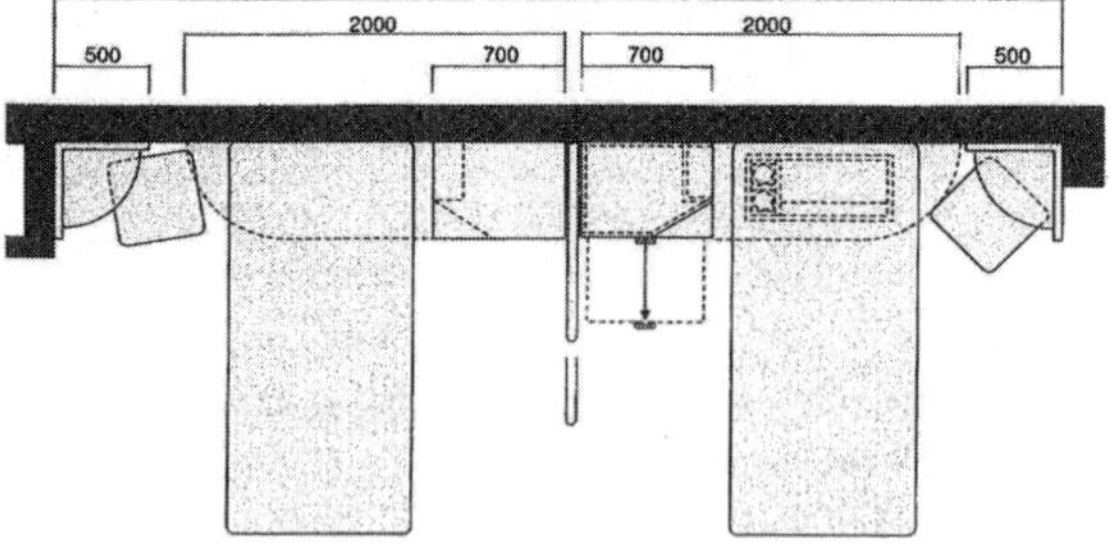

(b) セット写真レイアウト図

図－8　居室用家具（RF01 シリーズ）

このシリーズ家具は、1996 年頃、私がデザインしたもの。イトーキ、病院やシニア施設の居室用のものであった。病院などの居室における、患者の生活が、自然で、心地よくありたいという精神で設計した。

図-9
（米国の例）病院での患者と職員などが接するコーナーであるが、何かホテルの「コンシェルジュ」に、よろず相談ができるような、「気やすく」、「安心できる」ような雰囲気をただよわせていて、好感が持てる。日本だと、これから裁判の尋問が始まるような空間が多い。

図-10
（日本の高齢施設）特に高齢者の場合、病室や居室から車イスなどで、直接中庭などに出てゆけることは、大切なこととなる。

図・写真引用元は以下の通り

図-1、2／「医学の歴史」小川鼎三著、中公新書、1964年
図-3～6／「病院建築の新たな挑戦」ロベルト・ヴィッシャー他著、小室克夫訳、集文社、1990年
図-7／「Health Care Architecture」Eleanor Lynn Nesmith著、Rockport Publishers, Ine. 発行、1995年
図-8(a)／イトーキ、カタログから
図-9／「Space Design Series4 医療・福祉」船越徹編集代表、新日本法規出版、1995年

テーマ 34

素材——その1、木について

このテーマから四回続きで、「素材」に関するシリーズをまとめてみたい。

世の中は、何につけても新建材のような合成の材料が色々開発されて幅をきかせているが、合成のものですむ場合とすまない場合とがあって、そこを良く見きわめることが重要な課題である。昔の建材などでは、「新建材」などという素材は一つもなかったので、何につけても天然の素材しか使用されなかった（**図-1**などの飛騨高山の民家、京都の桂離宮や京都の民家など参照）。このような天然素材でできた建築などを見ると、いつ見てもフレッシュで正真正銘の価値観を見とることができて私達の心を和ませてくれる。

最近の世の中は食べるものまで中身を偽って、社会問題にまでなっている。いつ頃からこういう世の中になってしまったのか、本当にこまった世相である。昨年をし

図-1 飛騨高山の民家

飛騨地区には昔から、優秀な大工棟梁がいたことで有名だが、いかにも手がたい、しっかりとした木組みなどの仕事は見ごたえがある。嘘、偽りが一切無いのが見てとれる。設計者などいなかったと思うが、設計もお見事で、文句のつけようもない。

めくくる一字が「偽」であったのも納得がゆく。

私が学校を出て、デザイン事務所に入所した昭和38年頃は、家具などをつくる製作会社なども超一流で、そこがかかえている職人さん達も人間国宝に近いような人達ばかりだったので、「仕事に関して手を抜く」というような行為はまず見たことがなかった。むしろこちらが要求した以上のことをしてくれるような世界で私は育ったのである。だから以前の「耐震偽装」問題などに接して、地の果てに落ちた心境であった。

こんな世の中だからこそ、何一つ偽装していない前出の民家などに接すると心が和むのである。

こうした正真正銘の素材は今でも入手できるし、それなりの職人達もいない訳ではないが、そうするとどうしても「コスト」が嵩むということが敬遠されがちである。

それにしても今の世の中はあまりにも「偽装的行為」や「偽装的素材」が多すぎるのである。ではなぜ昔の建築は正真正銘偽りのない素材でつくり得たのであろうか。そしてなぜ今の建築が偽りだらけなのだろうかと私は不思議に思うのだが、皆さんはこの点に関してどう思われているだろうか。

私が思うに、一般の消費者の求める価値観が大きく変わったこと（たぶん、正真正銘というより価格が安い方を優先している）に加えるに、現代のものの流通機構などから、本物の素材が昔のようにリーズナブルな価格で入手できないような状況にある。また本物の素材を扱えるような職人も少なくなってきた……等々、「悪貨が良貨を駆逐する」という状態に陥っていると思われるのである。

私は三十年程以前にデンマークのコペンハーゲン市の「ゲオルグ・ジェンセン」（ジョージ・ジェンセン）（銀器の一流店）に入って、引き出しに並んだ見事な銀器に目を見はり、そこに居合わせた店員に尋ねた。「一体こんな立派な商品を、どういう階層の人達が求めて行くのですか」と。

答えは実に簡単で「ごく普通の家庭の人々です」と言われたのに、一瞬はおどろいたが、次の説明を聞いてうなずけたのである。

「確かに物の価格はそれぞれに高いのだが、当店に来るお客さん達は全て、五年計画、十年計画というように各家庭で家族会議を経て、その結果、今回は長男の誕生日に合わせて、フォークとスプーンの五セットを購入しようなどと決定して入店してくるので、店でまようことなく買って帰られるのです」という説明を聞いて、若き日にとても感動したことが忘れられない。早く我が日本もこういう国になってほしいものである。

このテーマでは「木材」という素材にふれたいと思っていたが、その前段階で終わりそうだけれど、図などを良く観察しながら、今年の年末をしめくくる一字が「真」となるような木材の素材を見てとっていただきたい。

最後にデンマークの木工のマイスターが私の母校の恩師に言った言葉でしめくくろう。「木は伐るな、しかれども木は使え」。

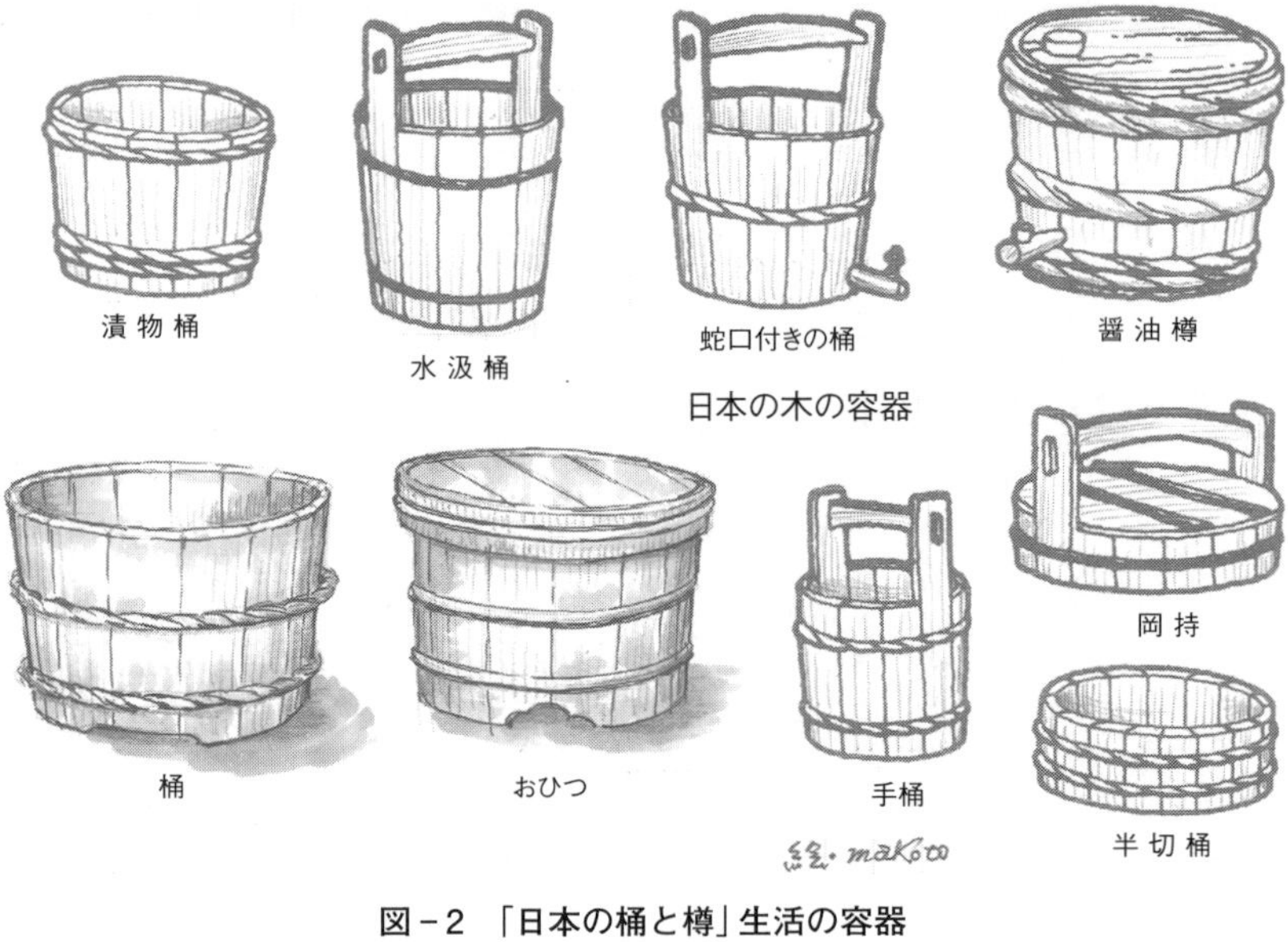

図－2 「日本の桶と樽」生活の容器

これらの木の容器は、長い間日本人の生活を支え、かつ、生活にうるおいを与えてきた。今日でも、愛用されているものも多い。
木材で出来ていることによってその性能を果たしていることもあって、これらをプラスチックのような新素材に変えることは、不可能なのである。

木材用語

(1)　木理（木目とも称する）Grain

木材を構成する、細胞要素は、種々の配列様式、方向を持っているので、板の表面に、複雑な模様が表れる。これらを、木理または木目という。木理はまた、年輪幅の広狭の関係で、杢（もく）の意味に、用いられることもある。木理の粗密とは、組織の粗密をいう場合と、年輪幅の広狭をさす場合とがある。

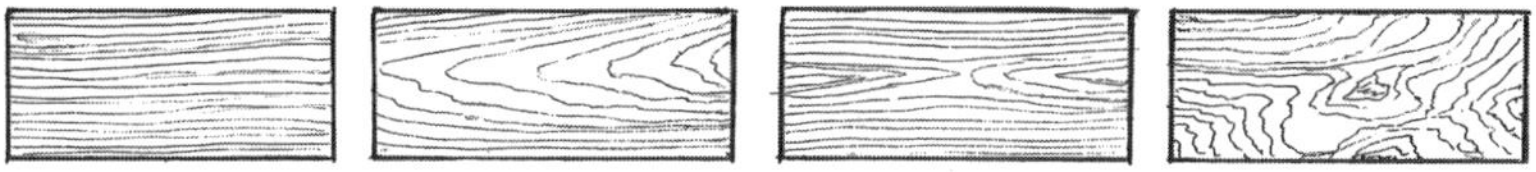

(1) 柾目　(2) 板目　(3) 中杢　(4) 根杢（杢）

図－3　木理の種類

(2)　紋理（または杢）Curly grain

組織の交錯や、射出線の配置、年輪の走り方、また着色などによって、木材面に、美麗な文様を構成する木理を特に紋理または杢という、紋理は、木材利用上、装飾的価値を多分に有し、材面に現われる文様の形状によって、種々の名称がつけられている。

（イ）　玉《たま》杢（珠杢）……円環を連ね、または過巻いたような模様（相）の紋理である、瘤状の異常生長に起因するもので、板目が特に美しい。玉杢の小さい玉が、葡萄状に集合した紋理を葡萄《ぶどう》杢という。

（例）……ケヤキ、タモ、クワ、クスノキ、

（ロ）　波状杢……広葉樹材の縦断面にしばしば見られる層階状配列に起因する波状紋で、とくに柾目面上に、漣のごとき微細な波状模様が、階段状に平行して現れるものをいう。

（例）……カエデ、カンバ、マホガニー

（ハ）　鳥眼《ちょうがん》杢……木繊維の配列の偏奇によって、部分的に捩れた異常組織に起因し、外観上は、円錐状の凹みが生じているかの様に見える。カエデ類が最も著しく、カンバ類や、トネリコ類にも認められる米国においては、Soft maple よりも Hard maple に多く現れる、装飾材として珍重される。

●その他の杢の呼称

如鱗《じょりん》杢――ヤキ、タモ、タマグス
舞葡萄杢《まいぶどうもく》――ケヤキ、タモ、クスノキ
牡丹杢――ケヤキ、タモ、クワ、ケンポナシ
縮緬《ちぢみ》杢――トチノキ、カエデ、ツツジ、ホオノキ、ケンポナシ、
鶉《うずら》杢――ヤクスギ、クロベスギ、神代スギ
虎斑《とらふ》杢――ナラ、カシ
泡状杢――カエデ、カンバ
漣《さざなみ》杢――トチノキ、ハリギリ、マホガニー
羽《はね》状杢――クルミ
瘤《こぶ》杢――カエデ、クルミ
縞《しま》杢――ゼブラウッド、レッドガム、ブラックウォールナット

●肌目

木理と類似した言葉に肌目がある。これは、主に肉眼で材面を見た場合に言われる言葉で、木材の構成要素全体としての、粗さ、および配列の仕方についての、ムラの様相について用いられる言葉である。普通には、粗い肌目と、緻密な肌目、斉一な肌目と不斉一な肌目、粗な肌目と滑らかな肌目、硬い肌目と、柔らかい肌目というように用いられている。

- 木肌——仕上げられた、表面の触感をいう。
- 木味——木理の状態・様式・色合いなどをいう。
- 木表——板目材の表皮側をいい、一般に光沢がある。
- 木裏——板目材の髄芯側（中心側）をいう。
- 末口——木材の先端方向をいう。
- 元口——木材の下方向（下部）方向をいう。
- 心材——樹木の中央部に近い材。
- 辺材——樹木の表皮に近い材。
- 心持材——髄心部を持った材をいう。
- 心去材——髄心部を除いた材をいう。

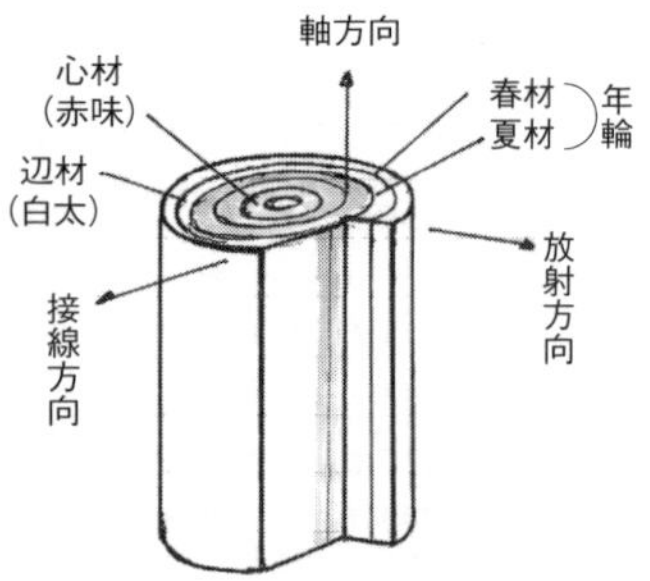

図-4　木の幹の構造

木材が、木造建築に使われたときの呼び方

(1) 構造材——柱、梁などの構造用に使われたもの。
(2) 野物《のもの》——構造材でも、天井裏に隠れている梁や桔木《はねぎ》など。
(3) 造作材または仕上材——構造材でない木材を総称していう。
　これは、軸組工事の後に行う、造作工事で、または内・外装仕上工事で用いるもの。
(4) 化粧材——構造材でも造作材でも、建物が完成したとき、かげにかくれてしまわず表に見えてくる木のことをいう。構造材の柱でも真壁で、柱が見えるものは、化粧材でもある。

〈注〉木材は、自然の立木を伐って柱などにすると、必ず木の枝の根本のところで「節」となって表れてくるが、日本建築の柱には、ほとんど節が見当たらないのはなぜかというと、すでに立木のうちに「枝打ち」と称して、下枝を切り払うという作業をしているからである。その最たるものが「北山杉」である。こういう杉林を見ると、かなり高いところまで枝を払われた、樹幹のてっぺんの方だけに枝葉がついている姿を見たことがあるであろう。北山杉は、床柱などの磨き丸太をとるための木である。

アーム チェア
W605，D520
H710，SH435
D：Mogens Lassen
D:ジョージ・ナカシマ
W535
D570
H900
SH440
コノイド ラウンジ
Rounge Arm
（1945年）
ラウンジ アーム
W780，D650
H840，SH340
ベンチ
W2310，D700
H800，SH310
CEORGE NAKASHIMA の家具
絵・makoto

図－5　〈無垢板の家具〉Solid Wood

図－7　北欧のクラフト製品

こういうものが木でつくられているのがうらやましい。

図－6　同じく、北欧の木製スツール

つくりの良さと、デザインの良さが共に光る一品。

図・写真引用元は以下の通り

図 -1～5、8／著者イラスト
図 -6、7／「北欧のデザイン」U.H.Segerstad 著、チャールズ・E・タトル出版、1962 年

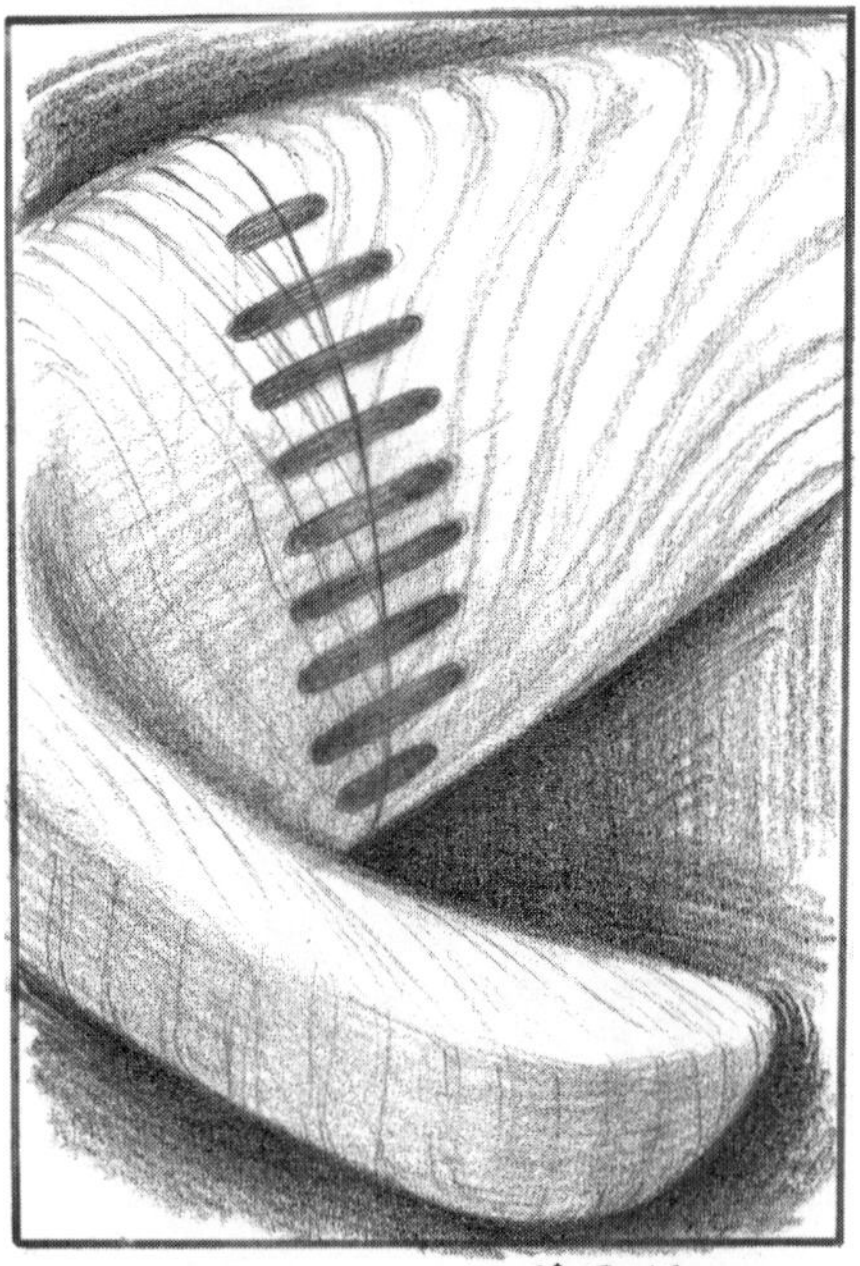

図－8　ハンスウェグナーのイスの背部分

テーマ35 素材——その2、石材について

私たちの身の廻りでは多くの石や石で加工されたものを目にすることができる。

石は地球の形成と共に存在し、太古から人間と共に歩んできた。たぶん、石は人類の歴史の始まりから今日に至るまで常に一貫して人間に利用されてきた唯一の素材であると言えよう。

石は一般的に硬くて、腐ることもなく、半永久的な素材に思えるが、実は石材でも、多くの文化遺産などが風化したり、酸性雨などに侵されて、崩壊の危機にさらされている（例えば、エジプトのピラミッドや、ポロブドゥール遺跡など）。とくに「大理石」などは有害ガスや酸性雨に弱い。

石は、その他の素材と比べて重量（比重）が重い方の部類になるのだが、その割には石材は海を渡って、輸出されたりしている素材でもある。昔は日本でも国産の石が多く使われていた（たとえば、「国会議事堂」に使われている石材は全て国産石材）のだが、現在の各建築現場で用いられている石材は、おそらく九十五％以上ぐらいが海外の石材だと言えよう。

私は実際に著名な石材会社に日本産の石を問い合わせてみたが、ほとんどの会社は国産材を扱っていなかった。明治・大正時代以降の「舶来品崇拝」による現象だとも思ってはいないが、未だに、そうした判断で輸入石材を使用している現場も実在することは否めない。

石材の最終価格というのは、運賃と加工賃の占める比率がかなり大きいのだが、相変わらず大量に輸入されている。木材でも、日本の「山から買う」より「海から買う」（海外の物を）の方が安いと言われるように、石材でも同様のことが言えるのではないか。

ただ、以前のことだが、ある日本のアルミサッシュ

メーカーが石材加工の工場をつくったというので、私がなぜアルミ屋さんが石工場なのかと聞いたところ「実は、南米ブラジルにアルミサッシュを輸出した帰り船が帰路で転覆しないよう南米の石材を船底に積んで帰ってくるので、その石を加工するため」という返事であった。まさに「風が吹けば桶屋がもうかる」というような時代だとも思った。

さて石は硬く耐久性もある物質ではあるがその分、加工しがたい材料でもあり、石器文明以来人類は石の持つ硬さと重さに神秘と憧れを感じ、「永遠」の象徴として、また人間の生活空間を守る壁としても利用してきた。当初は岩塊から剥離した自然石を配置したり積み上げたりしていたが、銅を発見し、これで「のみ」をつくり出して事情が一変した。銅の冶金技術は紀元前4000年頃に成立し、石の切り出し技術も進歩し、エジプトでは第三王朝の階段ピラミッドや第四王朝の七大ピラミッドなどの国家的建設が行われた。

その後の数世紀の間に、さまざまな鉄器や車輌運搬技術も発達し、また起重機なども開発されて、石による建築技術はやがて「構造技術」へと進展し、ギリシャのパルテノンやゴシックのシャトル大聖堂などの石を主体とした、構造様式などを生み出していった。

やがて近代に入ると、鉄鋼や鉄筋コンクリートなどの「工業材料」が次第に石に代わる構造の主体として浮上してきた。

このような経過から、現代における石材の建築分野への利用法は、伝統的な造園工事とか堤防などの護岸工事などの石垣等を除くと、大半の石による建築工事というのは、コンクリートや鉄骨の表面のみを覆う、内装または外装の「表面装飾工事」に変化してしまった。

最近では石材を「五ミリ」程度に、シートのようにスライスすることも可能で、こんな紙のように薄い石に裏打ち補強としてアルミのハニカムパネルを接着して、タタミ一畳（三×六枚）ぐらいの「石の板」に見せかけるような技術まで開発されている。

こうした「技術の進歩」というものが真の意味で人間社会に対して、あいも変わらず実生活に「うるおい」と「実利」とをもたらすことができるか否かという点が、「真の

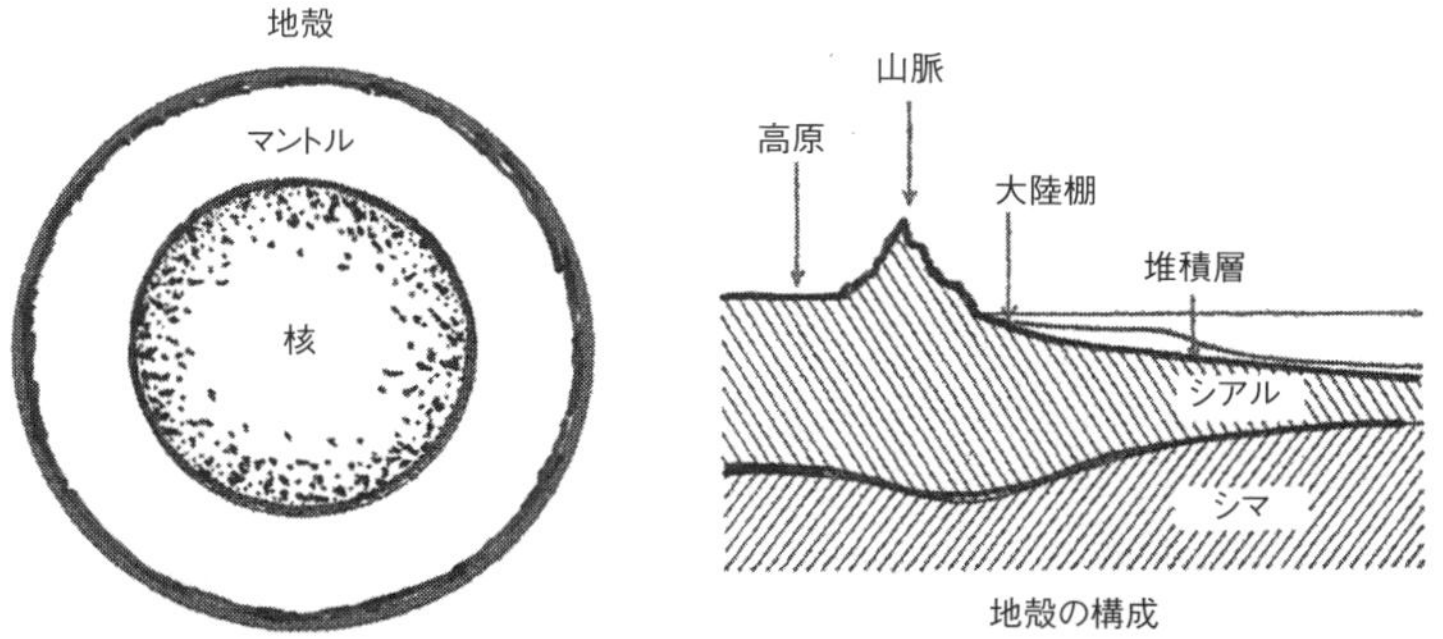

図－1　図式的に示した地球の構造（左）と、地殻におけるシアルとシマの関係（右）

技術の進歩」と「進歩しない方がましな技術」との分かれ道となろう。この一点だけは、何の素材に関わる人々であれ、心に留め置くべき事柄である。

ちなみに、石名の「大理石」は、中国の大理地区で産するもの、「御影石」とは神戸市の御影地区に産する石にちなんで通称になった。石名は産地の名で呼ばれることが多い。

図－2　第18王朝壁画
石球で、石の供物台を仕上げる図

図－3　石垣構築の方法（M・シャックリーの図、模写）
(a)ギリシア、ティリンスのサイクロペス積み（乱石積みの一種）、(b)ペルー、マチュピチュのインカ石垣にみる多面体切石積み

図－4　石造建築にみられる工夫（M・シャックリーの図、模写）

左：持ち送りの原理。右：ギリシア、ミケーネの獅子門にみられる楯石（横梁石）の上部の重さを軽減させるためにつくられた持ち送りによる三角形の空間。ここでは、獅子が彫刻された石がはめこまれている。

表－1　石の分類（大別すると）

岩石
- ①火成岩
  - ①-1　火山岩……a. 流紋岩　b. 安山岩　c. 玄武岩
  - ①-2　深成岩……a. 花崗岩　b. 閃緑岩《せんりょくがん》　c. 斑《はん》れい岩《がん》
- ②堆積岩……砂岩、石灰岩、粘板岩
- ②変成岩……大理石、蛇紋岩《じゃもんがん》

表－2　石の耐久性（風化）

岩名称	耐久年
花崗岩	75～200
安山岩	50～60
砂岩（粗粒）	5～15
〃（細粒）	20～50
〃（硬質）	100～200
大理石	60～100
石灰岩	20～40
珪岩	75～200

風化による耐久性（土木工学ハンドブック）

図－5　サクソン石造建築の特徴

長短の隅（すみ）石。ⓑ四隅の直立する柱石は、一定の形をしていない。ⓐでは、壁の面と水平になるようにセットされる。

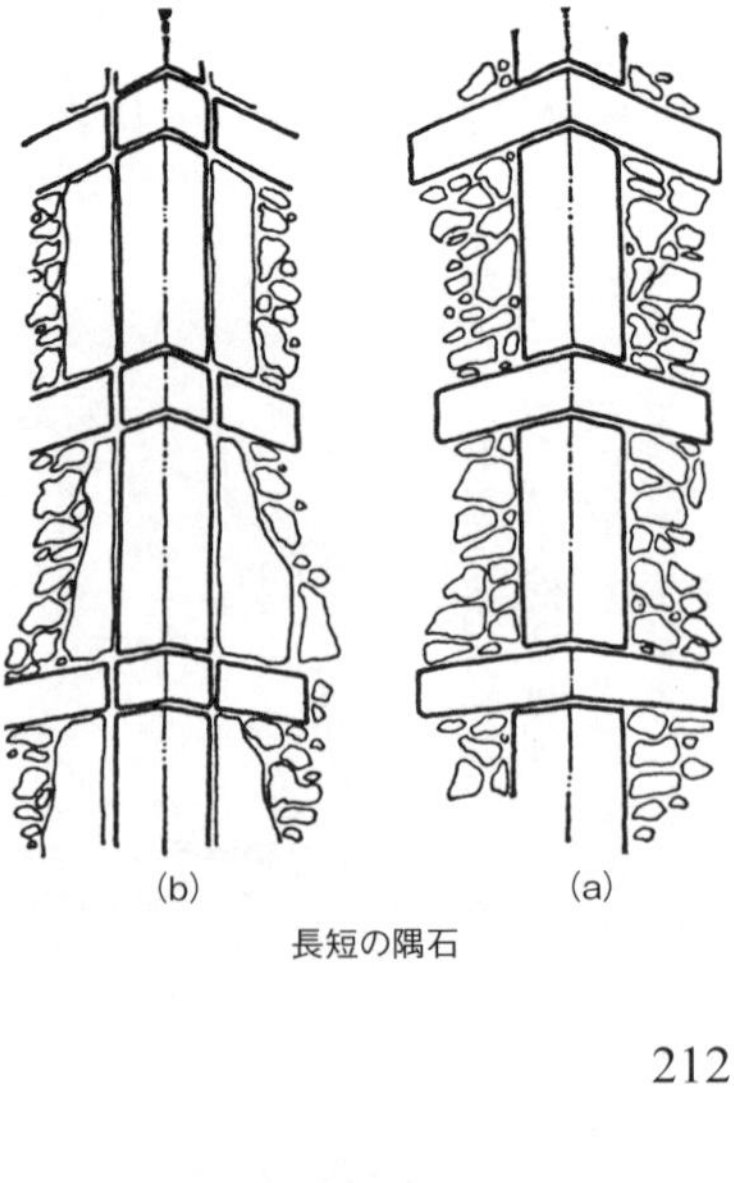

長短の隅石

LIBRARY, NORTH EASTON (1877)

図－6　米国の代表的な建築家ヘンリー・ホブソン・リチャードソンの設計した図書館のスケッチ

Henry Hobson Richardson (1838 － 1886)
彼は、石積みの建築には、一家言、持ち合わせた人物であった。19世紀の建築家の中では、ずば抜けた才能を持っていた。彼のもとで修業した若者たちは、後に大成した人が多かった。スタンフォード・ホワイトも、その一人であった。

図－7

東京都府中市の「竜の鮨」（筆者の設計による）のインテリアの石段。この二段の段石は完全なムク石で、京都の「北野天満宮」の歩道に100年以上敷かれていたものを譲り受けて、京都の庭師がこの店のために再利用したもので、段の石の表面は昔のままで使用しているので、店の完成直後でも100年ぐらい経過したような風合いをただよわせている。石という素材には、このように「時の流れ」がのりうつるのである。左上のアンドンは、京都の「和紙造形家・堀木エリ子」の秀作である（店の経営者：土屋工業）

図－8

石の割付けが巧妙で、人工の域を脱してみる延段であるが、飛石と呼ぶのは、全体の配石からそう呼びたくなる華麗さだからと思われる（桂離宮御輿（みこし）寄前庭（真の飛石））。

図・写真引用元は以下の通り

図 -1、3、4／著者イラスト（模写）
図 -2／「素材と造形の歴史」山本学治著、鹿島研究所出版会、1966 年
図 -5／「石の文化史」シャックリー著、鈴木公雄訳、岩波書店、1982 年
図 -7／写真著者

テーマ36 素材――その3、鉄について

隕鉄はＢＣ４０００年頃、人類が使用可能な形態として知っていた唯一の鉄であった。やがて人類はＢＣ３０００〜４０００年頃、鉄鉱石を木炭で溶融する技術を発見し、現在の「鍛鉄」に相当する鉄をつくっていた。

　最初の使用例はエジプトのギゼーのクフ王の大ピラミッドの中から発見され、現在大英博物館に収蔵されている鉄製の道具である。各地で発見された鉄製品などから、ＢＣ２０００年代までにはその製法がかなり確立していたことが判明している。

　人類は、石や土や木などの「自然材料」に対しても、その物質に内在した独特の性質をさまざまな形で利用してきた。でも、「石」は石であり、「木」は木としての姿を変えてはいなかった。しかし金属に関しては、それが自然材料である岩石から抽出され純化される過程において、人々の要求に応じて、その組成や生産方式や性質まで変化させ、そうしてさらに新しい金属が発見され、さらに新しい「合金」などもつくられてきた。

　同じく「鉄」といっても、サラセン人の騎士の甲冑と、スペイン艦隊を撃破したエリザベス女王の大砲と、また日本の新幹線のレールとは、鉄の組織も、物理的性能も、製造方法も、全く別物だということができる。おそらく、未来の鋼材は現在私たちが使っている材質とは異なるものとなるだろう。

　英国で、鋳鉄のように硬く、錬鉄のように粘りのある砲材をつくろうとして、鋼の大量生産技術で初めて成功したヘンリー・ベッセマーは、その直後１８５６年に、大英科学振興協会で、彼の試験炉が史上初めて溶けた鋼を量産した光景について演説を行ったが、それを聞いた聴衆の一人は、「これこそ、イギリスの真の金塊」と叫んだという。そこで翌朝の「ロンドン・タイムズ」は、演説

の全文を掲載した。

鉄は現代においては、ニューヨークのテロによる高層ビルの倒壊でもわかるように「火」や「熱」に対しては弱い材料という認識であるが、古代や中世の人々にとっては鉄は「金、銀、銅」などに比べて溶融点が高く、「溶けない素材」であった。

話は変わるが、西洋には「鉄にサビがつきものであるように、人間には嫉妬《しっと》がつきものである」というコトワザがある。人間には必ず嫉妬がつきまとうように、台所の包丁から原子炉に至るまで、金属材料が使用されるところには「サビ」がつきまとう。

実は「ステンレス鋼」というのは、「Stainless Steal」のことで、stain（サビなどのヨゴレ）がless（少ない）なスチールの意である。腐食は金属の酸化現象であり、還元と酸化はお互い逆コースで、腐食により金属は本質的にもとの鉱石と同じ状態にかえる。人間の手で無理矢理冶金されて引っぱり出された金属が、いつしか腐食されて平和な故郷にかえって行くことは、「大自然の法則」だとも言えよう。

紀元前五世紀頃のギリシャの詩人・ヘシオドスは「人間の第五の世代に生まれることの悲しさ。早く死ぬか早く生まれれば良かったのだ。彼らは鉄の世代である。昼ともなく夜ともなく、この卑しめられたものは、労苦と難儀に休むこともない」と言ったが、ギリシャのクラシック期以後の人間の生産力の基盤は、鉄器におかれるようになった。武器、農具、工具などの全てが、青銅器よりはるかに鋭利で、しかも安価で平民的な生産手段として、ギリシャ、ローマの古代生活に定着して行った。私たちに馴染みの、石工、大工、金工用などの鉄製の工具の大半のものは、ローマ期にはすべて出そろっていた。建築の分野にも鉄が進出し、扉の蝶番、錠前、鉄製の楔や栓、留め金、補強梁などが重要な役目を果たしていた。

古代以来人類は、より強く有用な金属を求めて、鉄という素材の多面的性質を利用してきたものの、現代のわれわれが知っている、鉄に内在する深い適応力の全体から見れば、古代の鉄と人間との歴史は始まったばかりであった。

そして中世、近世、近代、現代へと鉄は、めざましい進展をとげ、現代世界の御三家とも言える存在になった。しかしながら、いつ何か新素材が開発されて、その地位を奪われるかは予測できない。

図－1　ウースキャンプ僧院の鉄格子

鉄の技術が銅の技術よりも遅れていたのは他の金属には見られない鉄の性質の複雑さのためであり、ひとたび技術的障壁が突破されるやまたたく間に青銅器を席巻した。

図－3　初期の足ぶみミシン

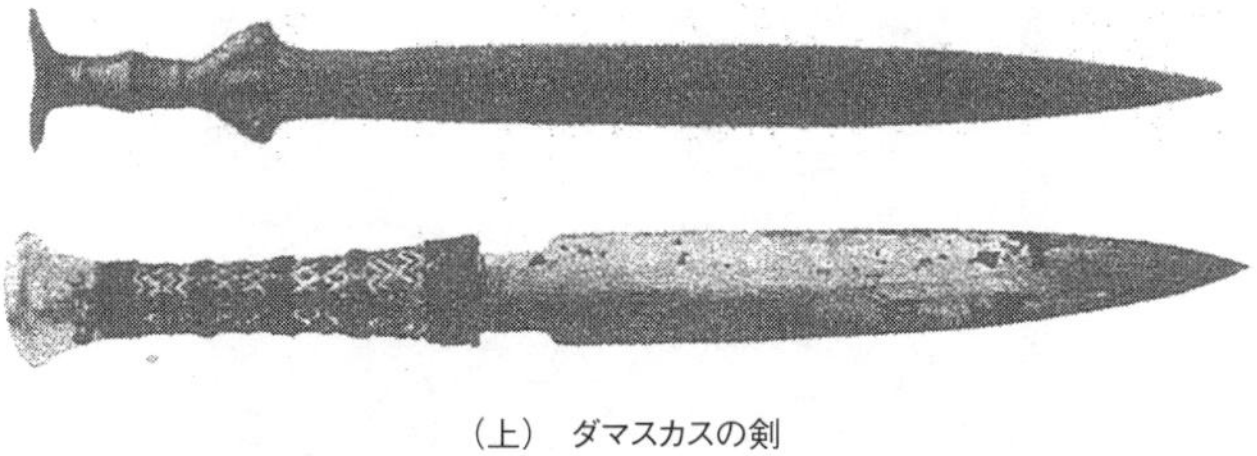

（上）　ダマスカスの剣
（下）　エジプトの短剣、刃は鉄製、長さは 34cm

図－2

図－4　1770年に建てられた、コールブルックデールの鉄の橋

図－5　ヨーロッパの鉄製の門扉

図－6　ヨーロッパの鉄製の門扉

図－7　遠山五匹馬図釜（室町時代、東京国立博物館蔵）

図・写真引用元は以下の通り

図－1、2、3／「素材と造形の歴史」山本学治著、鹿島研究所出版会、1966年
図－4／「現代デザイン入門」勝見勝著、鹿島研究所出版会、1965年
図－5、6／「ambienti」1968年11月号、lavori in metallo
図－7／「手仕事のデザイン」小野寺啓治著、同朋舎出版、1985年

テーマ37

素材——その4、ガラスについて

ガラスという言葉は外来語で、その言語は英語のGlassであり、日本でガラスを意味する言葉には瑠璃、玻璃、ビードロ、ギヤマンなどがある。「ビードロ」はポルトガル語Vidroから、「ギヤマン」はオランダ語のdiamantから来た表現であり、「硝子」の文字は中国から来たもので、この語がおおやけに用いられだしたのは、明治9年の品川硝子製作所の設立以後のことであり、「硝子」の呼称が民間に普及したのも同じである。

ガラスはもともと、中央アジア方面で発祥し東西に伝播したと伝えられ、日本でも古墳からガラス製品が出土しているが、渡来したものか、帰化人の製作によるものかは明らかではない。

さて、人類がガラスという、光を透過し、屈折させる不思議な物質と関わってから、すでに四千年を遥かに超える歴史を持っているのに、「ガラスとは何か」という問いに明確に答えるのはかなり難物である。

そこで一七世紀初期（１６１２年）のイタリア人アントニオ＝ネリ（Neri, Antonio）の、ガラス技術書の古典とも言える名著「ガラス技術」（The Art of Glass）の中から、ガラスの特質にふれた部分を記すと……「ガラスは炎の芸術がつくり出した真なる果実である。あらゆる工芸品の中で、ガラスほど鉱物に似ているものは他にない。ガラスほど鉱物の中間にくる物質即ち金属に似ているものはない。なぜなら、ガラスは火に融け、火に耐え、完成されて金のような輝きを得るからである」。また、現代の定義も見てみると、アメリカ材料試験協会（ＡＳＴＭ）による「ガラス及びガラス製品の定義基準」には、「ガラスは、無機物を熔融した製品で、結晶しないように、固い状態まで冷却したものである。ガラスは固くて脆いのが普通で、破面は貝殻状である。色は無色のものも着色したものもあり、また透明なものも不透明なものもある」と記されている。

今日、ガラスはあまりにも日常的な素材であるため、その不可思議な本質を忘れがちで、遥かな昔につくり出されたこの人工の物質が、今日の科学的知識をもってしてもなお明確には定義しづらいとも言える。その原因は、ガラスが結晶質ではないために原子構造が一定でなく、まるで絡み合った小宇宙の集合体であって宇宙と同様に混沌としているからだとも言われている。

ガラスの歴史をふりかえると、はじめガラスは宝石の模造品、ないしはそれと同じくらい高価格なものだった。エジプト、メソポタミア、シリヤ、キプロスなどにガラス工場があって、ＢＣ１５００年頃には、独立したガラス製品がつくられていた。

この頃の製法は「型押し法」や「砂芯法」という、原始的なものだったが、ローマ時代には「ガラス吹きの技術」が発明され、ローマ帝国の支配はガラス技術がヨーロッパ全域に広まるきっかけになった。ローマ没落後は、ガラス職人はシリヤとビザンチンに集中し、東方諸国では金属化合物による着色技術が進んで、中世のステンドグラスの開花を用意した。

ヴェネチアのムラノでは厳重な秘密主義のもとにガラス技術が発達し、ここから全ヨーロッパに広まり、大きい板ガラスや鏡の製造も始まった。

建築の窓ガラスへの適用によって、さらに「板状のガラス」の製法が進化した。ローマの「流し出し法」から中世の「クラウン法」へ、そして一七世紀のフランスでは溶けたガラスを大きい金属テーブルの上に流して、ローラーで平均に広げ、これを次第に磨き上げる方法がとられた。この「磨き板ガラス」は、当時恐ろしいほど高価なものであった。

いろいろな技術的変遷を経て、最近では板ガラス成型上の革命とも言うべき「フロートガラス法」が生まれ、火づくりの良さと磨き板ガラスの良さを兼ね備えた「フロートガラス」が世界中で生産されている。

こうした技術革命は大切なことだが、反面、ビルなどでガラスの存在に気づかずに飛んできた野鳥などが、ガラス面に衝突して死ぬという事態も起きている。ヨーロッパ旅行などで、古いビルの窓ガラスの表面が少々ゆがんでいて、透過度がにぶい、レトロな建物などを目にすると、かえって心が休まる思いがするのは、私だけではないと思う。

技術進歩とその効力とは必ず正比例するとは限らないということも念頭におこう。

図－1　エジプト・ベニハッサンの墳墓の壁画にあらわれたガラスつくり

図－2　中世のガラス工場（旭ガラス、ガラスの知識から）

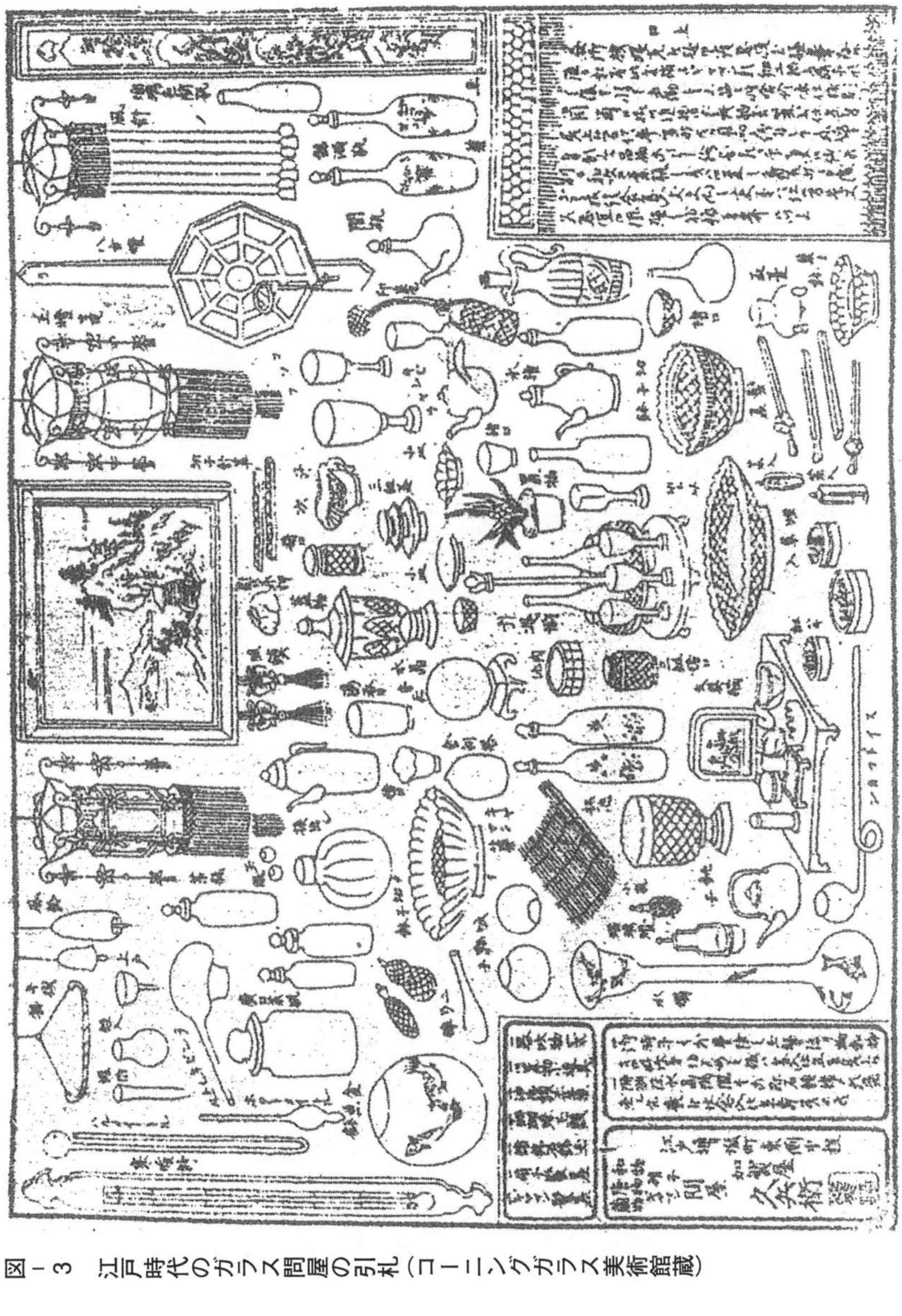

図－3　江戸時代のガラス問屋の引札（コーニングガラス美術館蔵）

図－4　解体前の品川硝子工場（官営工場）

現在、明治村に移築されている。

図－5　クラウン法

図－6　旧朝香宮邸（現・都立庭園美術館）のエントランスのガラスウォール

図－7　「祈り」各務鉱三作（1927年カガミクリスタル蔵）

図－8　クリスタル・パレス

図－9　成巽閣煎茶席三華亭（金沢）

図－10　ジュゼッペ・メンゴーニ：ミラノのガレリア

図・写真引用元は以下の通り

図 -1、2／「ガラスの知識」旭ガラス・綜建築研究所編集、綜コンポーネントサービス、1970 年
図 -3／「日本のガラス小史」土屋良雄著
図 -4／著者イラスト
図 -5／ガラス記事から
図 -6／「朝香宮邸のアール・デコ」東京都文化振興会、1986 年
図 -8～10／「素材空間 02」エーディーエー・エディタ・トーキョー、2001 年

テーマ38 ロッキング・チェア（揺りイス）の効用について

その昔、多くの国で幼児用の「ゆりかご」のような家具が使われていた。

子供の頃に体で経験していた、身体を揺らす快感のようなものが大人になっても、身体の一部に残っているのかも知れない。

まずしい家でも、母の背中に「おんぶ」されて、「坊や良い子だ、ねんねしな」と歌う母の背で揺さぶられながら〝ねむり〟についたのも、同様の記憶であろう。

こんな思い出から来る理由かどうかはさだかではないが、世界中にはいろいろなロッキング・チェアが昔からデザインされていて、それらを愛用した画家や政治家、作家なども多くいた。そうした人物の中でも有名だったのが、米国の大統領だった「リンカーン」や「J・F・ケネディー」、そして画家の「パブロ・ピカソ」などであった。

ケネディー氏は、第二次世界大戦で背骨を痛めていたので、その背骨をかばう目的から、彼が使用する各部屋には、必ずと言っても良い程にロッキング・チェアを用意させていたそうである。実務で外国の要人と話をする時もたいていこのイスを使用したことから、ケネディーの外交は別名、「ロッキング・外交」とも呼ばれていた。

上記の著名人以外でも、多くの人々がロッキング・チェアを愛用していたことが知られている。

米国に早くから移住した、ストイックなシェーカー教団には、身をゆする「おどりの儀式」が存在していたが、その他の原住民などの生活習慣の中にも、身をゆするダンスなどを目にすることができる。

当の日本では「貧乏ゆすり」などとさげすまれてはいるのだが、私は長い間、こうした「身をゆする」という行為の「根源的な意味」と「医学的効用」などについて深く考察し、学問的な解明をする必要があると考えている。イスでなく、子供や死を直前にした人々のための「クレードル（揺り床《かご》）」などと呼ばれるものも、古くから存在していたことも事実である。身をゆり動かすことによって、〝次なる新たな世界〟が開けるのかも知れない。

話はちょっと脱線気味になるが、よく外交の世界で、主脳が二人きりで公式会談の合間などに庭などを散歩しながら大事な密談をすることが多々あるそうだが、これは「散歩外交」とも呼ばれるもので、どうやら、人間というものは一箇所にじっとしているよりは、身を揺り動かしたり、外の景色などをながめながら〝歩き回る〟というように、「静」の中よりも、「動」の中での方が頭が活性化して、良い考えに到達しやすいのかな、という思いにかられている。

文豪のゲーテなども、ものを考えたり、文章をまとめたりする時に、どっかりと立派な机・イスに座すのではなく、非常に「動的」とも感じられる「立ち机」と「特殊な鞍型イス」などを愛用していたようだ。

話を「揺りイス」にもどそう。

このイスがもっとも一般的に普及し始めたのは米国であり、組織的な規模で生産し、使用したのは前述したシェーカー教団が最初だと言われていて、本来は教団コミュニティーの年老いた虚弱な仲間のために考えられたものであったが、後年、各家庭に広まっていって、一般化したのである。

ただし、世界の各地でつくられている割には、その「床ずり」の「ソリ」部分の長さとか、「ソリの曲率」、「安定の具合」などに関する「ロッキング・イスの設計論」など学術的なデータはなく、長年の試行錯誤によって生産されているのが現状である。

私も、木製のロッキング・チェアを製品化してみたが、未だに決定的結論には達していない。かなり有名なイスでも、多分完結はしていないと思っている。そのぐらいに難物のイスでもある。

もしどなたか、これを論理的、および美的に解明ができたら、それは世界的な理論になるであろう。

図－1　暖炉の前で、揺りイスに座して物思いにふけるリンカーン大統領
（1861 年 5 月 11 日号の Punch 誌から）

図－2　ロッキング・チェアの大好きな、2 人の米大統領
（左・ケネディー、右・リンカーン）

図－4　有名なトーネットの曲木・ロッキング・チェアでくつろぐ、パブロ・ピカソ

図－3　画家アンリ・マティスが 1930 年に描いた、ビクトリア王朝風のロッキング・チェア

(b)

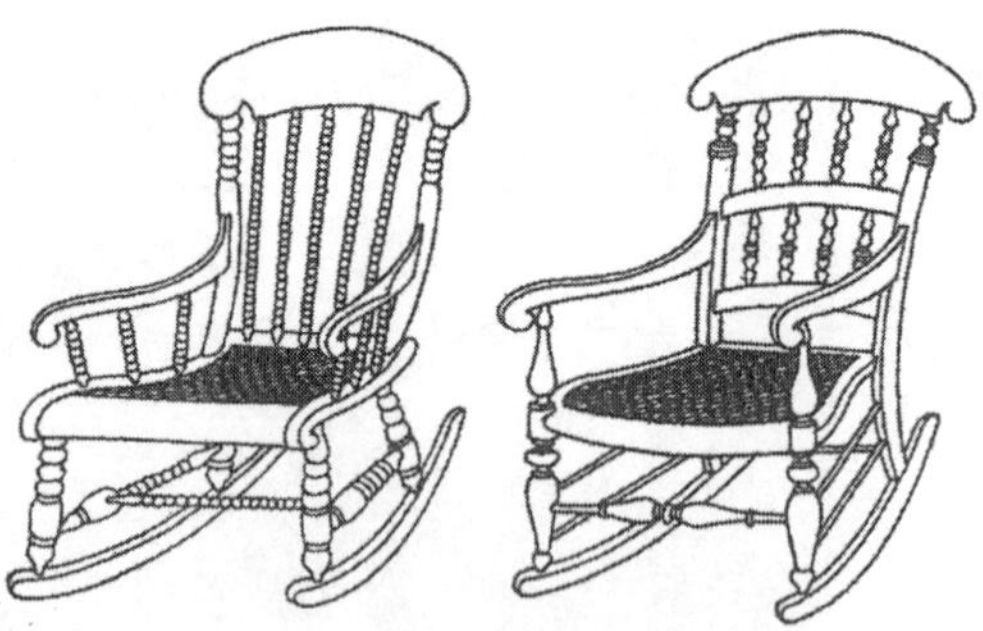

(a)　Wycombe Rocking chairs

図－5

(b) は「プラットフォーム・ロッカー」と呼ばれている、「固定足付きの揺りイス」。普通のロッキング・チェアーはうっかり使用すると、後ろの壁や家具などに当って、壁などをキズ付ける欠点があるが、このように、“台足”の上に乗ったロッキングイスならその点安心である。すなわち、「ロッキングの行動範囲」を「限定」しているもの。

図－6

（上２点）米国のロッカー、左側がラダー・バック・ロッカー、右側がボストン・ロッカーと呼ばれるもの（下２点）ともにシェーカー教団の“Sewing Rocker”と呼ばれ、婦人が縫い物、作業に用いた。

図－7

（左）ドイツのM・Thonet（ミカエル・トーネット）がデザインした曲木のロッキング・チェア（ロンドンのThe Graphic誌に、1883年にのった図）。（右）米国のロッキング・チェア（同上誌に1884年にのったもの）。

図－8　品名：スノーシュー・ロッキング・チェア（米）
サイズ：座の幅 54，脚部全長 85，座高 42，全体の高さ 88。

雪国のがんじきにちなんだ名称のロッキング・チェア背と座は、牛の皮ヒモで編んである。

（新聞記事から）

図・写真引用元は以下の通り

図 -4／トーネット社カタログから
図 -5〜7／「The American Shakers And Their Furniture」John G.Shea 著、Van Nostrand Reinhold Company、1971 年「A Short Dictionary of Furniture」John Gloag 著、George Allen&Unwin、1969 年
図 -8／新聞記事から

テーマ 39
子供のための環境や家具について考えよう

日本の住居は「no furniture（家具のない家）」だと言われてきたが、今日の私達の住まいの室内には良かれ悪しかれ、部屋いっぱいに家具が満ちあふれている。しかしながら、日本の家庭の子供部屋には、今だかつて、「これはすばらしいものだ（……高価なものという意味ではなく）」と思える家具にお目にかかったことがない。

それは、家具のみではなく、子供のための部屋やスペースについても同様である。

言葉をかえれば、子供のためというよりも、大人のスペースの余った部分を子供にあてがってきただけのことだ。

とくに幼児の場合は、日に日に成長して、身長や体格がすぐに合わなくなるから、ということがわざわいしているのかも知れない。

その昔、日本では女の子が生まれると、庭の隅に〝桐〟の木を植えて、ちょうどその娘が嫁する時にその木で「嫁入りダンス」をつくって持たせるという古き良き風習があったが、いつの間にか「死語」のようになってしまった。

雛《ヒナ》人形でも、子供のオモチャでも、家具でも、全てが単に子供の目を引くだけの〝俗悪商品〟ばかりが世の中にはびこっているというのが現状だ。

こんな俗悪な物品に囲まれて育った子供達が立派な大人に育つわけがないと、私はなげいている。

なんとかして、このような最悪の状態から脱出する手立てをみんなが考えないと、国は亡びてしまうと思っている。

私は、今から四十年ほど前にパリのブローニュの森の公園で早朝に見かけた光景が、今でも忘れられない。たぶん公園の近所に住んでいると思われる、六～七歳ぐらいの男の子が、古めかしい鉄製のイスに一人でポツンと座っていた。その子の〝座り方〟が実に〝立派な姿勢〟だったのに私は感心し、しばし見とれてしまった。こんな光景は、日本ではとても見ることはできない。その時、この子が家で使用している家具だとか、その両親などの日常生活におけるマナーなどが、この子供の立派な姿勢に結びついているのだと得心したのである。

ひるがえってその時、日本の子供が電車の中などで取る、実に〝だらしのない〟、いまいましい光景が、強烈に〝対照的〟に目に浮かんだのである。

このような事実は、多分四十年後の今日でも全く変わっていないようだ。では、この「差」は、どこからくるのだろうか？

私が思うに、こうした〝マナー〟とか〝教育〟というのは、通り一ぺんの〝作法マナーの本〟や、親が「イスに座る時にはこう座るのよ」というような口伝えの知恵などでは決して身に付くものではない。ふだんからのしっかりとした〝生活信条〟に基づく、家庭内の「空間体験」や「家具体験」、そして親や学校の教師たちも含めた周囲の人々の生活行動全般を見習って子供達は育成されるのである。

「子供教育論」は、専門家に譲るとして、とりあえずここでは家具などの話に限定する。

1914年頃、幼児用ファニチャー全般を製作・販売していた「ヒール社」のカタログには、次のようなことが記載されている。

『従来の子供は、裕福な家庭の場合でも、屋根裏部屋とか、他の目的にはちょっと使えないと思われるような部屋に追いやられていた。……今日では、子供部屋は周到に場所が選ばれ、照明も明かるく、なかなか結構な設計になっている。……要するに、子供にぴったり合った快適で便利な場所を子供部屋とし、あらゆる点で肉体と精神の両面を育むために万全がつくされている。子供は環境にきわめて左右されやすいので、彼らの身の回りに美しくて、役に立つものを置くことがとても大切である。子供が明るく楽しいものにとり囲まれていれば、やがてその子は幸せな気立ての良い子に育つであろう』と。

約一世紀も前の幼児家具のメーカーが、なんと立派な企業精神を持ち合わせていたことかと驚かされる。私達デザイナーも、企業も、行政に携わる人々も、こうした精神に立ち返って〝ものづくり〟に励むように心がけたいものである。

　こうした心がけがない限り、健全な子供用家具が生まれることはあるまいと思う。

(b)　子供用ハイチェア、1955年（北欧）

(a)　子供用ハイチェア、1965年（英国）

図－1　「子供用家具」2点

図－2　人体寸法との対応

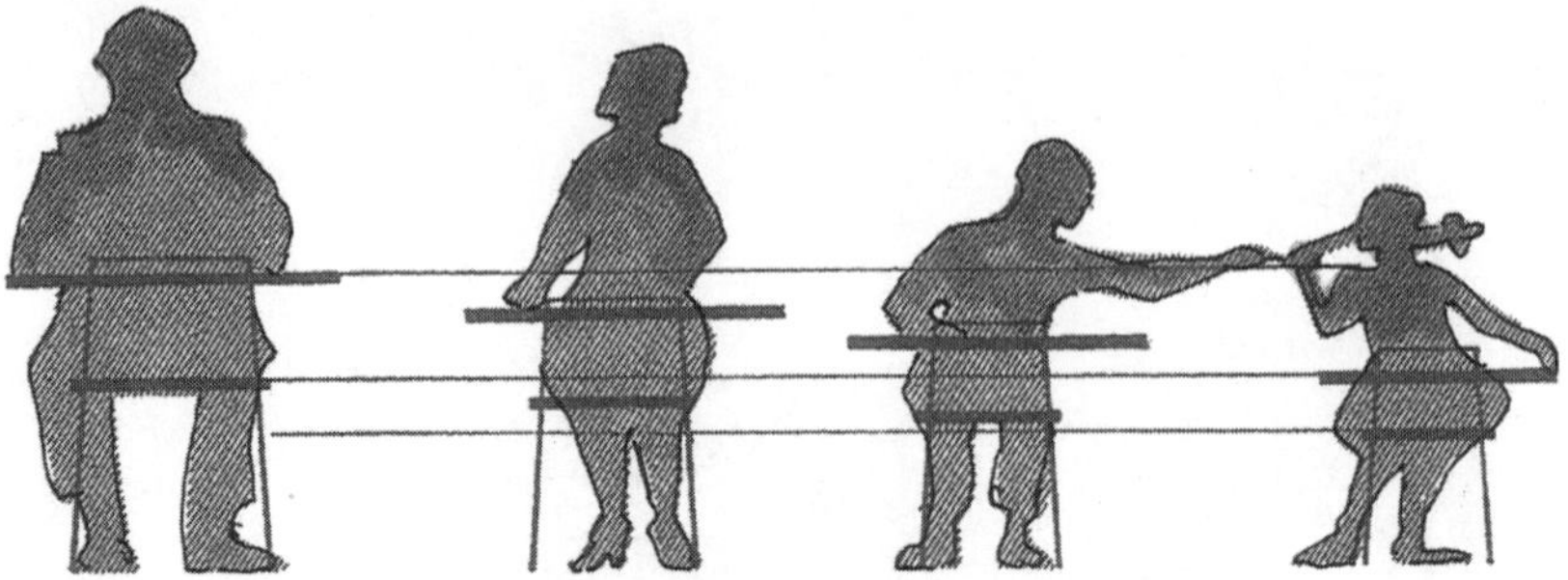

図－3　「個人差への適合」イスもテーブルも同じ

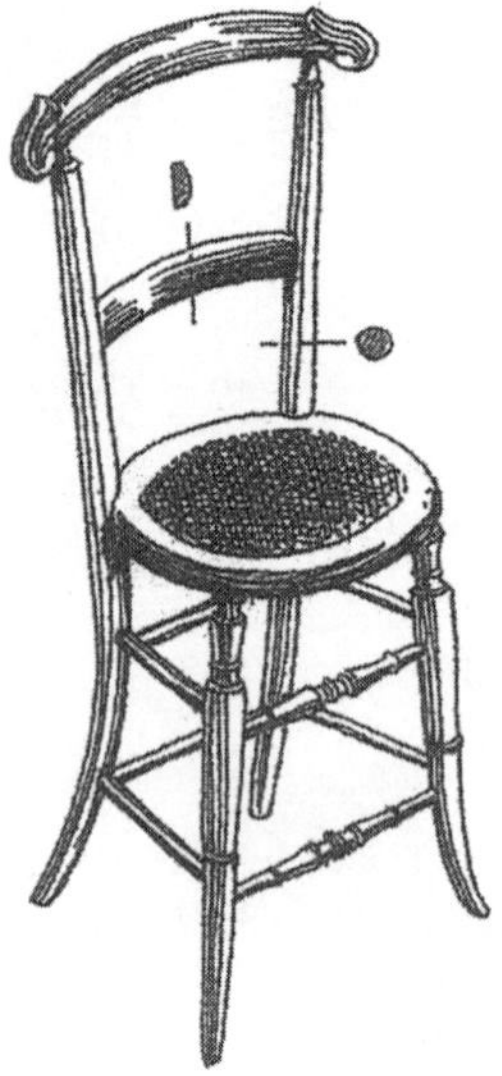

図－6　クーパー先生のイス
(Dr.Cooper's Chair)

〈英国、アストレー・クーパー〉
19世紀頃、整形外科医であったクーパー氏は、このイスを毎日子供に使わせて、姿勢を矯正した。後に、クーパー氏は英皇室からSir.の称号をもらった。このイスにも、氏の名前が残ることになった。背は高いが、全体的に小さなイスで、食事用のもの。座が小さく、落ちないように座ると、自然に姿勢が正されるのである（池田三四郎蔵）。

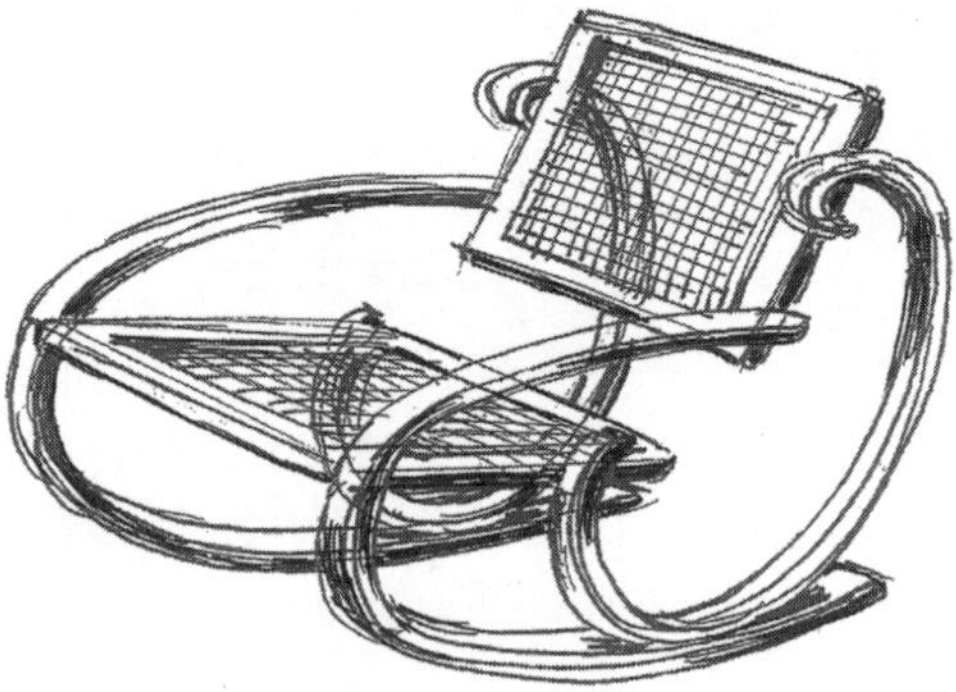

図－4　トーネット社の子供用、ロッキングチェア

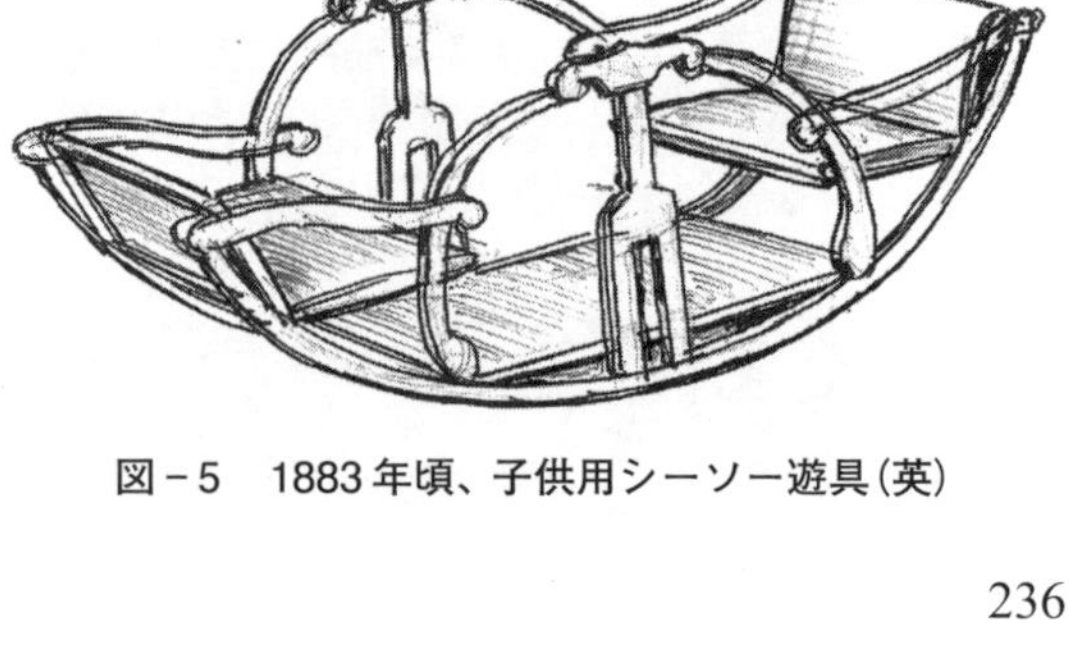

図－5　1883年頃、子供用シーソー遊具（英）

図－7　子供用家具

「デザイン」とは、形を生む技術ではなく「文化」を生成させる活動をさす言葉だ。

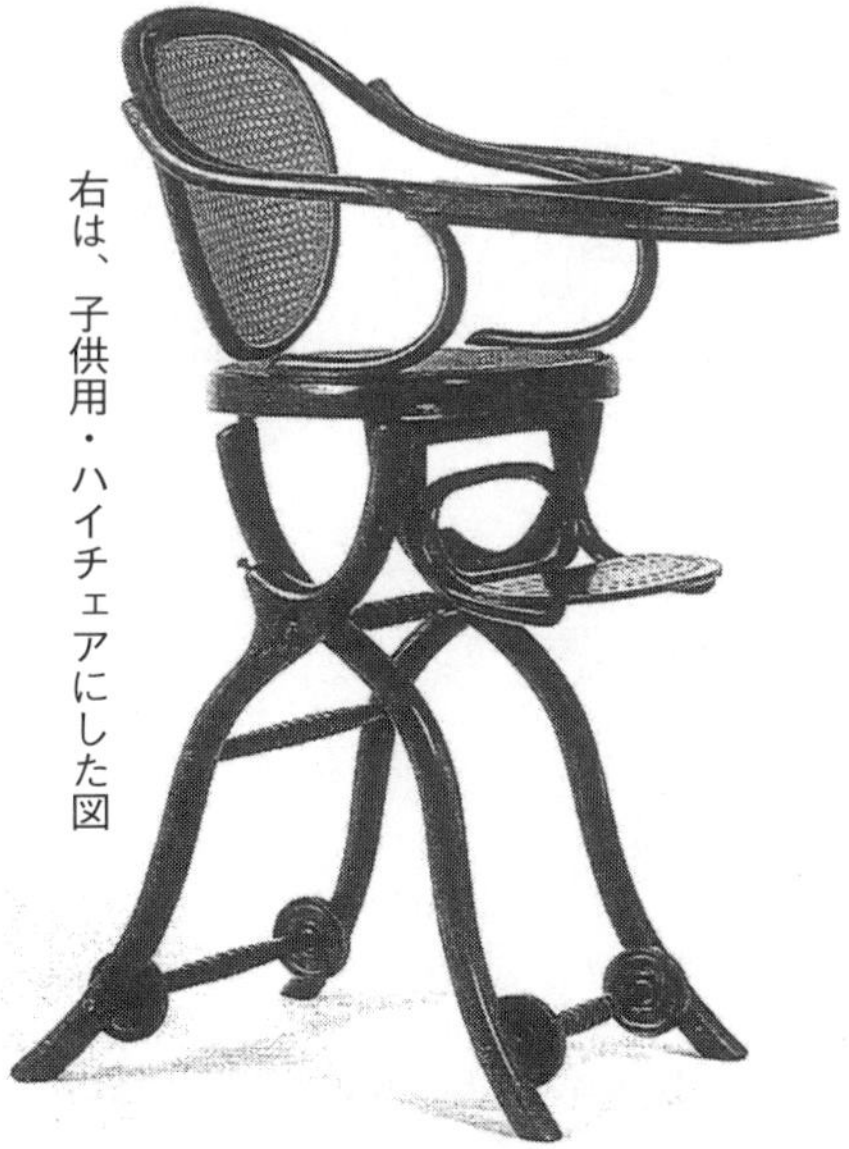

図－8　ミカエル・トーネット　二様に転換できるイス

1885 年、Convertible High Chair

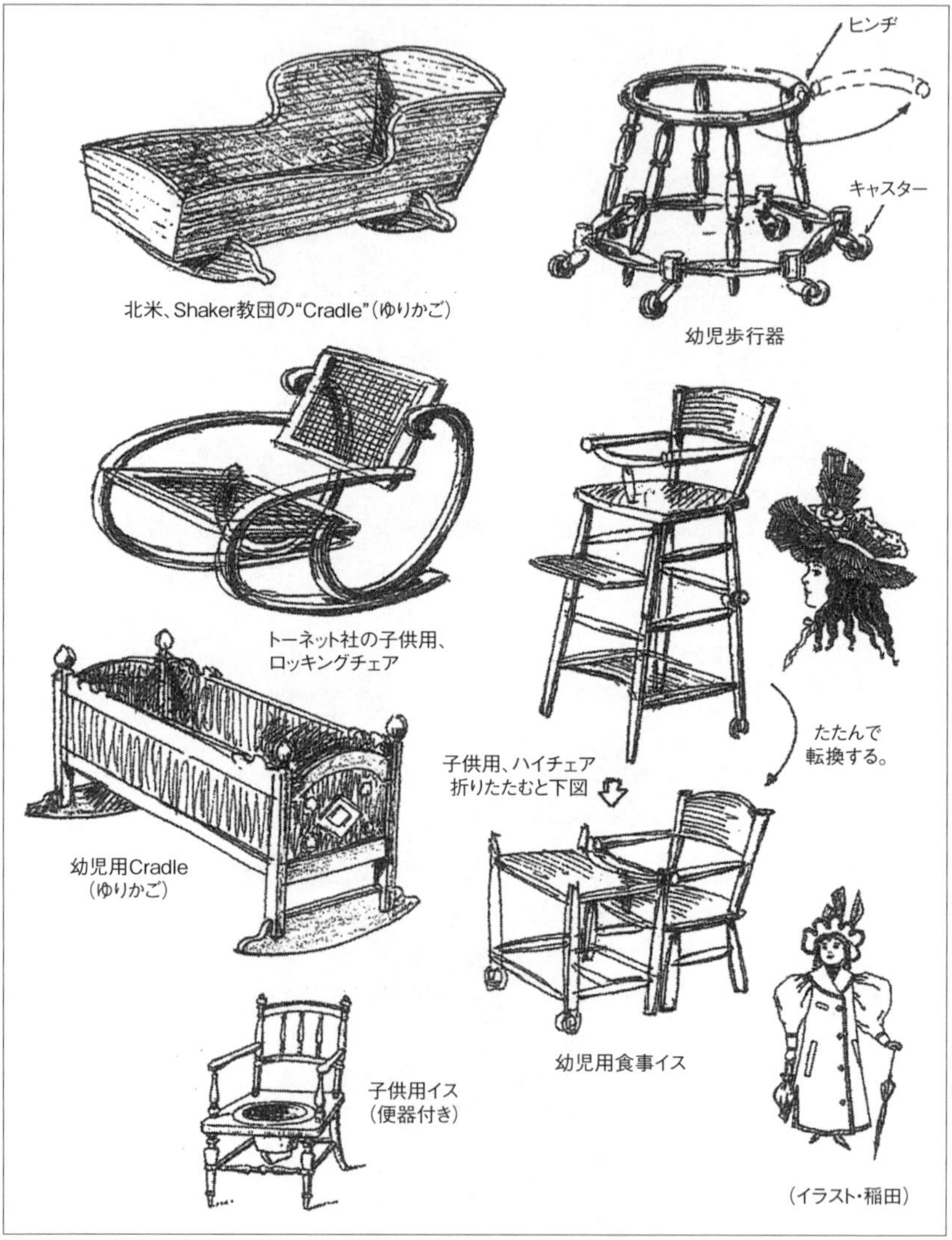

幼児用家具のいろいろ

図・写真引用元は以下の通り

図 -1〜6／著者イラスト
図 -7／家具専門書から
図 -8／トーネット社カタログから

テーマ40 坐《すわ》るという行為の再考――日本的な坐

私たちは、主に休息したい時には、どこか適当な場所を見出してそこに座ることが多い。もっと楽になりたい時は、床（タタミやカーペット）やベッドの上に横たわったりもする。休息の程度に応じて、次第に「寝る」という姿勢に近づくと言っても良いのかも知れない。

私が子供の頃は一部の人を除くと、たいてい「日本的家屋」が大半であったので、「座る」と言うと、「タタミ」の上に座るとか、縁側に座るとか、農家などでは土間（土をかためた床）の上に「ムシロ」を敷いて座るとかが、一般的な座る場所であった。「イロリ」という「火」床のある家では、その周辺は板敷きの間になっていて、直接座ると「オシリ」がいたいので、座ぶとんや、ワラで編んだ円座クッションなどを敷いて座っていたものだった。

いずれにせよ、今日のような「イス」とか「ソファ」などの家具はほとんどなかったので、自動的に「座る」ということは、「床の上に座る」という義と同義であった。私同様、戦前生まれの人々はおおむね、そんな認識を持たれているはずである。

さて、この「座る」行為を日本のみならず、世界的に見てみると、現代の若い人々は、どこの国でも今は「イス」や「ソファ」に座るのが普通と思う人が多いと思われるのだが、世界中には、未だに「床の上」に座っている民族が、思いのほか多いのである。

お隣の中国でも、古い時代には主に「床」に座っていた。広い中国の一部では、今でも床の上に座している民族がそうとういるはずである。原住民のような人々特有の「座法」かというなら、それはまちがいである。

このように「床」の上などに直接座る方法のことを、専門的には「平坐（ヒラザ）」と言い、現代のように「イス」などに座る方法を「倚坐（イザ）」と呼ぶこともある。後者の「倚座」という意は、「ものに倚って坐る」という意である。

日本では、明治以降、西欧文明の流入に伴って、良くも悪しくも、形だけの西欧文化を受け入れ、今日に至っている。どこの家にも、それ程、「真実」には役立っていない「倚坐」系の家具が所狭しとゴロゴロしている。私たちは、時たま、地方の旅館などで「堀ゴタツ(これは長年日本で生活していたイギリス人工芸家、バーナード・リーチの発案だと言われている)」や火を取り巻く「イロリ」などに座ってみると、何か「日本人」を取りもどしたような、郷愁と錯覚におそわれることが多い。おそらく、遠く忘れ去った日本民族のＤＮＡが体内にひそんでいるのだろう。

フランスなどの知識人の間では、日本文化の源流をさぐる研究仲間の集まりのことを「タタミゼ」と言っていると聞いた。

私たちも、よく家庭で「クツログ」時に、「ソファ」の座を背にして、床の上に足をほうり出して「リラックス」したりする行為なども「平坐」への郷愁とも思えるし、何と言っても「床」に同化して「寝ころぶ」姿勢は、不作法だと言われようとも本能に近いものがある。

私がなぜこんな話をするかというなら、現代の、この辺で、もう一度本来の日本人に適する「座法」とは何かということについて静察する必要があると思うからである。

どういう家具が我が家にふさわしいかを考える前に、「家具」で良いのか、家具でないとしたらどんな座り方や、休息の仕方があるのか、などを改めて考察して見る必要がありそうだ。

これは単に「家具」に関してだけではなく、「住まい」そのものの「あり方」についても同様のことが言える。もう、一見豪華な我が家の「ステイタス」を示すような、ヨーロッパのスタイル家具が幅をきかす時代ではない。日本的「座り方」とはどういうものか、日本人である私たちに「真」に「座する」家具のかたちはどういうものか、「平坐」(床に座る)の生活を復権させるべきか、そしてまた、日本の「ふとん」や「座ぶとん」は現代生活に復権できるか、……等々についてもう少し一人一人が良く考えてみるべきだと思う。

私がタタミを現代の住まいに復活させたいと考えている訳ではないのだが、こうした肌ざわりの良いソフトな床が提供してきた床に近い「低座」の生活方法というものは、たぶん日本のみならず、世界の人々にとっても意義深いものであると思われる。

　そんな観点で、文化人でもある作家や著述家たちの「生活ぶり」は、私たちに何かを教えてくれる。

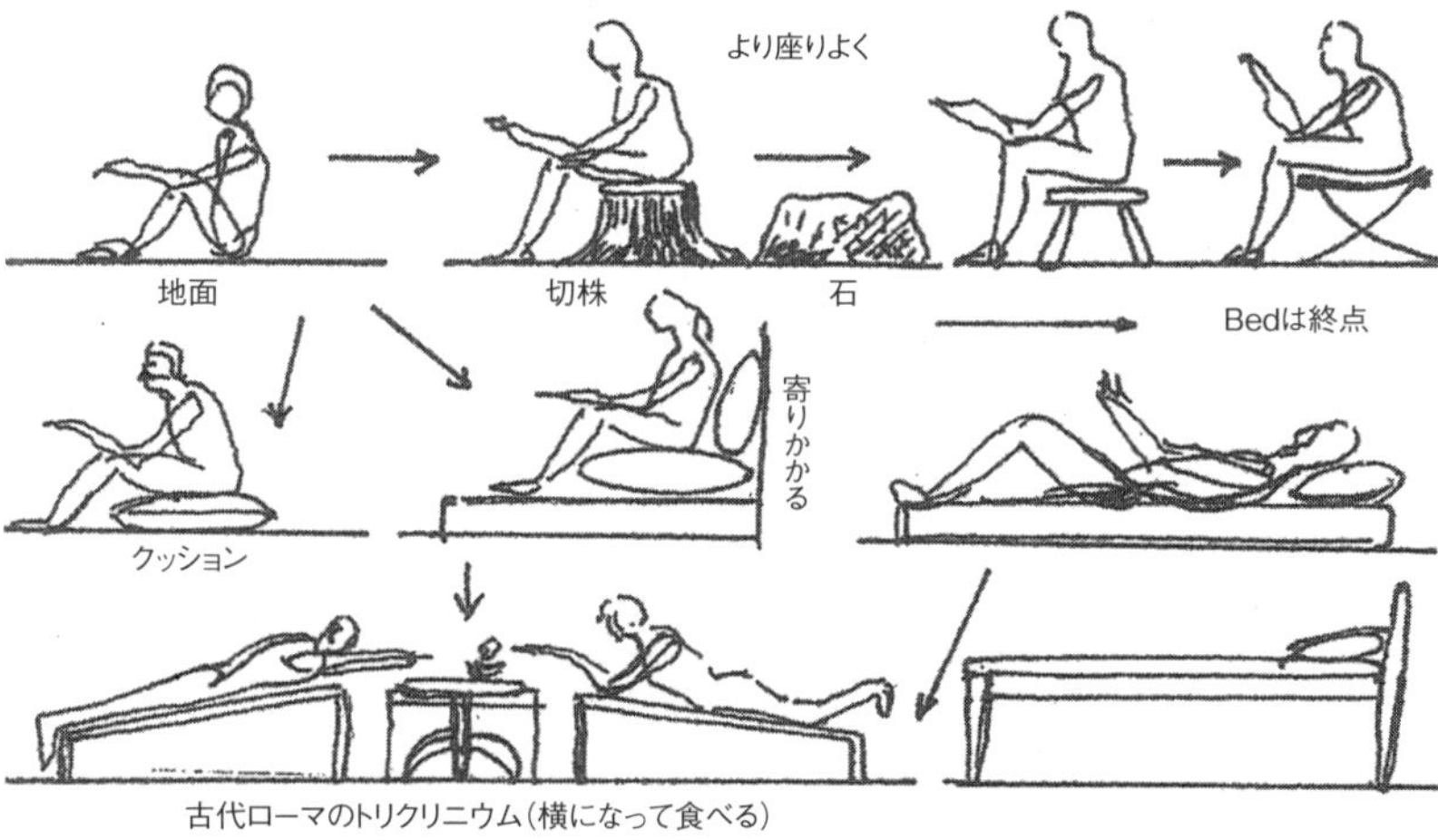

図－1　坐り方のいろいろ

(c)　腰掛ける袈裟衣の巫女　　(b)　倚坐の男子　　(a)　琴を弾く男子

図－2 「はにわ」日本のはにわの座り方

姿勢慣習のヴァリエーション

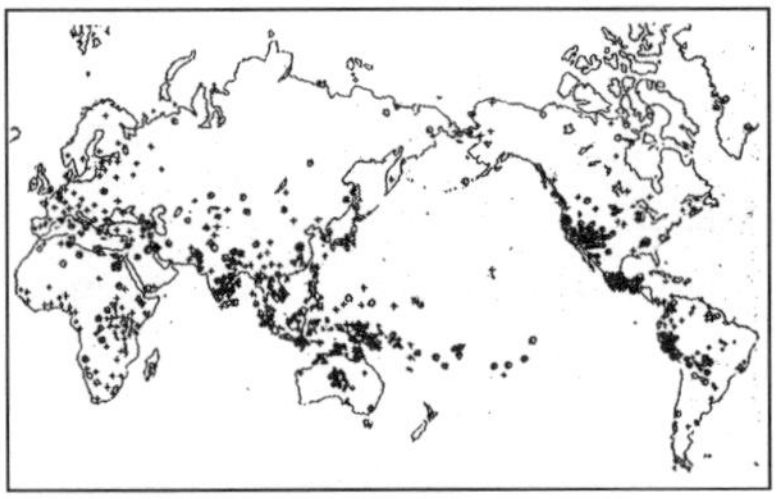

(b) 「足組み坐法」の分布

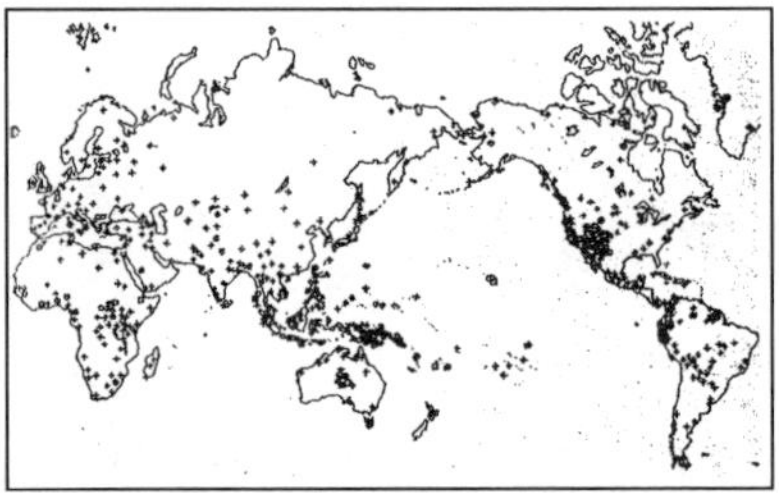

(a) 「投げ足坐法」の分布

坐・文化の源流

（×印は調査したが、該当する坐法が見い出されなかった地域）
（ゴードン・W・ヒューズの「ある姿勢慣習の世界分布」から）

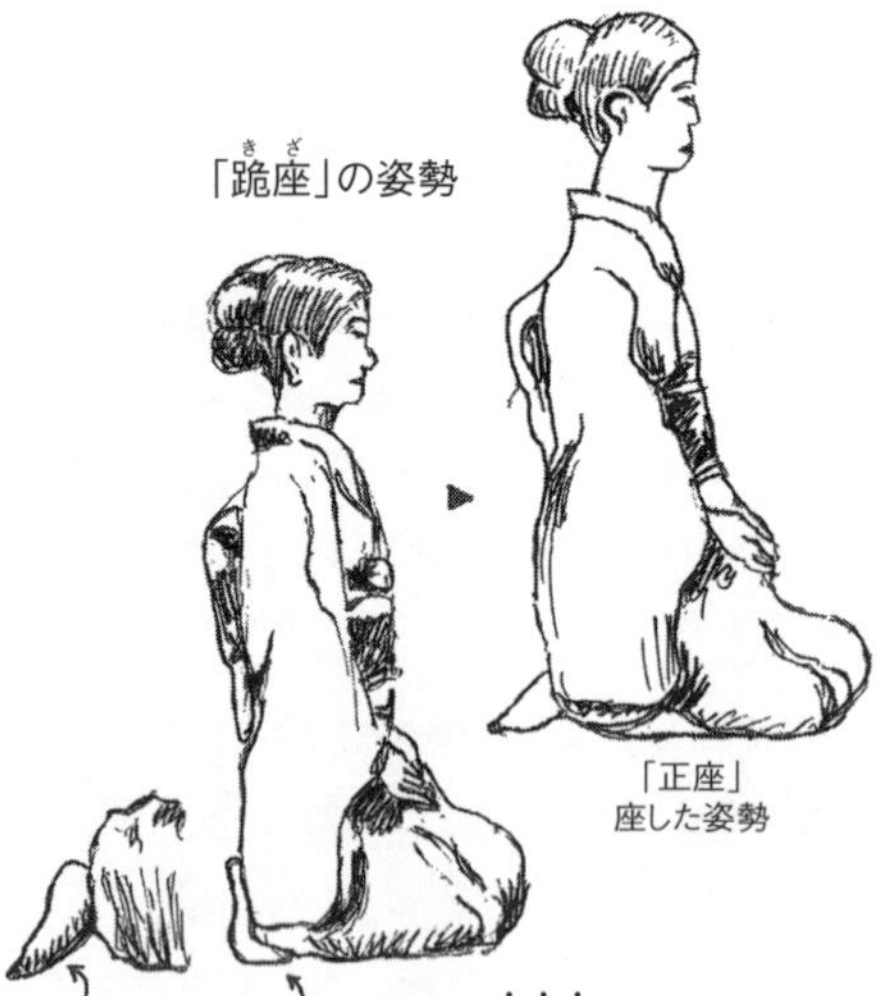
足の指の
悪い例
足の指は“爪立て”に内側（前方）に
曲げている。
（イラスト：著者）

“跪座”というのは元は神職の用語、低い位置にあって、動きが自在にできる姿勢ということができる。

唐手でも、腰をおろしての技はこの「跪座」の姿勢で、ことに、指が生きていることを大切にする。指を伸ばしたままの姿勢は「死気体」であり、礼法、武道でも最も嫌う。日常行動でも、足がしびれたとき、立つ前に、必ず一度「跪座」になってから立つと、よろける粗相《そそう》を防止できる。稽古では、足首の角度が鋭角に折れ曲がって、入るようにつとめるが、そうすると、上体が生きてくる。「そく立ち」、「そく座り」も、この足首の鋭角によって、上体が揺れることなく、「スーッ」と行える。

図－3

「円座」、床の敷物

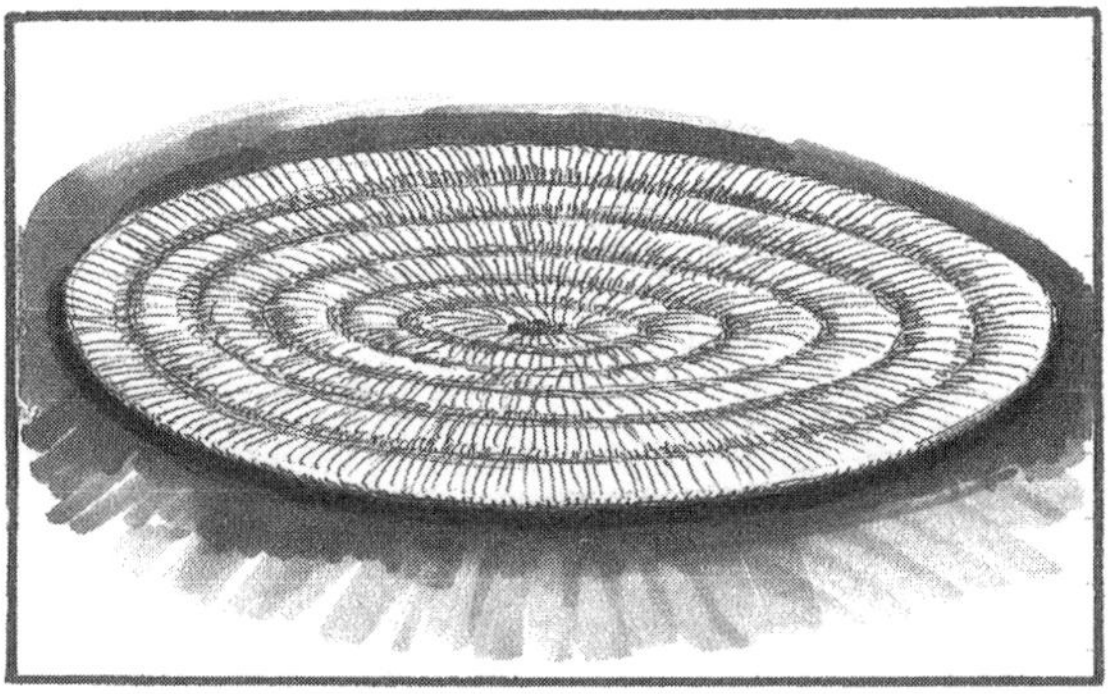

（イラスト：イナダ）

（左）菅《スゲ》円座

古代からあった座具で、菅（すげ）、藺（い）藁（わら）、蒋（まこも）などで、同心円状または渦巻状にあんだもの。江戸以降は社寺で用いられるぐらいになり、座ぶとんに代わった。座ぶとんの原型は茵（しとね）である。

図－4

茵にならった、額縁付きの座ぶとん。

座蒲団

奈良時代頃まで、座具は色々なものが使われていたが、平安時代には、正方形の「茵」が主になった。茵は、古代には貴族が用いていた座具であったが、これが原型になって「座蒲団」になっていった。木綿の生産が増大した江戸時代に出現し、幕末頃には、座ぶとんの種類も増した。舶来の革に、パンヤを詰めたもの、夏用の麻晒ぶとんなどの贅沢品も生じてきた。

図－5　座蒲団（黄表紙）

(a) 『工芸百科大図鑑』から

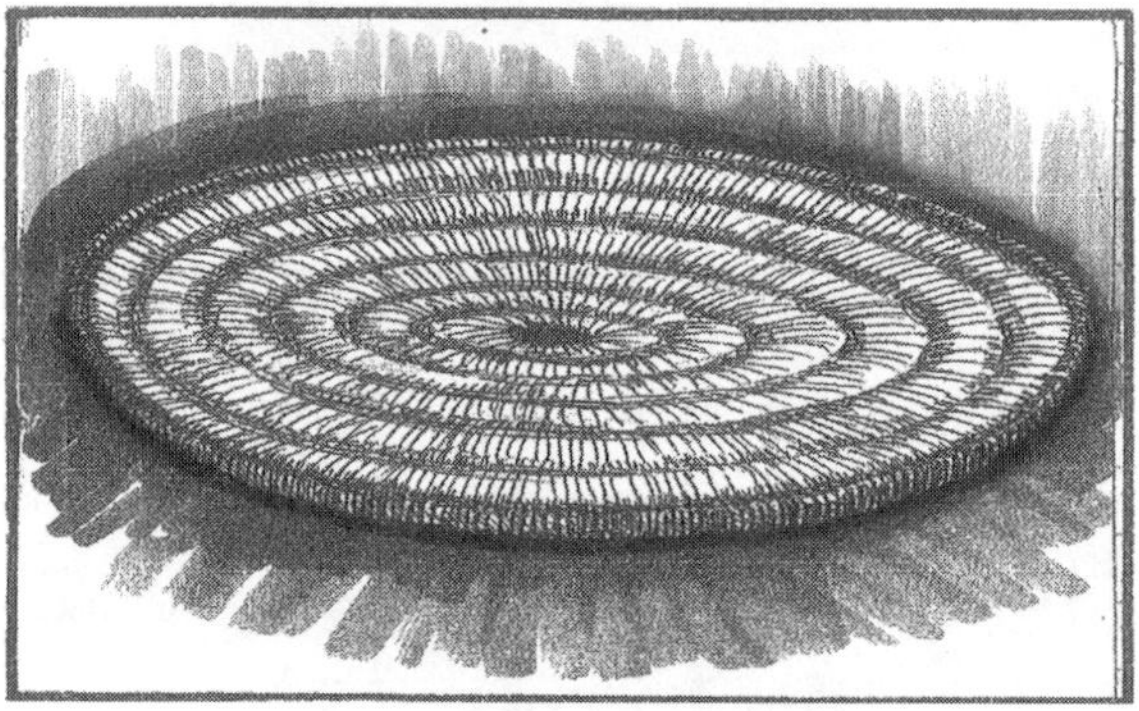

(b) 京都御所に残されている円座
（実物はかなり、いたんでいる。）（絵で復元した）

図－6 「円座」の色々（編み方の色々）

図－8 農家の土間 倉敷民芸館内

図－7 国際文化会館内の住宅 居間室内（東京）1955年

前川国男・吉村順三・板倉準三設計

図－10　日本の伝統的「低座」の「座具」そうとん

図－9　京都御所　清涼殿　内部　昼の御座

図・写真引用元は以下の通り

図 -1、3〜6、10／著者イラスト
図 -2、3 の一部／「坐の文化論」山折哲雄著、佼成出版社、1981 年
図 -7〜9／講談社アート・ブックス「日本の住宅」谷口吉郎著、大日本雄弁会、講談社、1957 年

テーマ
41 インテリアとファッションのかかわり

今回は文化表現の各分野がそれぞれ影響し合っているという事実を、インテリアとファッションの間でながめてみたいと思う。

このような現象はたぶん時代とは無関係に、色々な分野で見られるように考えられる。

歴史的にながめてみても、アールヌーボーとかアールデコのような著名な造形のムーブメントは、ある一部門だけの現象ではなく、日常の私たちの環境総体にまで及ぶものであった。逆に言うなら、もし仮に、その一部門だけの活動であったなら、それほど世界中には広まらなかったはずである。

例えば、ファッションの世界で発生した流行現象がその当時の家具の形態や機能にまでその影響が及び、自然にその影響を受けた形が、その時代の家具形状のスタイルの主流となって、そのまま現代に至るまで家具の一スタイルになりきっているケースが多いのである。

いろんな物の〝かたち〟というのは、よくその背景を研究してみると、単に好みなどで決められたものではなくて、何か周辺の人間が着用している洋服とか、帽子とか、ベルトやハンドバッグなどから影響されて、それらの相互関係が改善されるような形に変化してゆくことが多い。ひるがえって、「衣服」というものが、人体により密着した「人間」の「容れ物」だとするなら、「建築」や「室内」というものは、服などよりもう一つ、スケールの大きな人間の「容れ物」と言うことができるであろう。

ある人が、「インテリア下着論」ということに触れたが、「外箱」の建築に比して、インテリアは下着に近く、人体と深いかかわりを持っているということができる。仮にも、建築そのものの場合には、少々サイズなどがその人の人体に合っていなくても何とか我慢ができるが、下着などではそのような場合我慢しがたいことは、どなたでも経験済みだろう。

　そのように、人体により接近して使用されるものほど、より離れて使用されるものよりも、シビアに、その内容の「適」「不適」が問われるようになることは自明のことでもある。故に建築よりは家具などの方がずっと人間との関係が切実に要求されやすい。したがって、建築界よりもインテリアがらみの人々の方が、色々な意味で「人間研究」に力を注がなければならない。さもないと、「ゆるゆるの下着」や「きゅうくつな下着」で不愉快な思いを余儀なくさせられる。

　建築物などもその時代のファッションなどと関連し合っていて、決して単独のスタイルではなかった。ヨーロッパ建築界の巨匠であったオットー・ワグナーの主著、『近代建築』の中でも、〝衣服と建築との調和〟について一文を述べている。衣服のみならず、〝かつら〟も男女ともに流行したが、こうしたものでも、家具などに影響を及ぼしたことが知られている。洋服の中でも、中世後期から一八世紀にかけて、人体の美しさを強調したり、身分の高さをより強調させるような各種の衣裳が出現して〝美しさ〟と〝迫力〟を示した。その一つに〝膨大衣服〟といわれる典雅なモードが宮廷などで流行したが、これらを装着した人々を受け入れるためには、インテリアも、家具も、それなりの対応が当然要求された。それらの対応策は、それらの衣裳が下火になった現代でも、家具などに残っていて、現代のファッションに対しても有効であることが多い。そのような歴史を通観して見ることが、インテリアの理解をさらに深めることになる。

(c)　直立円筒形ローウェストの衣装は同代のスカイスクレーパーと類型である。1920 年代、Johansen による

(b)　“人間の体制が生んだ高さへの欲求は、時として幻想的な形体を生む”ゴシック期の男女と建築

(a)　世紀末造形の類比

図－1　建築とファッションとは、意外に関連していた

(b)　1862 年のクリノリン

(a)　ロンドン水晶宮と構造的に類比的である

図－2

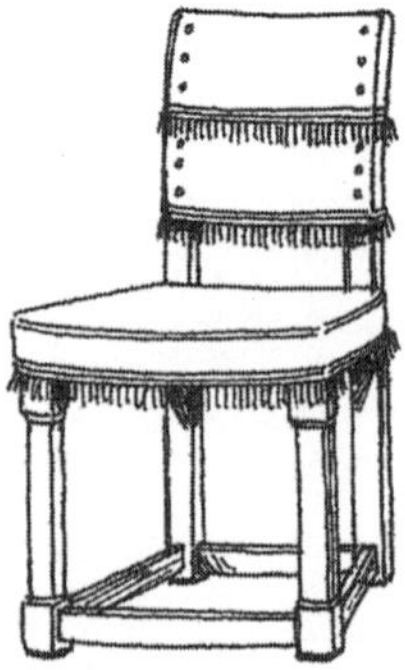

図－3　Farthingale Chair

座の部分の大きい、腕木の無いイスで、エリザベス女王時代の衣裳（ファージンゲール）であるところの骨で広げた、ボリュームのあるスカートに適応するするようにつくられたイスである。背部などに、このスカートとの類型を見ることができる。

図－4　Marquise Chair

全体に上張りを施した小型ソファー。ロマンスシートの原型ではバーセルを幅広くしたような姿をしている。フランスのルイ15世時代に始まり、この時代の幅が広いスカートやパニエに合わせてデザインされたものである。

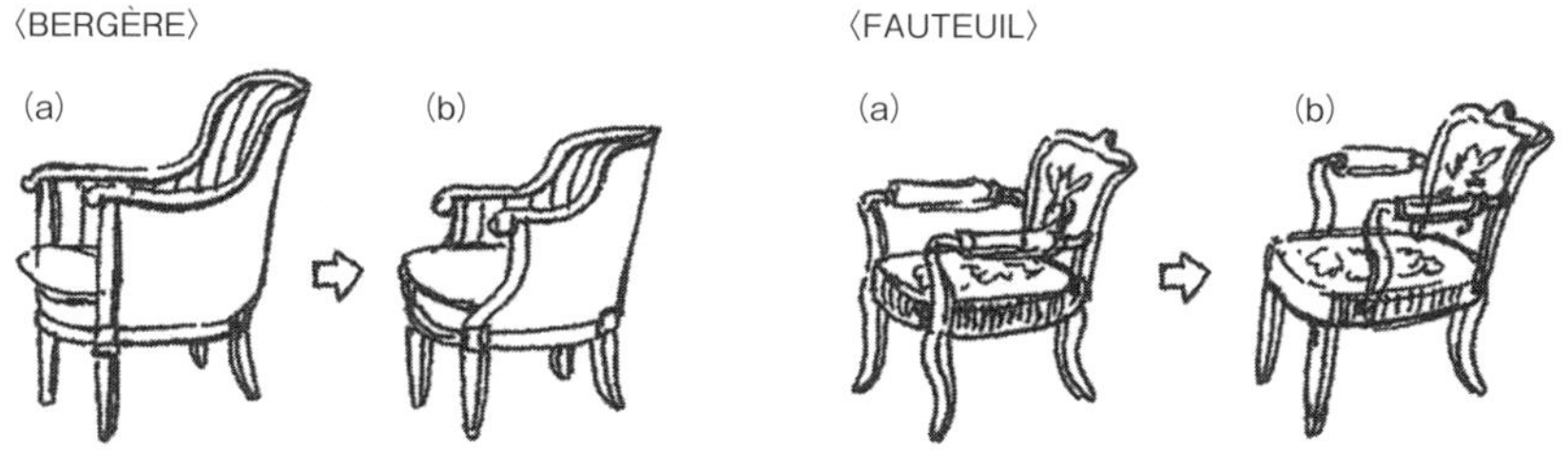

図－5

フランスの 18 世紀には、それまでの威厳などを求めて、背の直立した、堅い板張りのイスに代わって、布や草でおおわれた、そして背が傾いた、BERGERE や、FAUTEUIL といった、快適なイスが現れた。イスはまるで " ゴンドール "、つまりゴンドラに乗ったように、身体を包み込むものとなった。最初は共に、(a) のように肘掛けは前脚の真上から立ち上がっていたが、衣裳なども含めて、坐る時、立ち上がる時に、引っかからぬ配慮から、(b) のように後方に後退する形となったのである

(b)　" 上部過重 "、作者不詳、若い男の像、1540 年頃、イギリス

(a)　王座におさまったエリザベス 1 世位 1558 － 1603

図－6

こうした " 膨大衣服 " は次第にその度を強めて、その「はた迷惑の度合い」が大きいほどに、その衣装の訴求力は増していった。建築や家具は、それらを着用する人々に追いついて行くのがせいいっぱいであった。17 世紀頃、こうした衣装で馬に乗ることが流行したのも、馬車などに乗りにくかった事情によるのかも知れない。

• クリノリンの服装

このような衣服の内部には、その " ふくらみ " を保つために、クジラの骨などでつくられたある程度フレキシブルな骨組み、フレームを内蔵していた。これらが、建築・家具の寸法などに関連をもたらした。スカートの形は、次第に種々の変化を持つようになり、その大きなスカートは「鐘型」と呼ばれるように、丸味のある形をとり、またあるものは前後に扁平で、左右に大きく張り出すものもあった。

(b)　フランス女子の服装（前半）スペイン式ヴェルテュガダンの着装図

(a)　フランス女子の服装（後半）フィール・ファージンゲールの着装図 ‥ “wheel” とは車輪のこと。腰部が車輪の形となっている

図－7　(H・ノリスの絵、模写)

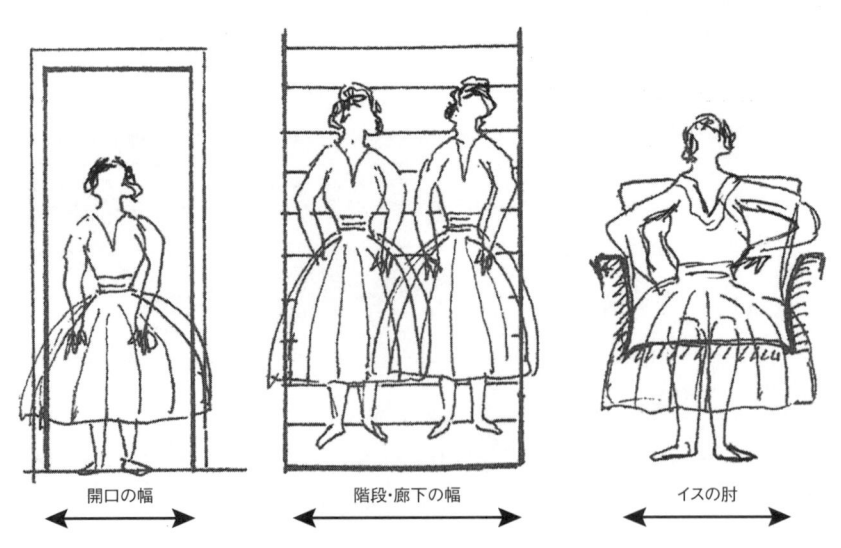

出入口の開口幅や、階段、廊下などでのすれ違い時、家具での肘掛イスの内法幅内に座ることができるかなど、これらの “ ふくらんだ ” 衣服は、他の要素に影響を与えた。

図－8　出入口、階段、廊下、馬車の乗降、肘掛イスなどでの支障

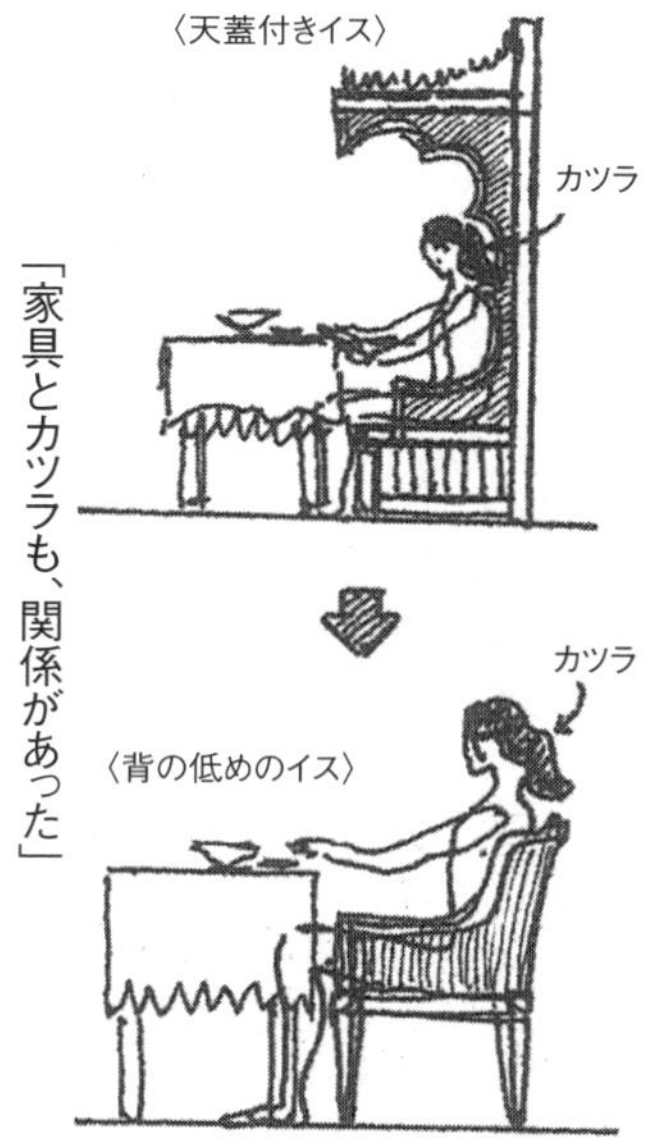

図－9　背もたれ、Dossier［dosje］

図－10　18世紀頃のカツラも、大きく、長いものであった。

図－12　ウィング付きベルジェール、
ビーチ材、1750年頃

もともと“Chaire”という言葉は単に“イス”という意味ではなくて、王や料理長まで、ある地位にいる者が使用できる“高位者用イス”を意味していた。こうした意では、14～16世紀に使われた言葉である。

図－11　Prie-dieu-chair
（祈とう用イス）

このようなイスは、主目的は違ってはいたが、「膨大衣服」にはとても適していた。

図・写真引用元は以下の通り

図－1／「服飾美学・服飾意匠学」谷田閲次、石山彰共著、光生館、1974年、その他
図－2、6、7／「西洋服飾発達史」近世編、丹野郁著、光生館、1970年
図－3～5、7～9、11、12／著者イラスト
図－10／「エチケットの文化史」春山行夫著、平凡社、1988年

◉文献

・「デザインとは何か」Ｐ・Ｊ・グリヨ著、高田秀三訳、彰国社、1969

・「日本建築史序説」太田博太郎著、彰国社、1974

・「日本建築図集」小林文次著、相模書房、1970

・日本の美術9、No.244「日本建築の空間」神代雄一郎著、至文堂、1986

・「日本建築史図集」日本建築学会編、彰国社、1973

・「日本建築の観賞基礎知識」平井聖他、至文堂、1990

・「伝統のディテール」伝統のディテール研究会編、彰国社、1972

・「社寺建築」廣江文彦著、地球出版、1948

・西澤文隆建築NOTE「伝統の合理主義」丸善、1981

・「日本人のすまい」平井聖著、市ヶ谷出版社、1988

・「横浜・三渓園写真集」三渓園保勝会編

・「鋪地・中国庭園のデザイン」田中淡他4名著、INAX、1995

・「パターン・ランゲージ」Ｃ・アレグザンダー他著、平田翰那訳、鹿島出版会、1984

・「書斎の宇宙・中国都市的隠遁術」INAX ALBUM8、村松伸著、INAX、1992

・「図書館建築の図像学」INAX ALBUM22、桂英史著、INAX、1994

・「玉座」家具言語創刊号、多木浩二他4名著、天童木工、1992

・「嗜好・500」（内・欧米の図書館）季間誌、明治屋、1986

・「住居空間の人類学」石毛直道著、ＳＤ選書54、鹿島出版会、1971

・「世界建築事典」ニコラス・ペヴスナー他著、鈴木博之訳、鹿島出版会、1984

・「建築英語事典」星野和弘著、彰国社、1978
・「建築大辞典」第一版、編集委員会編、彰国社、1976
・「最新・建築英和辞典」シリルM・ハリス著、村松貞次郎監訳、日本ビジネスレポート、1976
・「図解百科・様式の要素」スティーヴン・キャロウェー編、桐敷真次郎訳、同朋舎出版、1994
・「英文学の背景」―住宅・教会・橋、三谷康之著、凱風社、1991
・「事物起源辞典」〈衣食住編〉朝倉治彦他3名著、東京堂出版、1970
・図説「世界シンボル事典」ハンス・ビーダーマン著、藤代幸一監訳、八坂書房、2000
・「イメージシンボル事典」アト・ド・フリーズ著、山下圭一郎主幹、大修館書店、1984
・「シンボル事典」水之江有一編、北星堂書店、1985
・「インテリア・家具辞典」マルチン・M・ペルーガー著、光藤俊夫監訳、丸善、1990
・「パルテノン」M・コリニョン著、富永惣一訳、岩波書店、1929
・「経験としての建築」S・E・ラスムッセン著、佐々木宏訳、美術出版、1966
・「古代エジプト探検史」ジャン・ベルクテール著、吉村作治監修、知の再発見双書02、創元社、1990
・「ポンペイ・奇跡の町」ロベール・エティエンヌ著、弓削達監修、知の再発見双書10、創元社、1991
・「風呂トイレ讃歌」ローレンス・ライト著、高島平吾訳、晶文社、1989
・「東西沐浴史話」藤波剛一著、日本出版配給、1944
・「世界浴場史」世界奇書異聞類聚・第三巻（非売品）、キャバネ著、矢口達訳、国際文献刊行会発行、1928
・季刊誌「is（イズ）」No.59、特集〈山〉、ポーラ文化研究所、1993
・季刊誌「is（イズ）」No.15、特集〈樹〉、ポーラ文化研究所、1981
・「日本建築の形と空間」ノーマンF・カーヴァJr.著、浜口隆一訳、彰国社、1956
・「ヨーロッパ建築序説」ニコラウス・ペヴスナー著、小林文次訳、彰国社、1954

・「住居と人間」―住居における人間工学的基礎データ、E・グランジャン著、洪悦郎他2名訳、人間と技術社、1978

・CUE ＋きゅうぷらす Vol.12、三宅理一主幹、特集・きざはし＝階段あるいは階梯について、ヤマギワ発行、2007

・「階段」空間のメタモルフォーゼ、エヴリーヌ・ペレ＝クリスタン著、鈴木圭介訳、白揚社、2003

・「中国建築の歴史」中国建築史編集委員会編、田中淡訳編、平凡社、1981

・「都市環境の演出」ローレンス・ハルプリン著、伊藤ていじ訳、彰国社、1970年

・東洋文庫510「和漢三才図会14」寺島良安著、島田勇雄他2名訳注、平凡社、1989

・「中国の建築と都市」アンドリュー・ボイド著、田中淡訳、鹿島出版会、1979

・「インド建築の５０００年―変容する神話空間」飯塚キヨ監修、世田谷美術館、1988

・「はじまりコレクション」―だから起源について、チャールズ・パナティ著、バベル・インターナショナル訳、フォー・ユー、1989

・「中国の建築」竹島卓一訳、中央公論美術出版、1970

・「ノイフェルト建築設計大事典」E・ノイフェルト著、吉武泰水訳、彰国社、1988

・新版・遊びの百科全書2「だまし絵」種村季弘他著、河出書房新社、1987

・文庫クセジュ「お風呂の歴史」ドミニック・ラティ著、高遠弘美訳、白水社、2006

・「建築の誕生」小林文治著、相模書房、1959

・「古代文明の遺跡の謎・総解説」自由国民社、1986

・「人間のための街路」バーナード・ルドフスキー著、平良敬一他訳、鹿島出版会、1973

・「絵で見る住宅様式史」マリー・ミックス・フォーレイ著、八木幸二訳、鹿島出版会、1981

・「絵で見るイギリス人の住まい―1&2」カーガレット／アレキサンダー・ポーター著、宮内悊訳、相模書房、1985

・都市住宅別冊「建築家なしの建築」B・ルドフスキー著、渡辺武信訳、鹿島出版会、1975

・「デザイン創造」第1巻、論理するデザイン、川喜多煉七郎著、造形社、1970

・遊びの百科全書2「アイ・トリック」種村季弘編、カマル社、1979
・「朝鮮の民家」—風土・空間・意匠、野村孝文著、学芸出版社、1981
・「世界の民家・住まいの創造」川島富次著、相模書房、1990
・「技術の歴史—原始時代から古代東方上」1、チャールズ・シンガー他2名編、平田寛他1名訳、平凡社、1962
・「日常性の構造1・2」（全6冊）フェルナン・ブローデル著、みすず書房、1985
・「寝室の文化史」パスカル・ディビ著、松浪未知世訳、青土社、1990
・「空間流離—わたしの造形文化紀行」矢野和之著、建知出版、1981
・「石の文化史」M・シャックリー著、鈴木公雄訳、岩波書店、1982
・「韓国の古建築」韓国美術シリーズ5、金正基著、近藤出版社、1981
・「世界文化史年表」芸心社編集部編集、芸心社、1974
・「ミニ日本美術史年表」山崎重久編、芸心社、1981
・「人文地理学原理上・下」P・V・グラーシュ著、飯塚浩二訳、岩波書店、1940
・「建築心理学序説」ハインリッヒ・ヴェルフリン著、上松佑二訳、中央公論美術出版、1988
・「近代建築」オットー・ヴァーグナー著、樋口清訳、中央公論美術出版、1985
・「日本人とすまい」上田篤著、（岩波新書）、岩波書店、1994
・「新・建築入門」—思想と歴史、隈研吾著、（ちくま新書）、筑摩書房、1994
・東海大学古典叢書「ウィトルーウイウス建築書」森田慶一訳注、東海大学出版会、1969
・「建築論」L・B・アルベルティ著、相川浩訳、中央公論美術出版、1982
・「歴史の都市・明日の都市」L・マンフォード著、生田勉訳、新潮社、1969
・「フランス百科全書絵引」ジャック・プルースト監修、（日本語版）平凡社、1985
・「日本劇場史の研究」須田敦夫著、相模書房、1966

・「石積み」サンケイ新聞社編、光風社書店、1977
・「舞台装置の研究」伊藤熹朔著、小山書店、1941
・「ベッドの本」マーク・ディトリック著、黒木昂志訳、海鳥社、1989
・人文地理「風土と生活」西岡秀雄著、千曲秀版社
・「日本建築史参考図集」建築学参考図刊行委員会編纂、（建築学会発行）、1930～1941
・「過去の構成」岸田日出刀著、相模書房刊、1938
・「さあ横になって食べよう─忘れられた生活様式」バーナード・ルドフスキー著、多田道太郎監修、奥野卓司訳、鹿島出版会、1985
・「韓国の伝統的住宅」朱南哲著、野村孝文訳、九州大学出版会、1981
・建築「もののはじめ考」大阪建設業協会編、新建築社、1973
・「機械化の文化史─ものいわぬものの歴史」Ｓ・ギーテオン著、ＧＫ研究所・榮久庵祥二訳、鹿島出版会、1977
・「西洋造園変遷史」針ケ谷鐘吉著、誠文堂新光社、1977
・図説「造園大要」岡崎文彬著、養賢堂、1965
・建築学大系1「住居論」吉阪隆正他３名著、彰国社、1954
・「住居学」吉阪隆正著、相模書房、1967
・「建築の歴史」ジャン＝シャルル・モルウ著、藤本康雄訳、白水社、1995
・「建築」アンドリュー・バランタイン著、西川健誠訳、岩波書店、2005
・「舞踊の歴史」Ａ・ハスケル著、三省堂編修所訳、三省堂、1974
・現代建築による「階段のデザイン」キャサリン・スレッサー著、産調出版
・〈パラーディオ「建築図書」注解〉桐敷真次郎編著、中央公論美術出版
・「アルベルティ・建築論」相川浩訳、中央公論美術出版

・「アフォーダンス―新しい認知の理論」佐々木正人著、岩波書店、1994
・「建築デザイン心理学」―発想のトレーニング、小林重順著、彰国社、1977
・「テラス・石積工」上原敬二著、加島書店、1981
・「中国の庭」杉村勇造著、求龍堂、1966
・「空間の日本文化」オギュスタン・ベルク著、宮原信訳、1985
・梅棹忠夫著作集第5巻「比較文明学研究」梅棹忠夫著、中央公論社、1989
・「都市の文化」ルイス・マンフォード著、生田勉訳、鹿島研究所出版会、1974
・講座・比較文化第3巻「西ヨーロッパと日本人」伊藤俊太郎他11名編、研究社出版、1976
・「日本の伝統」岡本太郎著、光文社、2005
・「伝統の逆説―日本美と空間」栗田勇著、七曜社、1964
・建築学大系4―Ⅱ「東洋建築史」村田治郎著、彰国社、1972
・「日本人の尺度」望月長與著、六藝書房、1971
・「マヤ文明―失われた都市を求めて」（知の再発見双書07）落合一泰監修、クロード・ボーデ／シドニー・ピカソ著、1991
・「シルクロード建築考」岡野忠幸著、東京美術、1983
・「パッラーディオの建築」ジームズ・S・アッカーマン著、中森義宗訳、彰国社、1979
・「日本の建築」大岡實著、中央公論美術出版、1967
・「森のめぐみ―木と日本人」（ちくま少年図書館28）山本学治著、筑摩書房、1975
・「建築全史―背景と意味」スピロ・コストフ著、鈴木博之監訳、住まいの図書館出版局、1990
・「STAIR, STEPS AND RAMPS」Alan Blanc, Reed Educational and Professional Publishing Ltd., 1996
・「Steps & Stairways」Cleo Baldon Ib Melchior with Julius Shulman, Rizzoli International Publication Inc., 1989

- 「ILLUSTRATED DICTIONARY OF HISTORIC ARCHITECTURE」Edited by Cyril M.Harris,Dover Publications, Inc., New York, 1977
- 「A HISTORY OF ARCHITECTURE」SIR Banister Fletcher's, University of London, THE ATHLONE PRESS, 1975
- 「A Short Dictionary of Furniture」by JOHN GLOAG,GEORGE ALLEN AND UNWIN LTD., Ruskin House Museum treet, 1952
- 「VICTORIAN ARCHITECTURE」ROGER DIXON STEFAN MUTHESIUS, Thames and Hudson Ltd., LONDON, 1978
- 「A CONCISE HISTORY OF AMERICAN ARCHITECTURE」by Leland M.Roth, ICON EDITIONS, HARPER New York, 1980
- 「AUTHENTIC DECOR 1620—1920 THE DOMESTIC INTERIOR」by PETER THORNTON, George Weidenfeld & Nicolson Ltd., London, 1984
- 「Chinese Pavilion Archtecture」by Werner Blaser, Arthur Niggli Ltd. Publishers, 1974
- 「ARCHITECTURAL COMPOSITION」by Rob Krier, ACADEMY EDITIONS, London, 1988
- 「EARLY VICTORIAN ARCHITECTURE IN BRITAIN」by Henry-Russell Hitchcock, Da Capo Press Inc., 1976
- 「NEOCLASSICAL AND 19TH CENTURY ARCHITECTURE」by Robin Middleton & David Watkin, Harry N.Abrams Inc.Publishers, New York, 1980
- 「THE HOUSE OF BOUGHS」by Elizabeth Wilkinson and Marjorie Henderson, Viking Penguin Inc., 1985
- 「DICTIONARY OF DESIGN AND DESIGNERS」by Simon Jervis, Penguin Books Ltd., 1984
- 「The Penguin Dictionary of ARCHTECTURE」by John Fleming Honour,Nikolaus Pevsner, Penguin Books Ltd., 1966

・「韓国建築美」朱南哲著、一志社（韓国）、1983
・「THE LANGUAGE OF POST-MODERN ARCHITECTURE」by Charles Jencks, Academy Editions London, 1977
・「HOUSEHOLD FURNITURE AND INTERIOR DECORATION」by Thomas Hope, DOVER PUBLICATIONS, INC., New York, 1971
・「Looking at Architecture with Ruskin」by JOHN UNRAU, THAMES AND HUDSON Ltd, London, 1978
・「Shaker Architecture」by William Lawrence Lassiter, Bonanza Books a division of Crown Publishers, Inc.
・「INSCAPE-The Design of Interiors」by Hugh Gasson, The Archtectural Press : London, 1968
・「Twentieth-Century DECORATION」by STEPHEN CALLOWAY, Weidenfeld & Nicolson London, 1946
・「VICTORIAN HOUSE BOOK」by Robin Guild, Lizzli International Publication, Inc., 1989
・「GREENE & GREENE Archtecture as a Fine Art」by RANDELL L.MAKINSON, Pergrine Smith, Inc., 1977
・「H.H.RICHARDSON AND HIS OFFICE」Department Of Printing And Graphic Arts Harvard College Library and David R.Codine, Boston, 1974
・「LOST WRIGHT Frank LLoyd wright's Vanished Masterpieces」by CARLA LIND, Archtype Press, Inc., 1996
・「ADOLF LOOS Pioneer of modern archtecture」by Ludwig Munz and Gustav kunstler,Thames And Hudson. London,1964
・「The Work of ROBERT ADAM」by Geoffrey Beard, John Bartholomew & Son Ltd., London, 1978
・「Cio Ponti」a cura di Ugo La Pietra, Rizzoli, 1995
・「RICHARD NORMAN SHAW」by ANDREW SAINT, Yale University Press New Haven & London, 1976
・「The Penguin Dictionary of DECORATIVE ARTS」by John Fleming and Hugh Honour, Penguin Books, 1979
・House & Garden「DICTIONARY OF DESIGN & DECORATION」Editor : Robert Harling, Collins London, 1973

・「HENRY HOBSON RICHARDSON AND HIS WORKS」by Mariana Griswold Van Rensselaer, DOVER PUBLICATIONS, Inc., New York, 1969

・「The Fabulous INTERIORS of The GREAT OCEAN LINERS」by William H.Mirrer, JR., DOVER PUBLICATIONS, Inc., New York, 1985

・「LE MODERN STYLE」Laurence Buffet-Challie, BASCHET ET Cie, EDITEURS, Paris

・「DICTIONARY of ORNAMENT」by Philippa Lewis & Gillian Darley, PANTHEON BOOKS, New York, 1986

・「THE REGENCY PERIOD 1810-1830」Ralph Edwars & L.G.G.Ramsy, THE CONNOISSEUR, Great Britain, 1958

・「Luxury Design For Apartment Living」Barbara Taylor Bradford, Doubleday & Company, Inc., New York, 1981

・「THE EXPRESSION OF GIO PONTI」NATHAN H.SHAPIRA, Walker Art Center, Minneapolis, 1967

・「SPIRIT OF THE AGE」"Eight Centuries Of British Architecture"Alec Clifton-Taylor → Hugh Casson, British Broadcasting Corporation, London, 1975

・「SOURCES OF MODERN ECLECTICISM」Demetri Porphyrios.Academy Editions, London, 1982

・「FRANK LLOYD WRIGHT Interiors and Furniture」by Thomas A.Heinz, Academy Editions, New York, 1994

・「COMPLEXITY AND CONTRADICTION IN ARCHITECTURE」by Robert Venturi, The Museum of Modern Art, 1966

・「人類学」石田英一郎他3名著、東京大学出版会、1961

・「ビジュアル版人類進化大全」クリス・ストリンガー、ピーター・アンドリュー著、馬場悠男他訳、悠書館、2008

・「ヒトはいつから人間になったか」リチャード・リーキー著、馬場悠男訳、草思社、1996

・「韓国の古建築」金正基著、近藤出版社、1981

・「韓国の伝統的住宅」朱南哲著、野村孝文訳、九州大学出版会、1981

・「南西諸島の民家」野村孝文著、相模書房、1961

あとがき

一口に「インテリア・デザイン」というと、ちょっとしたら、家庭の主婦の方々でも、また、デザイン学校などを卒業したばかりの人々でも、少々持ち合わせたセンスさえあれば、誰にでも出来そうに思えることも事実ではある。月刊雑誌などにも、時々「主婦にもできるインテリア講座」などの記事を目にすることが多い。私は昭和三十五年に、大学でデザインを学びだして以来、約半世紀に渡って、学習と実践とをくりかえしているが、仕事が完了して、これで、百パーセント成巧したと思えたことは一度もない。その間に多くのパイオニアの建築家やデザイナー、造形家の先達とも接触したり、協働したりしながら作品を造ってきた。その中で色々と教えられたりしながら学んできた。その都度、「もっともっと、色々なことを学ばなければならない」と思いつつ今日に至っている。今でも、いつも基本は初心なのである。いつの間にか、自分が一体、何が専門であるのかと考えることがしばしばある。米国の代表的デザイナーであった故・レイモンド・ローウィ氏は、「口紅から機関車まで」という本を出版して、彼程の人物でも、数多くの、思いもよらないような物品のデザインに取組んできたことをふり返った。私も、彼ほどではなくとも、同様に色々なデザインとりくんできた。

単純に年月を積ねれば、デザインが上手になるという訳ではないが、十年目の人と、五十年の経験の人では、必ず最終的に表現される作品の内容を比べて見ると、その作品の中に表れてくる内容には、それなりの人生観とか、対社会的な意味などに於て、持ち味が異ってくる。若い人も老練の人も、いつでも初心にもどって、デザインの奥義を深めてゆく努力をおこたらないよう心がけてゆく必要がある。たまには、自分の範囲からはずれるような周辺分野などにも、学習の範囲を広げてゆくことも重要である。そのような意に於て、本書では、少々場ちがいのような課題も含めている。この本の原稿の整理などで、おせわになってきた、方々に感謝いたします。特に、イテリアタイムス社の阪東繁専務、および私の助手をつとめていた福田智子さんには色々とお世話になった。また初心の学生用の入門書として、本にしてほしいと、常におすすめ下さっていた、故・法政大名誉教授、武者英二先生には心から御礼申し上げたい。お元気なうちに、本にして、読んでいただけなかったことが、かえすがえす心のこりである。また、長年同じ職場で苦労を共にし、戦ってきた私の師・渡辺力氏（本年一月に一〇一歳で亡くなった）の霊前に本書を掲げたい。

前記新聞の連載記事では、多くの写真、図版などを取り込んでいたが、写真をできるだけ削除して、私自身が描いたイラストなどで代行するように努めた。最後になってしまったが、きわめて雑多な原稿などを、とても見やすいように整理して「本」という形にまでまとめていただいた技報堂出版編集部の石井洋平氏、星憲一氏の御両人の御努力に心から御礼申し上げたい。

平成二十五年十一月佳日

稲田　愿

著者略歴

稲田　愿（いなだ　まこと）

1940年　茨城県日立市に生まれる
1963年　千葉大学工業短期大学部木材工芸科卒業
1963～66年　東京都立大学工学部建築工学科、同社会学部都市社会学講座などで学ぶ
1963年　Qデザイナーズ入社。以後30年間、デザイン事務所のスタッフとして活動
1995年「IN・SCAPE」設立。歴史的建造物などの家具復元設計などに携わる
その間、日本デザイン学会、建築史学会などに属し研究に従事
1996年から、法政大学工学部およびデザイン工学部、建築学科の講師を15年勤める
その他、私立デザイン学校、東京都立高等技術専門学校の講師を歴任する
インテリアタイムス社で「インテリアの散歩道」を41回連載
現在、主に家具・インテリア、造形分野の著書の出版に向けて活動中

主な著書

『家具の事典』（共同執筆）朝倉書店、1986年
『梯子・階段の文化史』井上書院、2013年
〈進行中〉
『絵とき・テーブル物語』晶文社、2014年末予定
『絵とき・坐りの文化史』井上書院、2015年初旬予定

インテリアの散歩道　　定価はカバーに表示してあります。

2013年11月25日　1版1刷発行　　ISBN 978-4-7655-2568-8 C0052

著　者　稲　田　愿
発行者　長　滋　彦
発行所　技報堂出版株式会社

日本書籍出版協会会員
自然科学書協会会員
工学書協会会員
土木・建築書協会会員

〒101-0051　東京都千代田区神田神保町1-2-5
電　話　営　業（03）（5217）0885
　　　　編　集（03）（5217）0881
　　　　FAX（03）（5217）0886
振替口座　00140-4-10
URL　http://gihodobooks.jp/

Printed in Japan

装幀・ジンキッズ
印刷・製本　三美印刷